问卷网出品

王枫　费毅华◎编著

网络调研

技术与实战

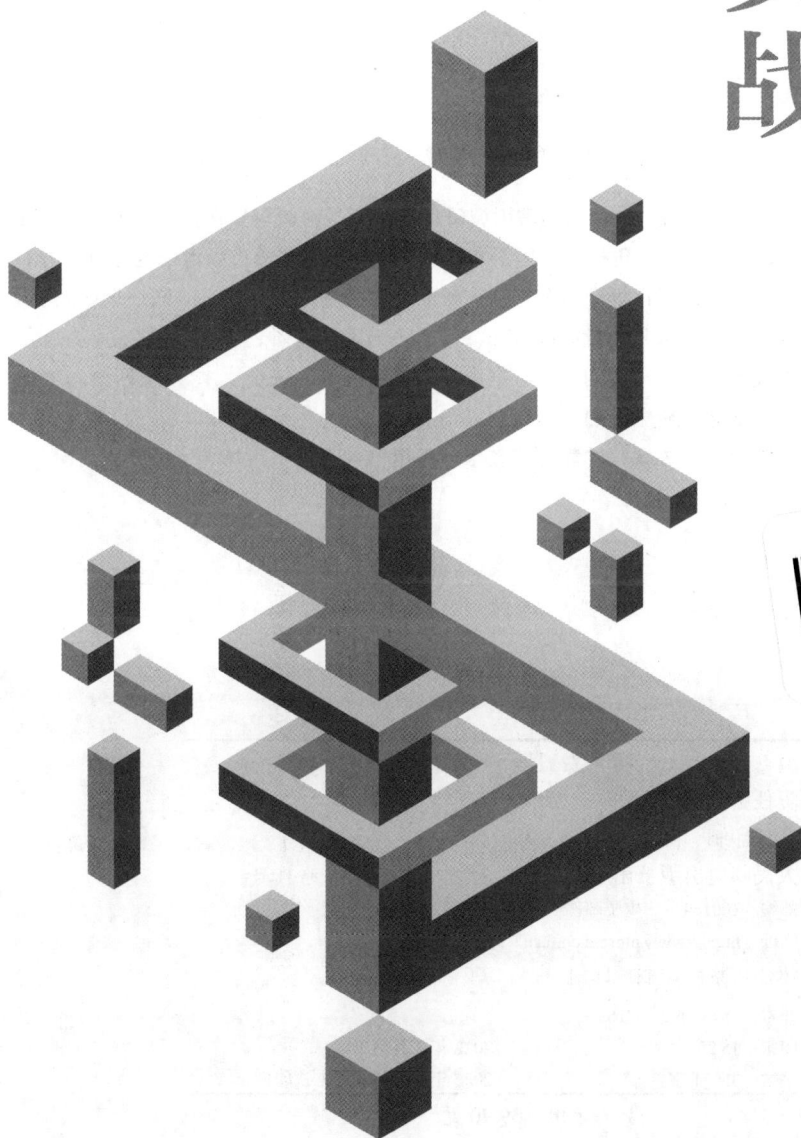

人民邮电出版社

北京

图书在版编目（CIP）数据

网络调研技术与实战 / 王枫，费毅华编著. -- 北京：人民邮电出版社，2022.2
ISBN 978-7-115-58410-6

Ⅰ．①网… Ⅱ．①王… ②费… Ⅲ．①互联网络—应用—市场调研 Ⅳ．①F713.52

中国版本图书馆CIP数据核字(2021)第270632号

内 容 提 要

本书以网络调研的实战流程为主线，结合各类常用调研主题的实战经验与案例，以开展市场调研课题和调研活动的视角，阐述了如何将网络调研技术应用于实际，一步一步地完成市场调研的完整过程。本书的主要内容共分为四篇：第一篇介绍了市场调研和网络调研的理论和基础，可谓之为网络调研之"道"；第二篇介绍了网络调研的数据采集技术和质量控制方法，可谓之为网络调研之"法"；第三篇重点介绍了市场调研中常见的统计分析技术与模型，它们是从数据中提取关键价值的炼金"术"；第四篇为常见调研主题实战，详细地介绍了五个常见调研主题的实际案例。

本书可作为高等院校市场调研相关课程的教材或教学参考用书，也可供市场调研工作者阅读。

◆ 编　著　王　枫　费毅华
　　责任编辑　刘　朋
　　责任印制　陈　犇

◆ 人民邮电出版社出版发行　　北京市丰台区成寿寺路 11 号
　　邮编　100164　　电子邮件　315@ptpress.com.cn
　　网址　https://www.ptpress.com.cn
　　涿州市京南印刷厂印刷

◆ 开本：787×1092　1/16
　　印张：15.25　　　　　　　2022 年 2 月第 1 版
　　字数：350 千字　　　　　2022 年 2 月河北第 1 次印刷

定价：59.90 元

读者服务热线：(010)81055410　印装质量热线：(010)81055316
反盗版热线：(010)81055315
广告经营许可证：京东市监广登字 20170147 号

◀ 前　言 ▶

没有调查就没有发言权。在数字化时代的背景下，市场调研理论与数字化技术相结合，让这门学科焕发了新的活力。在市场调研理论的指导下，如何通过数字化技术更加高效地采集调研数据？如何运用数字化技术更好地分析和解读调研数据？经典的研究与数据分析模型在新的技术背景下又会绽放出什么样的花朵？数字化技术成为了连接市场调研理论和实践的一座新的桥梁。

在此背景下，如何把市场调研理论和数字化技术结合起来，为市场、组织和企业提供客观的、全面的数据资料，为管理部门寻找和定义市场机会和问题、监测市场表现、产生和评估营销行为提供参考依据，是整个市场面临的实战问题。

在互联网发展和技术进步的推动下，网络调研技术得到了长足的发展。网络调研通过互联网及其调查系统把传统的调查、分析方法在线化、智能化，利用网页、电子邮件、社交媒体、移动终端等多媒体渠道来收集数据和资料。在实战中，网络调研在调查反馈及时、不受时空限制、人工介入和干扰少、题型多样化、互动性强、可快速实施连续性调查等方面显示了越来越显著的优势。在新冠肺炎疫情暴发之后，其他线下调研方式处于停滞状态，只有网络调研仍保持活跃状态。正是有了网络调研的保障，政府部门、学校以及其他单位和组织在疫情防控最困难的时期也可以实时了解各方面的人员和物资保障状态，特别是能够把握人们的心态及其对未来的期待，从而有针对性地制定相应的对策。可以说，网络调研在帮助国家和人民战胜疫情方面起到了重要的作用。

然而，从理论到落地实践依然是一条漫长的道路。在担任全国大学生市场调研大赛评委、服务用户以及与从业者沟通的过程中，我们感受到在数字化时代的背景下市场调研理论和实战之间依然存在一定的差距。

本书以市场调研的实战流程为主线，结合各类调研主题的实战经验与案例，从开展市场调研课题和调研活动的视角，阐述了如何将市场调研理论应用于实战，一步一步地完成市场调研的完整过程。同时，我们将宝贵的网络调研实战经验融于其中，通过具体的案例展示在每一个过程中有哪些常见的错误与陷阱，以及如何有效应用数字化的采集与分析技术。

全书共分为四篇，其中第一篇介绍市场调研和网络调研的理论和基础。随着调研手段和调研技术的发展，市场调研的覆盖面在不断扩大。当今市场调研覆盖的内容已经超出了单纯的"市场"和"市场营销"层面，扩大到了消费者的衣食住行等多个方面。在商业实践中，我们都可能面临一系列实战问题，比如如何决定是否采用市场调研这种方式，如何融合使用市场调研数据和企业可以获取的其他数据，选取什么样的研究方法来开展市场调研，完整的市场调研工作包括哪些内容和步骤……在本书第一篇中，我们带着这些实践中的基本问题，从市场调研的定义出发，阐述了市场调研的价值在于能够帮助企业"看清"市场、"看清"消费者、"看清"自己的品牌和产品，从实战的角度分析了市场调研项目立项的时机需要遵从"适用性"和"必要性"原则，介绍了立项后调研项目的方案设计应该包括的主要内容、执行流程，以及市场调研的各种方法及其组合。

本书的第二篇为网络调研数据采集实战。调研数据是市场调研的基础，而高质量的调研数据离不开以下两个重要因素：一是准确、无偏差的受访群体（数据来源），二是受访者反馈时的认真程度。其中，受访者的认真程度在很大程度上取决于答题的体验。在互联网时代，如何运用数字化技术提高受访群体的准确性和答题质量，是在实战中需要面临的实际问题。本篇从问卷设计、问卷展现形式、问卷逻辑控制、问卷触达受访者的方式、答题过程中的一些可以帮助我们判断答题者是否认真的行为特征等方面，对上述实战问题进行了有针对性的介绍，并以问卷网为例详细介绍了网络调研系统的使用流程。数据质量控制不能只依靠技术手段，也需要完整的控制流程、准确而广泛的数据来源。因此，本篇从实战角度介绍了典型的质量控制流程以及国内有代表性的数据来源。

采集完调研数据之后，需要对其进行统计、分析和研究。调研数据的运用包括两个主要部分：统计分析和基于统计分析数据的研究。因此，在本书第三篇的第六章和第七章中，我们重点介绍了市场调研中常用的统计分析技术。了解数据类型和数据结构，并正确区分不同数据类型之间的差异，是掌握数据分析方法的前提。针对不同类型的数据，应该采用不同的分析方法，而常见的调研数据分析方法包括指标计算和关系研究。本篇重点介绍了交叉表分析、t检验、方差分析、相关分析、回归分析、对应分析、聚类分析、决策树、判别分析等常用的分析方法，并结合 SPSS 统计分析软件介绍了运用这些分析方法的实操步骤、常见问题以及注意事项。第八章着重介绍基于统计分析数据的研究模型。因为研究模型和调研主题紧密相关，所以我们介绍了市场细分、品牌分析、需求挖掘、顾客体验和传播效果这五个常见的调研主题，并从这些市场调研主题的定义入手，重点阐述了每个主题常用的研究模型与分析思路。其中既包括经典的研究模型，也有将数字化技术和经典研究理论相结合而产生的新方法。

第四篇为常见调研主题实战，结合实战案例，详细地介绍了市场调研中五个常见的主题，包括用户画像与市场细分、品牌研究、需求挖掘、用户旅程体验（满意度-NPS）和传播（营销）效果调研。在介绍每一个调研主题的实战案例时都按照"背景介绍—研究思路—调研方案—调查问卷—调研数据—研究报告"的框架，在流程上还原了商业调研项目的实战场景。当然，这些案例中的数据都经过了脱敏处理，不代表实际情况。

我们所在的问卷网从事网络调研的时间超过了 13 年，支持和帮助 1800 多万用户开展网络调研和市场研究，回收有效数据 15.1 亿条，长期服务国内外知名企业 1 万余家，积累了丰富的实战经验，是理论和实践相结合的践行者。在本书中，我们结合市场调研理论和数字化商业实践，介绍了市场调研尤其是网络调研的实战经验，并提供了完整的实例。本书既可作为高等院校市场调研相关课程的教材或教学用书，也可供市场调研工作者参考。

本书的完成离不开团队同事的合作以及出版界同仁的大力支持，在此一并致谢。数据分析部的张懋田、吕燕、王倩和吴瑾撰写了第三篇的部分内容，众言研究院的李水、任爱荣、杨杰、奚婧、徐家玉、杜文跃、王卓钰、吕玠儒、程攀、蒋鹏飞、蒋学峰、赵贤强、欧阳任琼、张少群、叶燕燕等撰写了第四篇的部分内容。在此，我们向所有参与写作的工作人员表示衷心的感谢！感谢产品和市场部的殷建辉和熊舒勇为本书提供了资料素材，感谢众言科技副总裁郭晓波先生为本书统稿，感谢人民邮电出版社刘朋编辑及其他工作人员为本书出版所付出的辛苦努力。

本书所涉及的内容体系还远不完善，各位读者不妨将其作为商业实战的笔记来阅读。书中难免存在不足之处，请广大读者不吝批评指正！

◀ 目 录 ▶

第四篇　常见调研主题实战

第一篇　市场调研基础

第一章

市场调研的定义与价值

一、市场调研的定义

市场调研是市场调查与研究的简称，是指个人或组织为了解决某个特定的市场营销问题，按照科学的方法和程序，有计划、系统地收集、整理与市场有关的信息资料和参考数据，对其进行汇总、分析、判断、研究并得出结论，探明市场的现状、特点和变化趋势。美国营销协会（AMA）认为市场调研是把消费者、用户、大众和市场人员通过信息联结起来，而营销者借助这些信息可以发现和确定营销机会与营销问题，开展、改善、评估和监控营销活动，并加深对市场营销过程的认识。

市场调研有广义与狭义之分。广义的市场调研是指运用科学的方法，有目的、系统地收集、记录、整理有关市场营销的信息和资料，分析市场情况，了解市场的现状及其发展趋势，为市场预测和营销决策提供客观的、全面的数据资料。狭义的市场调研是指以可能购买或已购买商品、消费商品的个人、企业或团体为对象，旨在探讨商品购买、消费动机和行为等问题。狭义的市场调研通常又称为一手调研，因为需要研究的信息是直接从被调研对象那里获取的。与其对应的是利用桌面研究的方法，通过公开的报告、网络文章等间接获取研究结果或信息的二手调研。

当然，无论怎样认识市场调研，其目的都是实现管理目标，为管理部门寻找与定义市场机会和问题、监测市场表现、产生和评估营销行为提供参考依据。任何企业、团体或者企事业单位的管理层或管理者都可以通过市场调研了解市场动向。通过市场调研，管理层可以充分了解市场状况，并制订具有针对性的发展策略和长远规划；也可以利用所得数据制定某个具体问题的解决方案。①

二、市场调研的价值

普鲁塔克说过："研究就是沿着小径向上，看看尽头到底藏了些什么。"

进入互联网时代之后，获取信息变得更加容易了。我们可以通过手机 App 了解当下最新的

---

① 王璐. 试论引进专业市场调研公司对企业营销管理的新作用 [D]. 广西师范大学. 2014.

热点事件，通过搜索引擎拓展未知领域，通过知识服务平台了解学校教育以外的知识内容，通过大数据了解人们日常的行为和习惯……那么，为什么还需要做市场调研呢？实际上，市场调研的价值是多方面的。

1."看清"市场

市场调研可以让企业更好地"看清"市场现状，把握市场机会，从而快速成长。

瑞幸咖啡的成长众所周知。从第一家门店营业到 14 个月后第 2000 家门店开业，再到 18 个月后 IPO 上市，瑞幸咖啡在不到两年的时间内成长为国内第一现磨咖啡品牌，这与其管理者深谙市场调研之道不无关系。首先，他们对比我国与其他国家咖啡市场数据，研判我国当时的咖啡市场正处于快速增长阶段，现磨咖啡的潜在需求巨大。其次，他们在了解行业中竞争品牌的经营模式和发展情况之后，意识到当时国内连锁咖啡门店以海外知名咖啡品牌为主导，缺乏本土品牌的露出。最后，他们通过深挖目标消费者的生活节奏、消费场景、消费心理、消费水平等需求信息，了解到我国城镇就业人员中办公室白领的消费需求和消费价格敏感性都比较高。最终，瑞幸咖啡利用"中高品质+低档价格"的现磨咖啡产品、适应生活节奏的外卖配送方式和大力度补贴优惠的互联网营销模式，将咖啡从还不够普及的文化象征还原为一种受欢迎的、供大众消费的高品质饮品，并且达到了对消费者的教育、普及和推动作用。站在我国潜力市场的人口红利优势上，瑞幸咖啡完成了快速布局、抢占市场高地的动作。

由此可见，市场调研是企业及时了解市场和消费者情况的重要手段。通过调研，企业可以根据市场变化和目标用户需求提供更有竞争力的产品，找到符合当下环境的营销机会，让产品被目标市场中的消费者看见并接受，进而实现产品销量的增长，扩大企业的市场份额。

2."看清"消费者

市场调研可以让企业更好地"看清"消费者的"样貌"和喜好，让决策更有针对性。

麦当劳作为西式快餐的领导品牌，其旗下的产品一直在不断尝试新的元素和口味，以吸引新路人并留住老粉丝。麦当劳在每一次推出新的产品或组合前都会进行上市前的口味测试调研。比如，麦当劳计划在夏季推出一种新口味的汉堡，那么在研发新口味的汉堡时，研发人员会对夏季比较热门的食材、口味风格、做法等进行创新性的打磨。在多种美食新品通过内部测试后，麦当劳还会采取线下调研的方式，邀请部分消费者品尝不同的新品，根据消费者品尝后对口味、感受等方面的反馈选择消费者更偏好的新品进行包装和推广。对于食品饮料等品类，在上市前除了做口味测试之外，一些企业还通过包装或者广告测试了解消费者更容易被什么样的包装或者广告吸引，最终选择更好的推广方案。

随着时代的发展，特别是互联网时代带来的长尾效应，消费者的需求呈现出更加多元化、个性化的发展。在这种情况下，企业必须求新求变，而创新和改变必须围绕消费者的需求和偏好展开，否则错误运作可能导致不可估量的风险和损失。市场调研正是帮助企业及时了解细分群体的消费者画像以及这些细分市场中消费者各自不同的需求和偏好的有效手段。

3."看清"自己的品牌和产品

市场调研可以让企业更深入地"看清"自己的品牌和产品，让品牌和产品更健康地成长。

近年来 Bilibili（简称 B 站）异军突起，成为最受 Z 世代人群（1995—2010 年出生）欢迎的视频平台。与行业内的腾讯视频、爱奇艺、优酷等老大哥品牌相比，B 站成长迅速，活跃用户明显提升，品牌形象更新潮、年轻，更具活力和创新力。之所以取得这样的成果，正是由于 B 站通过深入研究不同视频平台的发展变化，对不同视频平台的消费者认知、使用场景与模式、转换原因、品牌印象等方面进行了全方位的分析与洞察，明确了品牌自身的当下定位及未来发展方向。B 站还借用自身形象优势在近两年的五四青年节之际连续推出《后浪》等为青年人代言的出圈之作，其年轻、有活力的品牌形象才得以巩固和强化，进而形成了具有区隔性的品牌特色形象。

由此可见，企业要想长期、稳定、向好发展，用好市场调研这个宝藏工具至关重要。要做好市场调研，就需要知道在不同的情况和场景下采取合适的市场调研方式来达成目标。

◀ **第二章** ▶

市场调研的应用场景

一、市场调研的时机

市场调研的启动需要具备两个条件：一是适合开展市场调研的环境，即市场调研具备适用性；二是开展市场调研的时机，即市场调研具备必要性。

市场调研的适用性又可以从两个角度来评估。首先，明确研究的主题或者领域是否适合市场调研这种形式。在大部分情况下，市场调研所研究的课题是微观经济的运行规律，是更偏细节、局部区域、"战术"层面的内容。市场调研的需求者往往希望通过一个调研项目获取足够具体的信息或建议，为确定下一步市场行动的方向或细节提供帮助。因此，市场调研所研究的内容往往是具体而明确的，例如消费者画像、品牌健康度、用户在某一方面的需求与痛点挖掘等。而调研需求者所期待的调研结果也往往具有较强的"实操性"和"落地性"，即能够指导下一步的实际操作。当然，如果一个企业可以坚持针对一个主题（比如品牌健康、行业需求等）进行持续的、反复的研究，那么在连续性数据积累到一定程度之后，就可以利用适当的研究统计模型，根据这些连续性数据所呈现出来的变化趋势，指导策略层面（如行业发展趋势、品牌成长趋势等）的工作。其次，市场调研的适用性还体现在调研需求者希望了解的内容适合用市场调研这种方式来获取。因为市场调研数据或者信息需要从一个个被访者那里获取，所以，市场调研能够提供的问题答案也应是被调研者意识得到的、记得住的、愿意表达的内容。如果不具备这个条件，就意味着不适合采用市场调研这种方法。例如，我们可以通过市场调研了解某产品消费的期待价位或者常规价位水平；但如果我们想真正准确地了解这款产品的销量或利润率，则更应该从企业自身的销售数据记录中去获取，而非通过市场调研的方式获得。后者即便能够获取一部分相关信息，也往往经过了推算，是比较模糊和不精确的。

市场调研的必要性则是指确定是否有必要开展一次市场调研活动。市场调研的必要性首先取决于企业现阶段是否能够从其他渠道获取足够充分的信息解决当前的问题。如前所述，如果利用销售数据可以获得更准确的销量信息，那么就不需要通过市场调研的方式获得相对模糊的销量推算；如果可以从公开渠道获取足够的行业发展趋势数据，也就不需要企业通过一手调研询问被访者个体对行业发展的片面看法。市场调研的必要性还取决于是否有合适的投入产出比。对于企业或单位来说，市场调研属于发展的"成本"，因为它的实施需要一定的经费投入，但并不产生任何可以"盈利"的直接结果（这里的盈利不仅是指商业上的收入或者利润的增加，而且包括用户对品牌、产品或者单位机构的好感度的增加等"软实力"的提升）。市场调研结果对于"盈利"的贡献在于，我们需要在调研之后依据调研结果对企业的行为进行指导和调适，使其最终获取更好的发展结果。这是一种间接"盈利"。因此，企业或单位在决定开展一个市场调研项目之前，往往需要评估调研结果的重要性和间接"盈利"能力是否超过预期的成本和时间投入。只有在答案是肯定的情况下，市场调研才具有"必要性"。图 2-1 给出了评估市场调研的适用性与必要性的流程。

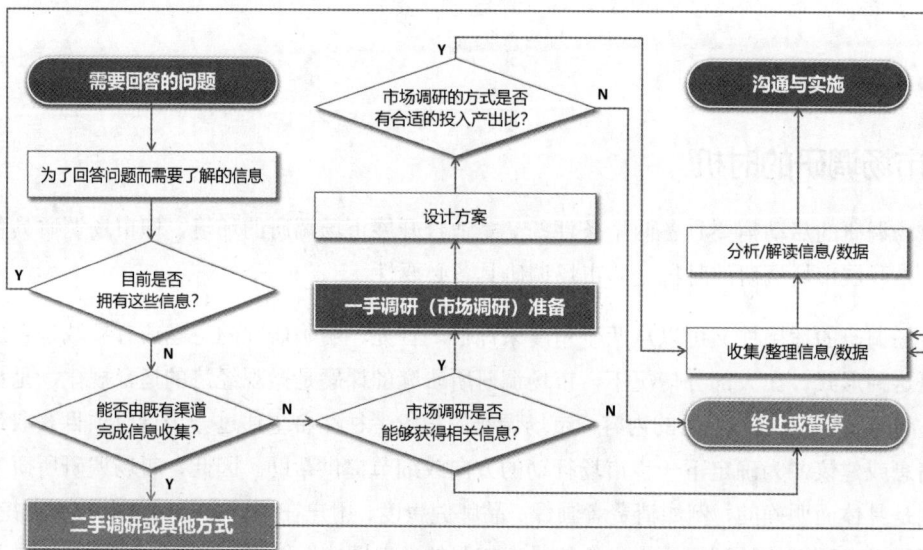

图 2-1　市场调研的适用性与必要性的评估流程

二、市场调研与其他方式的配合

任何一种研究方法都有其固有的优势与短板。因此，在评估市场调研方法是不是"最合适"的方法时，需要了解在获取市场或者消费者的信息和数据方面，还有哪些方法可以利用，这些方法获取信息的效果和市场调研方法相比孰优孰劣。同时，在设计市场调研方案的过程中，也需要了解市场调研是否可以和其他的研究方法相结合，从而帮助调研需求方获得更真实、全面、细致、有效的信息。市场调研与其他研究方法的配合通常有以下四种模式。

第一，市场调研（一手调研）与桌面研究（二手调研）相结合。这是最常见的配合研究方法。桌面研究往往通过收集现有的公开资料，对所调研行业的相关情况进行背景了解。桌面研究获取的信息对于提升市场调研方案设计的合理性、调研对象设定范围的针对性和调研内容的有效性都具有支持和帮助作用。同时，也可以更好地结合行业、社会环境和国家发展状况等更宏观的背景，对调研结果进行解读。这样的解读往往更有前瞻性和针对性。

第二，市场调研与大数据相结合。这是在互联网时代最具吸引力的配合研究方法。大数据是指无法在一定的时间范围内利用常规的软件工具进行捕捉、管理和处理的数据集合，是需要利用新处理模式才能具有更强的决策力、洞察力和流程优化能力的海量、高增长率和多样化的信息资产。大数据具有 5V 特点（IBM 提出），即 Volume（大量）、Velocity（高速）、Variety（多样）、Value（低价值密度）、Veracity（真实性）。关于调研数据和大数据的关系，在大数据挖掘手段形成之初，人们的认知曾经存在过误区，认为拥有了更客观、真实地反映用户行为轨迹的大数据，就不再需要凭借被调研者的主观回忆形成的"不那么客观、精确"的调研数据了。随着对大数据特性的认知的深入，可以发现大数据虽然在样本采集的全数性和对真实世界反馈的准确性方面更有优势，但在数据信息采集的效率（强度、密度和针对性）方面不如调研数据，如图 2-2 所示。因此，现在的趋势是将研究内容更精准的调研数据和现实反映更客观的大数据结合起来使用。例如，可以利用结构化的调研问卷、打分等方式，了解人们对某款产品的满意度或喜好度；同时，通过舆情信息抓取和大数据挖掘的方式，更真实地了解人们为什么会对这款产品感到满意，产品在使用方面的痛点在哪里，等等。

大数据		调研数据
全数采集 即时的、流动的、过程化的	样本采集	抽样采集 阶段性的、截面式的
结构化、半结构化和非结构化数据 以非结构化数据为主	数据特征	结构化、半结构化和非结构化数据 以结构化数据为主
被动收集，痕迹记录	数据收集	主动收集，理性表述
云计算，单机无法完成 算法为王	分析工具	单机利用统计软件即可完成 以常规统计分析方法为主
战略资源 精准营销、趋势探查、个性定制等	应用	项目资源 需求探查、特征描述、态度反馈等
"垃圾分类自动处理机" 信息复杂多样，无穷量，但针对性低	运算模式	手眼配合"捡金子" 信息针对性强，但范围和数量有限
成本高且具有一定的不可控性	前期准备	成本低且可控
几乎无成本	成熟之后的运用	相对于大数据而言成本高
是消费者"下意识"的表现 反映更完整的真实世界	准确度	是消费者"有意识"的回答 有抽样风险，反映局部世界
业务知识、技术能力 业务与技术的完美结合	挑战	调研技能的掌握 对被访者答案的真实性的识别

图 2-2　大数据与调研数据的特点对比

第三，市场调研与科学仪器监测相结合。例如，在对一部影片的观影效果进行预判时，一方面可以通过市场调研，邀请被访者主动分享他们的观影体验和感受；另一方面也可以邀请被试者到专门的"观影实验室"中去体验，通过监测他们的瞳孔大小、心率、血压等身体数据在观影过程中的变化，评估被试者对于影片高潮内容的情绪反应。再如，如果希望了解消费者在网上看到一则平面广告时的反应，就可以通过常规的调研方式完成，也可以结合眼动仪测试，通过了解被试者在观看广告时的眼动轨迹反应并形成热力图，把握他们对广告不同细节部位的关注情况。在这种结合方式中，市场调研主要获取规模化、整体化的消费者反馈；仪器监测则往往了解被试者对细部的心理和情绪反应，为市场调研的数据结果提供更深入的心理分析。

第四，市场调研与行为观察相结合。市场调研的一大特点是其收集的绝大部分信息来自被访者的主动反馈。他们意识不到或者不愿意反馈的信息往往在市场调研的结果中难以得到充分的呈现。行为观察能够帮助研究者了解被访者未表达出来的、下意识或者无意识的行为习惯，并从中挖掘他们的"潜意识"需求。例如，可以通过观察一个消费者在一天中的零食消费习惯，了解他们在不同时机和场景下对于不同零食种类的"下意识"选择，从而判断某一特定零食产品可能存在的消费场景局限性。然后可以针对这种局限性，通过市场调研方法，了解其背后的原因，探索是否可以通过产品方面的改进消除这种局限性，为该产品找到新的、更多的消费机会，从而扩大市场份额。

第三章

市场调研的内容范围与方案设计

一、市场调研的内容范围

　　随着调研手段和调研技术的发展，市场调研的覆盖面也应不断扩大。可以说，当今的市场调研覆盖的内容已经超出了单纯的市场或市场营销层面，扩大到了消费者的衣食住行等多个方面。因此，划分市场调研内容的角度也是十分多样的。

　　① 以调研对象来划分，调研的内容可以分为消费者调研、经销商/渠道商调研、生产商调研，以及企业内部的员工调研等。

　　② 以调研主题来划分，可以分为用户画像调研、品牌健康度调研、企业社会责任感调研、消费者需求与痛点挖掘调研、传播效果调研等。

　　③ 以调研的颗粒度来划分，有目的具体而明确的价格测试、包装测试、口味测试等，也有重在了解行业现状、行业满意度、行业需求等的调研，还有更加宏观的规划性调研（如与国家五年规划相关的调研）。

　　④ 以调研的最终目的来划分，可以分为新品上市调研、市场摸底调研、品牌定位调研等。

　　总之，随着经济的发展、市场变化的加快以及商品和服务供应量的增加，越来越多的市场由供方市场转变为需方市场。在这种情况下，全方位把握市场动态、消费者需求和自身变化不仅越来越重要，而且在结果输出的及时性、准确性和有效性方面的要求也越来越高。市场调研的范围不断扩大，研究的内容日趋多样化，调研过程也更加严谨和体系化。

　　调研已经成为了一个"系统工程"，需要从启动之初就进行审慎的规划，而调研方案就成为这一审慎规划的成果性文件。

二、市场调研的方案设计

　　调研方案是市场调研的启动性文件，方案设计的优劣将直接影响调研结果的质量。调研的需求又是高度个性化的。每一次调研的需求方往往都有不同的问题需要解决。即便研究的主题相似，在不同的时间和场景下，人们关注的焦点也有所不同。例如，品牌研究是很多企业每年都会开展的连续性研究。但如果对比 2020 年和 2021 年的社会大背景，我们就会发现同样的品牌研究在这两年关注的焦点很有可能是不同的。2020 年是新冠肺炎疫情暴发的高峰期，品牌研究特别是受疫情影响更大的零售企业的品牌研究的焦点是如何维持基本的市场生存。而到了 2021 年，我国的疫情控制取得了较好的成效，社会经济发展得以恢复，国家"双循环"政策出台，此时企业品牌研究的重点就变成了如何深耕国内市场、开拓细分市场。由此可见，在每次开始设计调研方案之前，我们都有必要对调研需求方的项目需求进行深入了解和准确判断。此时，请客户帮助提供一份调研需求书（又称调研任务书）就变得十分重要了。调研需求书的主要内容见图 3-1。

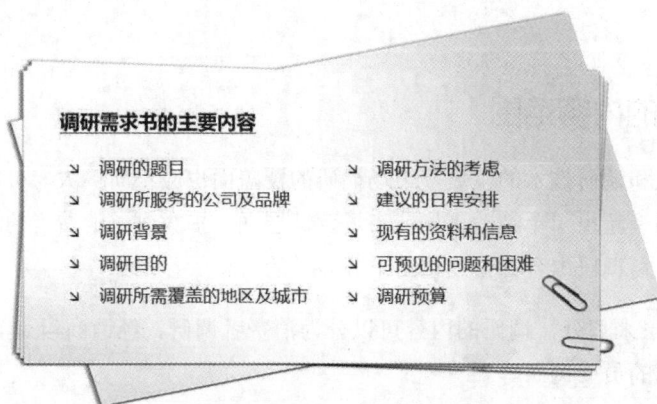

调研需求书的主要内容

- 调研的题目
- 调研所服务的公司及品牌
- 调研背景
- 调研目的
- 调研所需覆盖的地区及城市

- 调研方法的考虑
- 建议的日程安排
- 现有的资料和信息
- 可预见的问题和困难
- 调研预算

图 3-1 调研需求书的主要内容

需要注意的是，并非调研需求书中的所有内容都需要严格遵守，因为调研需求方本身很可能在市场调研领域并不专业。例如，一个产品研发部门的主管在做调研时，他很可能想要了解消费者目前对于其所在领域的新产品有着什么样的需求，以便为新产品的研发提供思路。但对于采取什么方式以及如何才能更好地获得自己想要的答案，他们也许并不清楚。正因为如此，在调研的实施方（一般是调研公司）和需求方（一般是产品或服务的提供方，又称客户）进行沟通时，研究者应更多地关注需求方的研究发起背景、需要解决的主要问题（以及主要的研究目的）等。对于客户期望的研究方法、研究对象、研究范围、时间周期和预算等，研究者应该站在专业角度，认真思考客户的意见或建议是否存在不合理或不科学的地方。如果是，则该考虑如何做才是更加合理有效的。只有这样才能更有针对性地为客户制定切实可行的"定制化"的研究方案。

一份具有可行性的研究方案相当于一个研究项目的"顶层设计"，应该对研究的内容、覆盖的范围和对象、采取的方法、实施过程、在实施过程中需要设计开发的材料的种类和数量，以及每一步进展的时间周期和预算等都有着比较清晰明确的规定。其中，以下四个方面尤为重要。

1. 明确研究目标和研究内容

研究目标是指一个研究项目需要达到的核心要求，主要对应于客户在调研之初提出的问题。

研究内容则是指在达成前述研究目标的情况下需要重点研究的具体内容。对研究内容的梳理过程实际上就是一个对研究目标进行分解的过程。只有将一个概括性的研究目标拆解成可以具体了解的内容时，这个研究项目才是可以执行的。

需要注意的是，同样的研究目标的应用场景可能是不一样的，而不一样的应用场景又决定了研究者在研究中需要关注的核心内容的差异。例如，同样是做用户画像，如果发起者是产品研发部门，那么他们就会更希望通过这次调研了解目标人群对产品的使用习惯和使用场景，以便他们研发的新产品的特性在消费者习惯的场景中有更好的展现，产品的样式也能够让消费者在这些场景中用起来更舒服。因此，研究的内容应重点关注被访者的产品使用行为模式。如果发起者是市场部门，他们就会更多地关注如何通过各种营销和广告传播方式，触达并吸引产品的目标消费群体，让他们更有意愿了解甚至消费自己企业的产品。这时的研究内容势必聚焦在被访者的触媒习惯和信息需求方面。由此可见，为了让研究内容真正满足调研需求者的要求，我们不仅需要了解他们想要解答的问题，而且要知道他们从调研中获得了问题的答案之后的应用场景。

2. 锁定研究对象

知道了研究的目标和内容，就需要考虑这些研究内容应该从什么样的目标人群中获得。确定重点目标人群不仅与研究的目标和内容有关，也和所研究品牌或产品所处的阶段有关。例如，在做品牌健康度调研时，品牌的不同发展阶段会影响重点研究对象的选择。对于一个成熟品牌来说，用户数量往往已经积累到了一定规模，所以监测品牌健康度时，需要同时考虑品牌吸引潜在用户的机会、留住新用户的能力，以及促进现有用户成长为忠实用户的方法。因此，在对一个成熟品牌进行健康度研究时，一般会对和品牌关系不同的用户（潜在用户、新用户、老用户、忠实用户等）进行相对均衡的分配和关注，以便品牌未来有更加均衡的发展。而对于一个新兴品牌来说，用户规模还比较小，新用户多，品牌未来发展的动力将主要来源于潜在用户的获取和转化。因此，针对这样的品牌进行健康度调研时，就应该更侧重于了解潜在用户和新用户的品牌认知情况，更多地关注品牌在传播层面产生的影响力。

一般来说，圈定研究对象时，需要对以下两大维度进行规定。

① 被访者的人口统计特征，例如年龄、性别、所在城市、城市级别（或城市所在区域）、职业状态（是否已工作）、收入水平、受教育水平等。

② 被访者关于产品所处品类的使用或消费习惯，例如在最近一段时间（一般是 3 个月）内是否有过购买、消费行为，消费的频率如何（一般会排除从未消费和极少消费者，因为这样的人对产品的了解一般很少，不能给研究者提供足够的信息），以及如何选择品牌（一般会重点考虑本品以及与本品对标的重点竞品的用户或潜在用户）。

圈定被访者以后，如果是量化研究，那么还应考虑是否需要对规定的被访者进行配额控制。从理论上来说，简单随机抽样是最"公平"的抽样方法，因为每个消费者都有公平的、被抽中的机会。但在实践中，简单随机抽样除了在抽样人口调查中可以应用之外，在一般的市场调研中几乎不具备实用性。这主要有以下两个原因。首先，每个研究项目一般都会重点关注某一类特定人群，这就决定了对于特定人群之外的消费者并不需要给予抽样机会。其次，每种调研方法都会在样本覆盖上具有一定的局限性。这也决定了即便在指定的特定人群中，也不是每个人都能够获得平等的抽样机会。例如，在线下拦截访问中，样本主要来源于拦截地周边区域，离拦截地越远的人群被抽中的机会就越小。网络调研的样本的来源是网民，不上网或很少上网的人被抽中的机会就会很小。正是因为如此，在调研项目实际实施的过程中，往往需要对调研对象进行配额控制，例如希望男女各半或者希望不同年龄段均分。这样做的目的主要是确保重点关注的研究对象具有足够的样本量以供分析。当然，为了能够更好地展现市场的真实情况，对于配额控制的弹性和颗粒度需要谨慎把握。例如，可以考虑只设"保底样本"（最小样本量），预留一定的弹性，这样可以在一定程度上反映市场的实际状况。另外，可以分批次收集样本。例如，一共要调研 1000 名 25～35 岁被访者，其中某品牌使用的保底样本是 200 人。此时可以先自然回收 800 名 25～35 岁被访者的问卷，看看该品牌在 800 个样本中的自然分布情况，而后在该品牌的用户中收集 200 个样本。这样既确保了该品牌具备足够的样本量，又能从 800 个自然回收的样本里观测到该品牌在市场上的实际分布情况。

如果是定性研究，则需要根据选择的方法（例如是一对一还是一对多的访问）考虑到每个或者每组被访者的典型性意义。一般来说，定性研究往往选择对产品或者产品所属品类更熟悉的"典型"消费者进行调研。只有这样才能够从单一或者一小组被访者中获得更丰富、更有价值的信息。如果找的是对产品或品牌很陌生的被访者，就很有可能出现一问三不知的情况，此时从定性研究中获取的信息就十分有限了。当组织一对多的小组访谈时，还应注意每组被访者的可沟通性。例如，如果把一个 20 岁的大学生和一个 60 岁的退休人员放在一起交流，由于二者的年龄差异过大，这两个人就会处于难以交流的状态。所以，在一对多的小组访谈中，一般会控制被访者的年龄跨度不超过 20 岁，还要注意性别、收入、职级带来的影响。例如，在谈论诸如夫妻情感这样的私密话题时，就需要男女分开；在对奢侈品进行调研时，就需要有一定的收入要求；在对医生等专业性岗位进行调研时，应注意把住院医师、主治医师、主任医师等不同专业级别的被访者分开访问，避免高级岗位人士给低级岗位人士带来压力。

3. 选择适宜的研究方法

确定了要研究什么和找谁研究之后，就需要确定采取什么样的研究方法了。研究方法一般可以分为定性和定量两种方法。我们将在第四章中详细介绍研究方法，这里不再赘述。需要注意的是，每一种方法都有其优点和局限性。因此，在选择研究方法时，有必要提醒研究者注意到它们各自的价值和局限性，并基于此形成合理的结果预期。我们既不要因一种方法的局限性而觉得它"一无是处"，也不要只看到一种方法的价值就认为它是"完美的"。

除了方法本身的特点与研究内容和研究对象的契合度之外，还需要考虑时间和费用两大因素。

4. 制定合理的调研周期和预算

任何一种方法或者方法的组合都需要花费一定的时间和成本来实施。当使用不同方法进行组合调研时，往往还要考虑这些方法实施的先后顺序和每种方法实施后的产出周期。例如，对于一个定性和定量的组合研究，通常需要从定性研究中开放式地获取目标人群的各类信息，然后对定性的研究结果进行小结，再对信息进行梳理、整合，与用研方进行讨论，此时才能将定性研究的成果转变为定量研究中的问题或选项。这些都需要一定的时间。即便只用单一方法（比如一个定量研究），也需要考虑到问卷设计、讨论定稿、问卷发放-样本回收、数据审核-清洗、数据分析、报告产出等诸多环节。所以，在设计研究方案时，应该让用研方充分了解调研的过程和所需的时间。一般来说，单一的定性或定量调研的常规周期是一个月左右；而一个复合型调研（例如定性与定量组合）通常需要一个半月左右的时间。虽然周期更短（例如两周左右）的敏捷反应式快速研究越来越多，但这种研究的内容往往比较单一，偏战术化（例如从四个备选品牌代言人中选出一个），并且对结论往往只看总体，而不过多做细分维度的分析（例如不需要以年龄、性别、所在城市等多个维度进行分析）。因此，在制定实施方案的时候，应结合用研方对于结果产出时间的预期，做出合理的、切实可行的时间安排。

市场调研是一种人力密集型工作。从图 3-2 可以看出，市场调研的流程复杂，需要投入的人力资源也是相当多的。即便是看似没有太多人力花费的网络调研，也需要考虑到问卷编程、投放渠道购买、点击率、被访者激励、样本清洗带来的额外样本收取等多种因素产生的成本。因此，在设计研究方案时，不仅需要把每一个环节的流程清楚地告知用研方，而且需要把每一个环节中涉及的成本清楚地列出来，以方便用研方抉择。

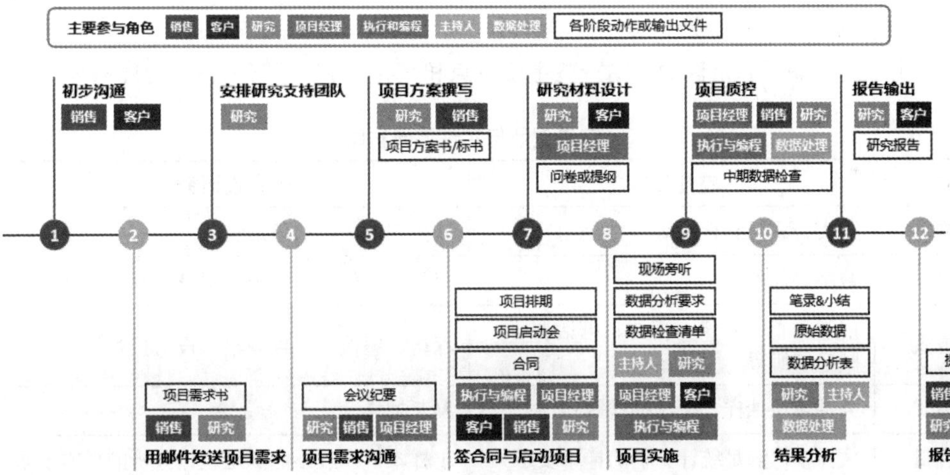

图 3-2　市场调研项目流程图

第四章

市场调研的方法

一、基本方法

　　市场调研的方法基于不同的划分维度可以有不同的表述。例如，基于调研的范围，市场调研的方法可以分为全数调研和抽样调研；基于抽样方法的不同，可以分为分层随机抽样、配额抽样、判断抽样等；基于调查方式，又可以分为询问法、观察法和试验法等。在市场调研实践中，我们往往会依据抽样方法、擅长的内容和期望产出的结果，把调研方法划分为定性调研方法和定量调研方法两大类。定性调研是指对被访者进行深度挖掘，重点在于洞察他们的内心；定量调研则旨在对被访者的行为和态度数据进行规模化的收集，并从中寻找行为和态度模式。表 4-1 中列出了定量调研和定性调研的一些主要特点和差异，分析了它们各自的优势与局限性。

表 4-1　　　　　　　　　　　　定量调研与定性调研对比

研究方法	定量研究	定性研究
研究内容	事实、意见、行为等	动机、需求、决策过程等
支持体	数字、尺度	口头表达的信息、镜头记录的视频和图像等
调查方式	问卷调查：入户、街访、电话调研、网络调研等	深访、座谈、陪伴观察、投射技术等
抽样方式	分层随机抽样、配额抽样等	判断抽样
样本容量	大样本，满足统计分析的样本要求	小样本，一般不能满足统计分析的样本要求
分析方式	统计分析	心理分析、经验分析
深广度	广度探测	深度探测
优势	• 可以推断整个市场的发展趋势； • 提供有意义的跟踪比较； • 通过统计分析可以找出影响态度的主要因素	• 能够挖掘消费者购买决策的真正动机； • 可以根据研究进展灵活调整研究内容； • 能够在较短的时间内获取多元化的信息； • 最适合做探测性研究
局限	• 在研究过程中内容不可更换； • 总费用相对较高； • 无法发掘深层的原因	• 不能推断总体； • 受研究人员个人能力的影响大； • 单样本/单组费用相对较高

在定性调研方法中，使用较多的是小组座谈会和深度访谈的方式。在定量调研方法中，使用较多的方式包括定点访问、计算机辅助电话调研（CATI）和网络调研。另外还有一种神秘顾客调研方法，这是一种半定量的特殊研究方法，也会经常用到。下面对上述几种方法的特点、局限性和应用场景进行简单的介绍。

1. 小组座谈

小组座谈会（Focus Group Discussion，FGD）是由训练有素的主持人以非结构化的自然方式对一小群调查对象进行的访谈。主持人引导讨论，主要目的是从适当的目标市场中抽取一群人，通过听取他们谈论研究人员感兴趣的话题来得到观点。这种方法的价值在于自由的小组讨论经常可以得到意想不到的发现，是最经典的定性研究方法之一。

小组座谈会一般适用于下述场景：未知情况较多（例如对市场状况的了解甚少，对用户情况的了解不足），需要深入挖掘的内容多（例如需要对目标人群的心态、动机、需求、观点、利益追求等进行深入的了解），需要通过相互讨论激发出更多的想法和意见（例如进入一个新市场时，需要探讨产品使用的更多可能性），测试材料较多（例如需要了解目标人群对多个方向的广告脚本的反馈）。

一场标准的小组座谈会一般有 6~8 人参加，需要持续 1.5~2 小时。在互联网时代，时间的碎片化使得人们的专注力不断下降。与此同时，由于国内消费市场的竞争日趋激烈，消费者的许多表面化需求已经都被挖掘出来了，小组座谈会中要挖掘的问题的深度不断加大。因此，参加小组座谈会的人数大多会控制在 6 人，尽量在 1.5 小时内完成对主要问题的询问。

小组座谈会使用的调研材料是座谈会提纲，其中列出了用研方希望在座谈会中了解的问题、这些问题所属的板块和询问时的逻辑顺序，以及各板块内容所需的时间。召开座谈会的组数往往根据用研方的需求来确定，一般会挑选 2~4 个重点城市，召开 4~8 组座谈会。

小组座谈会的优点主要包括以下几个。

① 被访者比较放松，更容易充分表达自己的观点。小组座谈会是一个多人交流的过程，还会提供一定的零食来活跃气氛，所以被访者在交流过程中更容易放松。

② 座谈人员相互激发，可以收集更多的意见。

③ 调研人员可对被访者的情绪有更直观的感性认知。

小组座谈会的局限性主要在于以下几点。

① 甄别和选取被访者的要求高。被访者不仅需要符合用研方在产品和品牌应用方面的"硬性"需求，而且需要在沟通能力、友好态度、交流意愿等方面符合"软性"要求。

② 会场控制难度大。因为座谈会是多人交流的场景，所以某个人过度沉默或者过度活跃都有可能影响座谈会的现场氛围。保持讨论气氛适度热烈和话题内容始终"不歪楼"，并不是一个很容易把握的问题。

③ 对主持人的要求高。一名合格的小组座谈会主持人需要在座谈过程中扮演三个角色：一是消费者角色，需要随时与消费者保持同理心，理解他们表达的问题背后的需求和想法；二是客户角色，需要有客户思维，以便在被访者众多的语言信息中找到更值得关注和深入挖掘的信息；三是调研者角色，需要依据调研大纲的结构和时间安排，确保座谈会按照计划进行下去。

④ 被访者发言的有效时间偏短。在有 6 个人参加的为时 90 分钟的座谈会中，平均每个人的发言时间实际上只有 15 分钟，这还没有考虑主持人的发言。因此，在座谈会中，每个人表达个人看法的时间相对较短。另一方面，时间过长又会造成被访者疲劳。所以，如果座谈会中想要了解的内容过多，就会造成挖掘深度不够。

2. 深度访谈

深度访谈（In-depth Interview）是指专业访谈人员和被调查者针对某一论题以一对一的方式进行较长时间（通常是 30 分钟到 1.5 小时）的谈话，用以采集被调查者对某个问题的看法或做出某项决定的原因等。这种方法常用于了解个人如何做出购买决策，如何使用产品或服务，以及生活中有什么情绪和个人倾向等。

深度访谈一般在以下场景中使用。

① 被访者的身份具有一定的特殊性，或者谈论的话题具有一定的敏感性。由于高层人士的时间往往很紧张，并且每一位高层人士都有着比较鲜明的个人意见和看法，所以，不论是出于尊重考虑还是出于时间方面的考虑，针对高层人士的调研通常都会选择深度访谈的形式，并且一般也会选择对他们来说比较方便的地点（例如办公室或办公场所附近的咖啡厅等）。另外，针对经销商的定性调研也往往因为话题的商业敏感性而一般采用一对一深度访谈的形式完成。

② 需要与被访者进行较长时间的交流，以便了解更多的细节。例如，如果想要了解被访者对服装产品的消费需求，单纯通过座谈会，可能只会了解到一些颗粒度较大的"大概"内容，而对于在不同场景下如何选择和搭配服装，就很难有细致的了解了。这时，如果能够与被访者进行一对一的深入交流，特别是到被访者家中进行家访，在访谈的同时看一看被访者的衣柜，请他们演示一下自己在不同场景下挑选服装的实际过程，则会获取有用的细节信息。

深度访谈的调研材料是深访提纲，深访提纲的撰写方式与座谈会提纲类似，只不过由于采用一对一的方式，提纲中不需要插入讨论话题。在一个调研项目中，参加深度访谈的被访者数量根据调研需求而变，波动较大。在通常情况下，参加深度访谈的被访者数量为 5～30人。在做被访者规划时，应注意选择具有不同人口特征、消费模式、品牌选择等的被访者，以获取更丰富的信息。深度访谈的地点选择具有较大的灵活性，可以选择调研公司指定的专业访谈场所，也可以选择被访者更方便的办公场所或者居住地周边区域，还可以选择被访者的办公地点或者居住地。新冠肺炎疫情发生以后，以在线视频会议的方式进行深度访谈的情况越来越多了。

深度访谈的优势在于可以用较长的时间了解被访者的想法，这意味着能够从单个被访者那里获取更丰富的信息。由于深度访谈是单独进行的，在时间上很难并行，所以往往耗时较多，成本也较高。对于同样的 12 个被访者，开两组座谈会和做 12 次深度访谈相比，后者所需的时间和金钱成本都更高。

3．定点访问

定点访问（Central Location Test，CLT）是指访问人员选择一个固定的场所，邀请被访者进入该场所答题。定点访问的被访者的来源主要有两个。

① 通过街头拦截的方式获得。这种方式也叫定点拦截访问，拦截的地点通常选择人流密度较高、人员来源较广的商圈周边区域。但随着各个商圈对于周边区域的管控日趋严格，这种方式的执行难度也在不断增加。因为被访者往往是在逛街等做其他事情的时候被拦截下来进行访问的，所以他们在完成问卷时的耐心有可能不足，问卷的长度会受到一定的限制，时间一般不超过 20 分钟。

② 通过事先邀约的方式进行。这种方法也叫邀约访问，它的好处是在时间安排上具有灵活性，同时突破了拦截访问时被访者的区域性往往过强的局限性，被访者的来源更加多样化。因为被访者是专程来接受访问的，所以他们可以完成较长的问卷，访问时间可以达到 30～40 分钟。这种方式的局限性是邀约的速度往往比拦截的速度慢，成本也偏高，因此在时间和费用上的投入都比定点拦截访问更大。

定点访问有访问员的帮助，更有助于被访者理解问题，因此可以询问一些相对复杂的问题，特别是可以进行一定的开放式问题追问。因为定点访问有固定的地点，现场可以准备一些测试物料向被访者展示，所以这种访问方式通常在口味测试、包装测试、广告测试等各类需要出示物料的测试场景下进行。在汽车销售领域，还有一种特殊的定点访问叫作实车测试，就是邀请被访者对被测车型进行"面对面"的近距离接触，然后对车辆的各个细节进行意见反馈。由此可见，定点访问对于需要进行实物测试的研究来讲是一种不可或缺的方法。

4．计算机辅助电话调研

计算机辅助电话调研（Computer Assisted Telephone Interview, CATI）在严格意义上是指利用专业的计算机软件，通过随机算法拨打电话，去除空号、无人接听等无效号码，将有效拨通号码导入座席，由专业电话访问人员进行访问。CATI 的好处在于其随机性，特别是能够触达一些平时对接受访问不是很积极的高知、高收群体。因此，在 CATI 方式应用之初，其结果具有较好的推广意义。但随着电信诈骗等情况的发生，人们对于接听陌生号码来电的态度越来越谨慎，使得严格按照 CATI 方法成功拨打电话的概率越来越低，"随机抽取"电话号码所带来的推广意义也逐渐减小。因此，现在 CATI 的操作方法也有所变化。一般不再进行无限制的随机电话抽取，而往往是调研方依据已经获取的电话号码集，进行号码的抽取和拨打。例如，一家医院想要了解在本院就诊的患者对于自己的诊疗及各项服务的满意度，就需要首先获得这些患者的电话号码，然后借助呼叫中心等专业机构或平台，从这些号码中随机抽取电话号码进行拨打回访。CATI 的好处在于能够直接触达被访者，确保了被访个体的真实性；同时 CATI 以无接触方式完成，因此不会受到恶劣天气、疫情等突发状况的影响，有利于调研过程的平稳实施。另外，CATI 可以在访问过程中进行录音，不仅便于质控，而且有助于保留访问细节，可以对数据结论进行更好的解读。CATI 的访问过程全部是通过语音完成的，因此问题的长度以及选项的数量和长度都不能超过被访者的短时记忆能力。如果问题过长，或者选项过长、过多，就会造成接听电话的被访者记住了后面而忘记了前面，导致回答不准确。当前，CATI 主要用于满意度和投诉回访调研。

5. 网络调研

网络调研是相对较新的研究方式，也是目前应用得较多的调研方式之一。网络调研是指利用互联网技术和方法，从网上募集被访群体，在网上实施调研。网络调研的实施需要具备调研问卷网络化、样本收集网络化和质量控制网络化三方面的能力。其中，调研问卷网络化编程的技术能力实际上早在 20 世纪 90 年代后期就已经初步具备。对于一份传统的调研问卷，利用计算机技术进行编程，可以将各种逻辑跳转都用程序进行固定，并且可以自动检测被访者的答题是否完整。同时，被访者的答案被直接收入数据库中，不再需要人工录入。以上措施都能够在最大限度上减少访问过程中人为错误的发生。因此，网络调研可以说是在调研实施阶段人为错误最少的调研方式之一。在互联网技术快速发展的情况下，如今的网络调研问卷已经不再局限于逻辑控制的严谨性，而且可以通过引入更具互动性的题型等方式，让被访者获得完全不同的答题体验，趣味性和互动性更强，效率更高。例如，众言公司开发的问卷网就能够提供诸如游标打分题、图片点睛题等不同的题型（见图 4-1），让答题过程不再枯燥，减轻了答题者的疲劳感，对于提升答题效率很有帮助。

图 4-1 问卷网提供的部分互动型题型

在样本收集网络化和质量控制网络化方面，网络调研则经历了一个过程。众所周知，网络调研和传统调研最大的不同是问卷的发布方和答案的提供方（即被访者）之间并不直接进行交流。因此，确保被访者的真实性既是保障网络调研质量的基础，也是网络调研得以实施的前提条件。在早期互联网技术相对不发达的阶段，完成这一工作确实有一定的困难。现在，这一问题已经基本得到了解决。一方面，我国网民数量特别是移动端网民数量迅速增加。中国互联网信息中心（CNNIC）第 48 次发布的《中国互联网络发展状况统计调查》显示，截至 2021 年 6

月，我国网民规模已达 10.11 亿，互联网普及率达 71.6%，其中手机网民规模达 10.07 亿，网民使用手机上网的比例高达 99.6%，如图 4-2 所示。规模这样庞大的网民形成了网络被访者样本来源的庞大基数。另一方面，网民通过消费、收听音乐、阅读等不同的行为聚合到了不同的网络平台上，使得这些平台拥有了庞大的用户基数，并且可以根据大数据挖掘的方式，向这些用户赋予不同的特征和行为标签，从而提高互联网问卷投放的精准度。此外，还可以通过答题过程中的时间控制、陷阱题设置等方式，确保答题者的真实性。

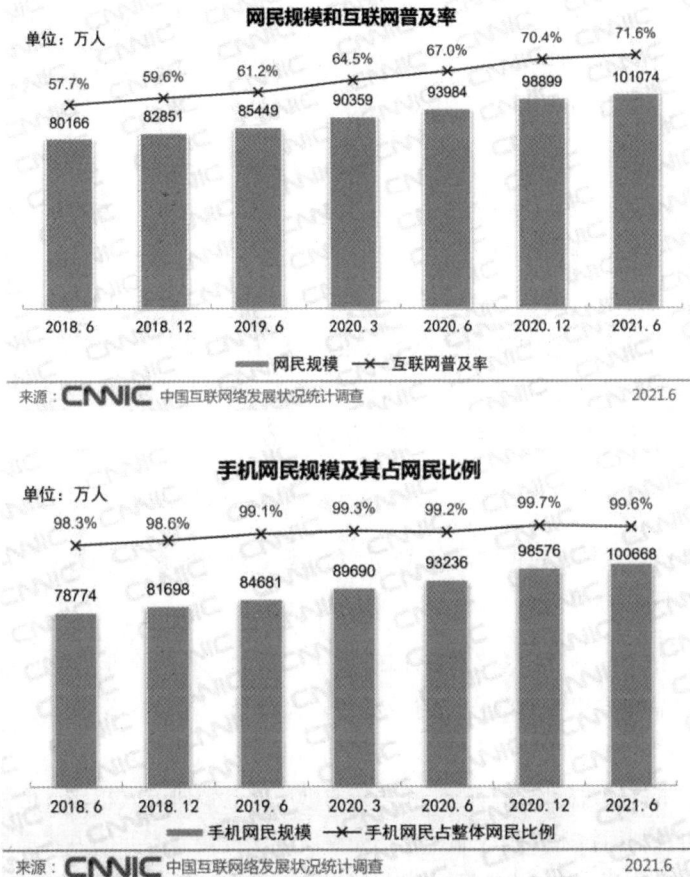

图 4-2　CNNIC 第 48 次发布的《中国互联网络发展状况统计调查》中的网民和手机网民规模

当网络调研中的真实性难题被攻克之后，网络调研的独特优势就被展现出来了。首先，网络调研因其庞大的网民基础，能够在更短的时间内收集更多的样本。其次，除了文字题目外，网络调研还可以展示图片（或图文）、声音、视频等不同的测试材料，调研的形式更加多样化，趣味性更强，调研的主题也更加多样化。再次，由于在问卷编程过程中逻辑已被植入后台，被访者在答题时并不需要人为关注自己是否需要跳题，答题速度加快。在同样的时间内，网络调研的答题效率比传统调研高 10%～20%。最后，网络调研和 CATI 一样，受时间、空间和突发事件的影响较小，能够确保实施过程的稳定和顺畅，而不被诸如疫情这样的突发事件打断。同时，也因其无接触性，网络调研提升了安全感。网络调研过程中的人工介入程度可以说是各类调研方法中最低的一种，使得调研成本大大降低了。可见，网络调研有着广阔的应用前景。在新冠肺炎疫情暴发之后，其他线下调研方式均处于停滞状态，只有网络调研仍保持活跃。正是通过网络调研的保障，政府部门、学校和有关单位能够在疫情最严重的时期实时了解各方面的人员、物资保障情况，把握人们的心态及其对未来的期待，从而有针对性地制定相应的对策。可以说，网络调研在帮助国家和人民战胜疫情方面起到了重要的作用。

当然，网络调研也有其局限性，主要涉及以下四大方面。

第一，网络调研的基础是网民。因此，在互联网条件不是很好、网民比例不高的欠发达地区，网络调研的代表性就有所不足。年龄过小（如学龄前儿童和小学生，他们的逻辑思维能力较弱）和过大（如 60 岁以上的人，其网络接触率较低）的群体并不适合网络调研的方式。

第二，网络调研是一种调研双方完全"无接触"的研究方法，调研方没有办法向被访者的答题过程提供任何帮助或施加任何人情压力。这意味着一旦被访者的答题过程被中断，损失就很难挽回。因此，网络调研问卷不宜过长（一般答题时间不宜超过 10 分钟），以免被访者因答题疲劳而弃答。网络调研问卷中的问题也不应过于复杂，以免被访者因不理解而误答。考虑到目前大部分网络答题是通过手机完成的，我们还应考虑到手机屏幕的局限性，选项不宜过多（一般不超过 15 个），以免被访者因未看到完整的选项内容而漏选。

第三，一些需要被访者实际接触、品尝的产品测试、口味测试等无法通过网络调研完成。

第四，目前一些需要精准定位的研究（比如企业想了解在电影院中投放的贴片广告的效果），尚难以通过网络调研的方式完成。

此外，向大家介绍一种"定向"网络调研方法。例如，有的企业需要对自己的员工做满意度调查，或者有的品牌方想要面向自己的会员做体验调查。这意味着企业或品牌方需要调查的对象有着固定的范围和统一的特征。此时，可以利用群发短信的方式，将调研链接发送给调研对象，请他们自行点击链接进行网络答题。和传统的纸质问卷调研方式相比，这种方式不仅大大提高了效率，而且可以利用技术控制（如答题不完整就无法提交问卷）的方式提高答卷的完整性。同时，这种方法可以采用匿名方式答题，可以让答题者畅所欲言，调研方获取的信息也更加客观。

二、经典研究方法的组合

我们在前面为大家介绍了当前主要的 5 种调研方法。在实际应用过程中，各种调研方法又是如何组合实施的呢？

1. 定性与定量研究方法的组合

前文已经介绍了定性和定量研究方法的特点、优劣以及局限性。在实践中，企业经常在选择定性或定量研究方法时犹豫不定。在很多情况下，确实需要采用定性与定量研究相结合的方式。这两种方法相结合的典型场景包括以下几种。

（1）定性收集意见+定量明确规模

这种先定性后定量的方式一般多见于对被调研人群有相对明确的认知而对所调研的内容了解得很少的情况。例如，针对一款母婴新品进行调研时，调研的对象已经明确了，即母婴人群（一般主要是母亲），但调研方对于新品能够满足的母婴人群的需求、可能的使用场景和痛点等缺乏了解。此时就需要先针对目标人群（母婴人群）开展定性研究，从个体中收集到尽可能多的意见，然后以此为基础，形成定量问卷，向更广大的母婴人群进行发放，从而确定各类需求的广度和强度，特别是变现能力，进而确定哪些需求更有商业价值，更有品牌区隔能力，更能引发目标人群的共鸣。在此基础上，可以进行产品定位、设计研发，制定营销策略。

（2）定量描绘人群+定性针对重点人群

这种先定量后定性的方式一般多见于对品牌或产品所面对的调研对象不甚清晰的情况。此时，需要先摸清重点人群，然后对重点人群进行深入的了解。例如，某企业计划推出一款具备某些特征的个人护理产品。由于个人护理产品的应用范围相当广泛，而该企业计划推出的这款新产品所具备的特点和所呼应的需求又是相对大众化的，因此在制定产品策略时，首先就需要知道这款产品对哪一类人更具吸引力。在这种情况下，需要通过规模化的定量研究，了解不同群体对于该款产品的兴趣、消费欲望和潜在的购买力，然后根据人群规模、消费潜力等进行综合衡量，选择出核心目标人群，再根据这个人群的特征招募被访者，对他们做进一步的深入了解。

当然，除了上述两种方式外，还可以进行"定性收集多样化需求+定量筛选重点需求+定性针对重点人群进行细节研究"的三阶段研究方式。这种组合方法显得更完整，但因其耗时较多、成本较高，难以满足时效性要求，因此在实际场景中较少实施。

（3）内部定性+外部（C端）定量或B端定性+C端定量

这种根据不同的研究对象而采取不同研究方法的组合方式往往适用于多渠道研究。之所以更倾向于在企业内部调研或者B端（经销商、渠道商等）商务调研时采取定性的方式，是因为企业和B端的运作往往具有一定的规律和共同特点。处于职业或者商业环境下的个体也会因其职业或者商业角色的定位，在行为和决策方面具有一定的相似性。同时，企业和经销商之间往往存在利益关系，这种关系决定了他们对于调研的内容更敏感。此时，更个体化的、更私密的定性研究更有助于挖掘有效信息。相对于大众群体，他们的需求更加个性化。只覆盖少量群体的定性研究难以识别这些需求的规模和强度，而只有通过定量研究的方式才能够完成上述工作。

2. 线上与线下研究方法的组合

线上和线下研究方法各有优劣。将线上研究方法和线下研究方法相结合，有助于优势互补，得到更完整的信息。目前比较常见的线上与线下研究方法的组合方式主要包括以下两种。

（1）线上定量和线下定性相结合

当定性与定量方法进行组合时，这种结合方式的效率较高。采用线上网络调研方式时，样本收集速度和效率普遍高于线下，而成本低于线下。在当前的疫情环境下，网络调研在安全性方面的优势也凸显了出来。因此，除了口味测试等特殊情况外，线上定量调研已经成为主流的研究方法之一。定性研究更注重收集被访者的个人信息，所以在研究过程中，除了被访者的语言需要关注外，他们的表情、动作等"身体语言"也对他们的情绪表达起到了很重要的作用。在小组座谈会的实施过程中，被访者之间、被访者和主持人之间的讨论和意见激发也是收集多样化需求信息的重要手段。在这些方面，目前的线上视频会议远远无法满足要求。正因为如此，在有条件的情况下，对于需要深入挖掘需求的定性研究，研究者普遍倾向于采取面对面的线下方式。

（2）线上定量调研和线下定量调研相结合

这是不同定量方式之间的一种组合。线上定量调研的优势在于能够从整个调研区域内获取信息。例如，当需要做某个城市调研时，线上定量调研能够从全市范围内获取样本，样本在区域分布上比较均衡。线下调研因调研地点的局限性，只能获取局部的样本。线下定量调研的优势是可以很高的针对性获取某些特定区域和特定群体的信息。如前文所述，如果需要了解某个电影院在某个特定时段内的贴片广告的效果，就可以在这个特定的时段内在该电影院附近针对观影人群进行拦截调研，由此获得的调研结果的准确性和有效性将明显高于线上调研。再如，针对老年人群体进行调研时，可以采取线下面对面访问的形式。访问员的解释说明有利于老年人理解问题，获得更准确的答案。由此可见，线上与线下定量调研相结合的典型场景是广告及其他营销活动传播效果研究。通过网络调研，我们能够了解到该传播活动在整个城市内的效果；通过在特定渠道附近的线下拦截调研，则能够了解到某些具体渠道的传播效果。二者相结合有助于企业完善媒介投放计划。

3．阶段性与连续性调研方法的组合

阶段性调研能够了解某个特定时期内的市场、消费者、品牌和产品的情况，连续性调研则有助于了解市场、消费者、品牌和产品的发展变化。阶段性调研和连续性调研相结合的方式多见于品牌和产品的健康度及体验满意度研究。一般情况下，企业需要对于自己的品牌发展和产品表现进行持续研究，这就需要开展连续性调研。最初，这种连续性调研由频率较高、模式相似的多次阶段性定量研究组合而成。例如，每季度或者每半年开展一次品牌健康度或者产品满意度调研。在有了互联网技术和网络调研的形式以后，依托互联网平台，网络调研已经可以实时获取信息了。这种连续性调研往往能够及时了解品牌、产品和市场发生的变化，但是对于这种变化发生的原因缺乏了解。此时，需要针对这些变化制定专门的阶段性调研方法。例如，当某个品牌的满意度在一段时期内出现比较大的下滑时，就需要以品牌不满意群体为目标对象，及时开展有针对性的阶段性调研。根据调研目的，这种调研既可以是定性的，也可以是定量的。利用这种阶段性与连续性调研相结合的方式，我们既能够了解市场、品牌和产品的连续性变化，也可以从中寻找变化的原因和脉络，以提升对市场、品牌和产品未来变化的预判能力，使得企业制定的策略更加精准、有效。

第二篇　调研数据采集实战

第五章

网络调研数据采集实战

对于一个典型的问卷调研项目，其数据采集的执行过程如图 5-1 所示。

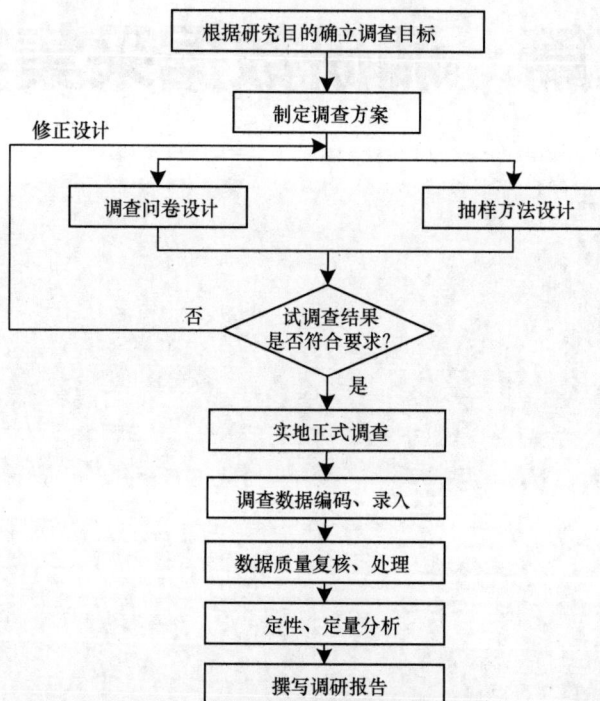

```
        ┌────────────────────────┐
        │  根据研究目的确立调查目标  │
        └────────────────────────┘
                    │
                    ▼
            ┌──────────────┐
            │  制定调查方案  │
  修正设计   └──────────────┘
    ┌──────────────┴──────────────┐
    │   ┌──────────────┐      ┌──────────────┐
    │   │  调查问卷设计  │      │  抽样方法设计  │
    │   └──────────────┘      └──────────────┘
    │           │
    │           ▼
    │      ◇ 试调查结果  ◇    否
    │      ◇ 是否符合要求? ◇ ──┘
    │           │ 是
    │           ▼
    │   ┌──────────────┐
    │   │  实地正式调查  │
    │   └──────────────┘
    │           │
    │           ▼
    │   ┌──────────────────┐
    │   │  调查数据编码、录入  │
    │   └──────────────────┘
    │           │
    │           ▼
    │   ┌──────────────────┐
    │   │  数据质量复核、处理  │
    │   └──────────────────┘
    │           │
    │           ▼
    │   ┌──────────────┐
    │   │  定性、定量分析  │
    │   └──────────────┘
    │           │
    │           ▼
    │   ┌──────────────┐
    │   │  撰写调研报告  │
    │   └──────────────┘
```

图 5-1　问卷调研项目执行流程图

首先，我们需要根据研究目的确立本次调查的目标。在实际操作中，用研方有时会把好几个目标放在一个调研项目里，觉得一次性可以解决更多的决策问题。这样能节省时间和成本，但事实上这样操作会增加问卷的长度，影响受访者答题时的体验，导致所回收的问卷数据质量发生较大的波动，反而得不偿失。因此，在开展问卷调研项目时，目标应具体和聚焦，不可一味贪多贪全。在确立了调查目标之后，接下来就要根据调查目标来制定相应的调查方案。设计调查方案时需要明确研究内容，锁定研究对象，确定合适的研究方案以及合理的周期与预算。具体内容可参考第三章，此处不再赘述。制定好调查方案以后，可以同步进行调查问卷设计和抽样方法设计。也就是说，为了实现调研目标，我们需要确定"问什么""向谁问"以及"怎么触达目标受访者"这些关键的战术问题。在战略目标、战术方案以及战术问题得到确认后，需要做一次战术演习，我们称之为预调研。预调研就是正式调研前的小规模调研，用于验证正式的大规模调研的可行性，调整和确认调查问卷和调研方案。

预调研是市场调查前必不可少的一个环节，充分进行预调研可以避免在正式调研环节出现问题，预防无效答卷，避免产生不必要的时间成本和浪费经费。简而言之，预调研具有两方面的作用：一是检验问卷设计是否合理，二是检验调研方案是否合理。在问卷初稿设计好以后，需要做一轮甚至几轮的预调研，以确认问卷设计的合理性、逻辑性和明确性。我们还可以通过预调研发现访问过程中存在的问题，以便及时解决。通过预调研这个环节，我们可以规避或者防止出现以下几个类型的错误：不道德的调研、花瓶式调研、得不偿失的调研以及不可行的调研。不道德的调研是指在未经被访者同意的情况下获取消费者的信息或者竞争对手的资料；花瓶式调研是指只接受与自己的意见一致的调研结果，对于真实的调研结果并不关心；得不偿失的调研是指在调研过程中采取的调研方法不当，导致调研成本过高，甚至超过了调研产生的收益；不可行的调研是指调研方法、调研技术的可操作性不强。通过预调研，可以有效避免出现这些问题，从而达到预期的调研目标。预调研与正式调研的区别在于，预调研是为正式调研做准备的，是为了避免在正式调研中产生问题而采取的调研方式。因此，预调研的范围小，时间短，覆盖面全，可靠性高。如果我们要在我国东部、西部、南部和北部各抽取两个城市进行线下调研，那么在预调研的过程中，需要先在每个区域选择合适的城市，并且在选到的每个城市收集一定量的样本，确保提前发现问题并解决问题，这样才能保证顺利开展正式调研。比如，我们进行线上调研时会先收集 30～50 份样本，针对这部分样本进行分析，总结问卷和抽样方案中的问题，从而做出有针对性的调整，为大规模的正式调研铺平道路。

数据采集是问卷调研的主要工作。下面针对问卷调研尤其是网络调研过程中影响数据采集的效率和质量的关键环节做进一步的阐述。

一、调查问卷的设计

不同于传统的线下调研执行方式，在网络调研的执行过程中没有访问员或调查员的介入，受访者完全是在没有人际压力的背景下自行填答调查问卷的。因此，在设计网络调查问卷时，需要重点关注受访者在答题过程中的感受。只有受访者的答题体验好，才能够提高回收数据的质量。

受访者在答题过程中会经历理解、检索回忆、判断与估计、填写四个阶段。

1．理　解

在受访者回答问题之前，首先需要对题目的字面意义进行消化和理解。若不同的受访者对同一个问题产生了不同的理解，或者受访者对问题的理解与研究者原来的意图存在差异，那么研究者通过这个问题收集到的数据将会产生偏差。理解上产生的偏差既可能是因为受访者的理解能力存在差异，也可能是因为研究者所提出的问题本身存在一些缺陷，比如问题中存在难以理解的专业术语、含义模糊的词语、有歧义或者复杂的句子等。

比如，当问受访者过去一年的收入是多少时，有些受访者会理解为税前收入，有些受访者会理解为税后收入；有些受访者只会想到工资，有些受访者还会想到奖金福利，有些受访者可能还会把投资收益考虑在内。和日常的交谈一样，受访者除了尝试理解问题的字面意义外，还常常会有意识或无意识地揣摩问题的言外之意，或者推测提问者提出这一问题的意图。这同样会影响受访者的回答。所以，问题尽量严谨一些，可以避免理解上的差异导致数据上的差异。比如，请回答你全家的月总收入（税前，包含副业收入）是多少。

2. 检索回忆

受访者理解问题之后，通常需要在脑海中检索或者回忆相关的信息，以便做出回答。记忆力是人类自然拥有的一种能力，但人们的记忆也是有缺陷的，最明显的一个缺陷是我们经常会遗忘。

人类的大脑从记忆的那一刻起就开始遗忘。德国心理学家艾宾浩斯在 1885 年提出遗忘曲线，描述了人类大脑遗忘新事物的规律。他发现人类遗忘的过程并不是均匀的，最初遗忘速度很快，然后逐渐变慢。随着时间的推移，事件越久远，我们能回忆起来的东西就越少。如果问一位 50 岁的受访者上小学时老师和同学的名字，他多半是想不起来的。

不过我们的记忆或者遗忘也因事而异，比如人们不易分清"网红脸"，因为"网红脸"看起来都很相似。人们对事件的记忆也是一样的。当一件事与别的事情没有区分度、不够独特时，这件事往往很难被记住。比如，问受访者过去一年看过多少次医生。对于一个常年生病需要看医生的受访者来说，他可能很难给出一个精确的答案。人们不仅会遗忘，有时人还会改写自己的记忆，而自己往往对此毫无察觉。

3. 判断与估计

有时仅仅依靠检索回忆并不能得到一个明确的答案，受访者接下来会进行判断与估计，即通过一定的策略和方法整合已经检索到的信息，弥补尚有欠缺的信息，以形成所需的答案。

受访者有时会根据回忆一件事的难易程度来判断这件事发生的频率。当一件事很容易想起时，他们会认为这件事发生的频率一定更高；而当一件事比较难以想起时，他们会认为这件事发生的频率一定更低。他们对事情发生的频率所做出的判断并非基于脑海中真实检索到的这件事所发生的频率。在回答态度性问题时，受访者也常常会结合答题时的语境进行判断和估计。在调研中，语境主要指当前可得的信息。在大多数时候，这些信息来自受访者先前回答过的问题。

举例来说，研究者在调研中经常会提出这样的问题："总的来说，你对自己当前生活的满意度如何？"在这个通用的问题之后，研究者往往还会紧接着提出一个或一些具体的问题，如"你对自己当前的婚姻的满意度如何"。因为婚姻是生活的一部分，所以通用问题与具体问题的答案往往会有相关性。

不过，施瓦茨等人发现，当先提出具体问题再提出通用问题时，这种相关性会大大减弱。由于已经回答了婚姻满意度的问题，在回答生活总体满意度时，受访者会把婚姻满意度的信息排除在外。在这里，受访者对于生活满意度的判断受到了先前婚姻满意度一题所形成的语境的影响。

4. 填写

受访者将经理解、检索回忆、估计与判断后形成的答案匹配到相应的选项。这时受访者会综合前面三个步骤，对最终的答案进行再加工。比如，当受访者发现答案和问卷上的选项不匹配时，他们可能会相应地调整自己的答案；受访者有时还会故意谎报答案，以展示更好的形象，或者避免尴尬或法律责任。这种称作社会期望效应，是指受访者在自我评价时通常会以社会认可的方式做出评价反应，从而使自己或别人看起来更适合社会需要。这主要表现为"装好"。

以上介绍了受访者回答问题时所经历的一个典型过程，其中的每一步都会影响受访者最后的问卷填写。了解这个过程有利于我们优化调查问卷，注重问卷题干的严谨性和易懂性，能提高收集到的数据的质量，还可以改善受访者的答题体验。

另外，答卷时长也是影响网络调查问卷的回收数量和回收质量的重要因素。在互联网尤其是移动互联网的背景下，碎片化已经成为上网用户的重要行为特征。在这种情况下，访问的时长会直接影响受访者答题的动力。很多受访者在开始的时候往往有很大的动力提供最佳答案，但是随着答题时间越来越长，受访者越来越疲惫，他们认真答题的动力越来越小。所以，在设计问卷时，对于问卷长度的管控尤为重要，应尽可能避免过长的问卷，这有助于提升数据回收的质量。根据我们的经验，网络调查问卷的答题时间需要控制在 15 分钟以内（不超过 50 道题），最好控制在 5 分钟以内（20～25 道题）。也许有读者会问："如果我们正在执行的是一个大型的战略级的调研项目，需要涉及和考虑的变量很多，问卷很难做到这么精简，怎么办？"在移动互联网的背景下，调研执行可以解决以往线下调研的一个难点——样本同源性的问题。我们可以通过微信号或手机号码等，比较方便地实现样本同源跟踪。试想一下，在线下拦截的场景下，我们如何保证连续两天都能拦住同一个受访者呢？在网络调研的场景下，我们可以通过微信号向同一位受访者连续两天发送问卷。这样，我们就具备了把一份长问卷拆分成多份短问卷并向同源样本进行持续推送的能力。"短问卷，快调研"成为了互联网时代设计网络调查问卷的重要原则。

二、网络问卷系统

这一阶段是把最终确认的问卷转化为网络化的问卷。与传统调研依赖访问员的执行方式不同，网络调研项目的执行尽量避免人员的干预和人际压力，更多地依赖调研系统执行调研项目，让答题者通过网络或移动互联网在没有人际压力的情况下自主答题。同时，针对答题者使用的不同答题终端，可编制支持个人电脑、平板电脑、智能手机等终端的网络问卷，而且问卷可以自动适应终端屏幕的尺寸。问卷的发放方式支持短信、微信、二维码、网络拦截等。另外，在网络调研中收集的数据往往还需要用各种不同的统计分析软件进行处理，因此，网络调研系统还需要支持不同格式的回收数据的下载和分析。综上所述，网络调研系统承载着问卷编程、分发采集和数据下载三重职能。网络调研系统的选择也是网络调研项目数据采集的关键步骤。

市场上的网络调研系统不少，下面以众言公司自主研发的问卷网为例，介绍网络调研系统的主要功能和特点，并阐述该系统如何支持问卷的执行。

1. 丰富的网络问卷题型

除了访问时长会直接影响受访者的答题动力以外，题目过于无趣等因素也会让受访者失去认真答题的耐心，转而寻求答题的捷径。为了提高受访者答题的效率以及改善答题体验，网络调研系统应支持多种题型。

① 一般单选题，如图 5-2 所示。

② 下拉单选题，如图 5-3 所示。

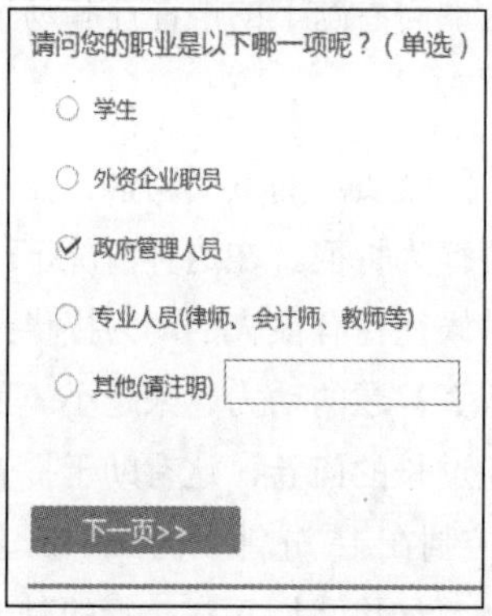

图 5-2 一般单选题举例 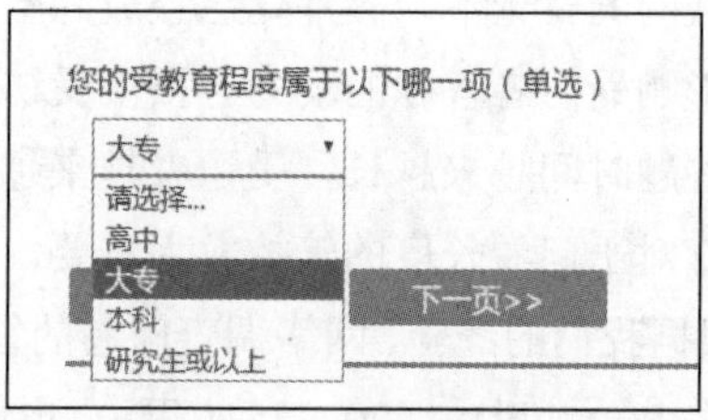   图 5-3 下拉单选题举例

③ 多选题，如图 5-4 所示。

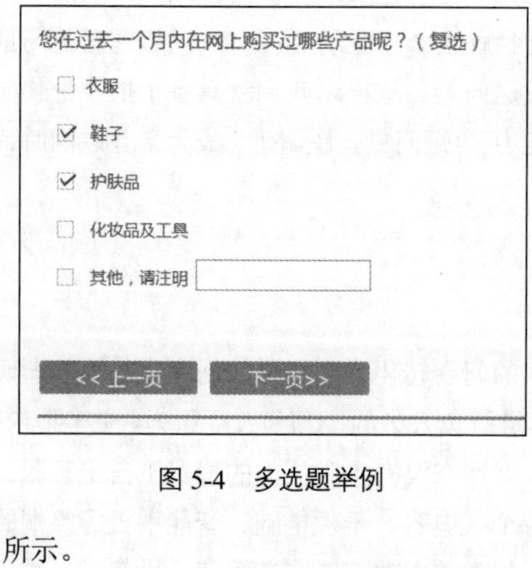

图 5-4 多选题举例

④ 级联题，如图 5-5 所示。

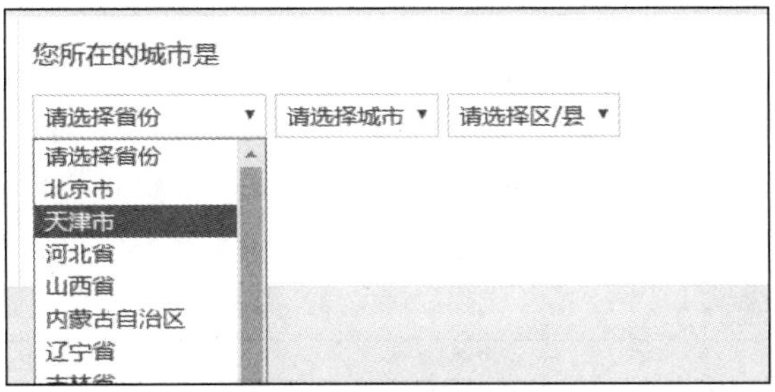

图 5-5　级联题举例

⑤ 标签题，如图 5-6 所示。

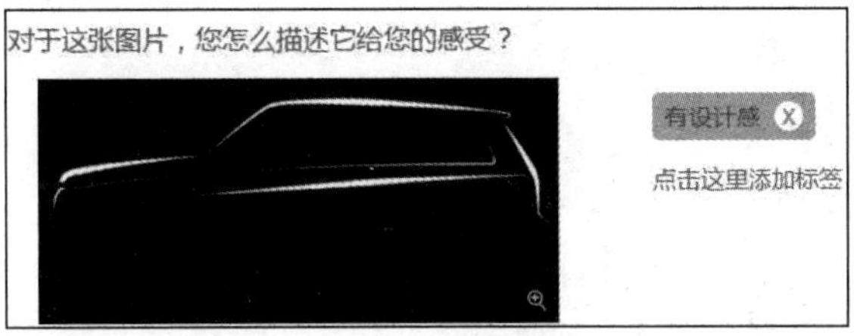

图 5-6　标签题举例

⑥ 矩阵单选题，如图 5-7 所示。

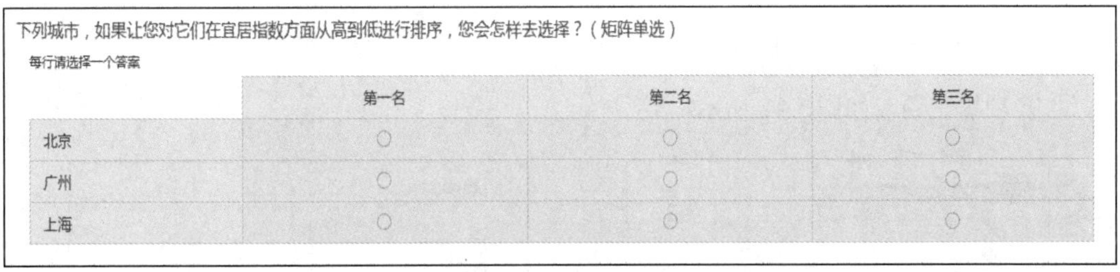
下列城市，如果让您对它们在宜居指数方面从高到低进行排序，您会怎样去选择？（矩阵单选）

每行请选择一个答案

	第一名	第二名	第三名
北京	○	○	○
广州	○	○	○
上海	○	○	○

图 5-7　矩阵单选题举例

⑦ 矩阵多选题，如图 5-8 所示。

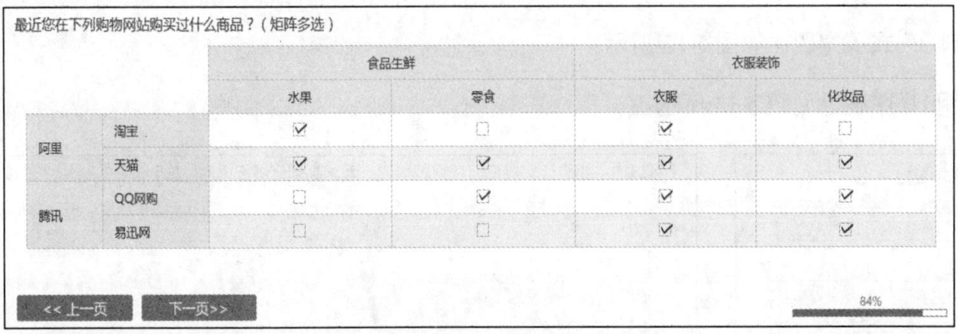
最近您在下列购物网站购买过什么商品？（矩阵多选）

		食品生鲜		衣服装饰	
		水果	零食	衣服	化妆品
阿里	淘宝	☑	☐	☑	☐
	天猫	☑	☑	☑	☑
腾讯	QQ网购	☐	☑	☑	☑
	易迅网	☐	☐	☑	☑

<< 上一页　下一页>>　84%

图 5-8　矩阵多选题举例

⑧ 矩阵填空题，如图 5-9 所示。

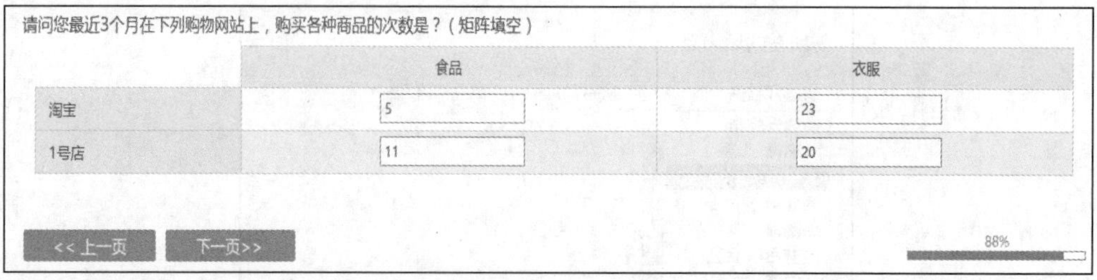
请问您最近3个月在下列购物网站上，购买各种商品的次数是？（矩阵填空）
食品
衣服
淘宝
5
23
1号店
11
20
<< 上一页
下一页>>
88%

图 5-9 矩阵填空题举例

⑨ 图片题，如图 5-10 所示。

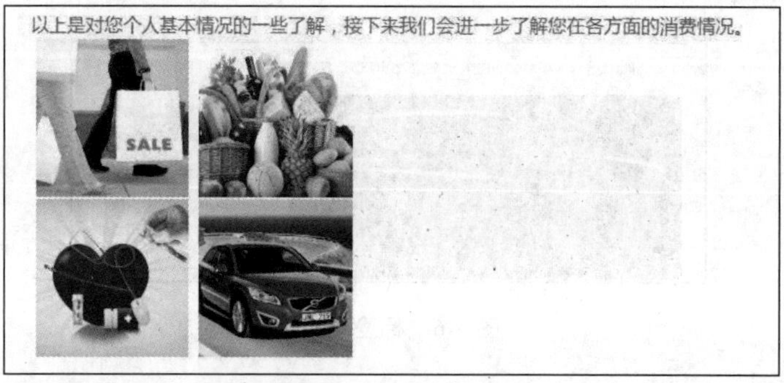
以上是对您个人基本情况的一些了解，接下来我们会进一步了解您在各方面的消费情况。
SALE

图 5-10 图片题举例

⑩ 一般填空题，如图 5-11 所示。

⑪ 多项填空题，如图 5-12 所示。

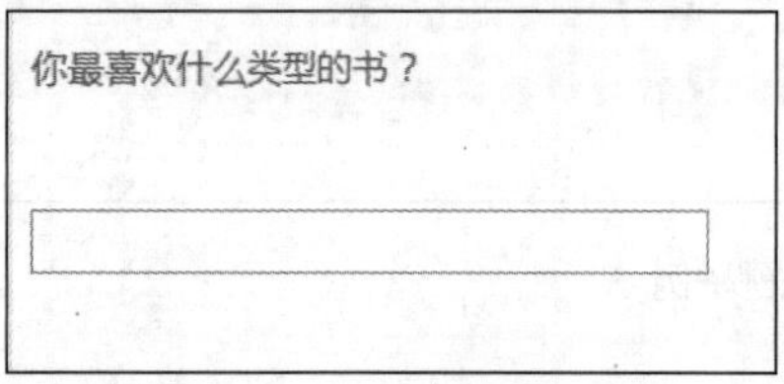
你最喜欢什么类型的书？

图 5-11 一般填空题举例

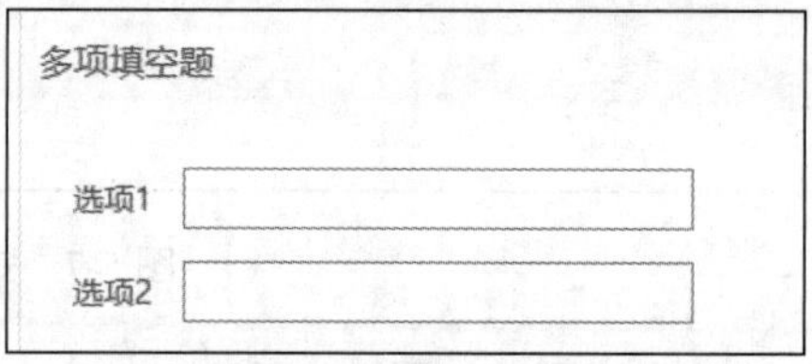
多项填空题
选项1
选项2

图 5-12 多项填空题举例

⑫ 列式填空题，如图 5-13 所示。

⑬ 排序题，如图 5-14 所示。

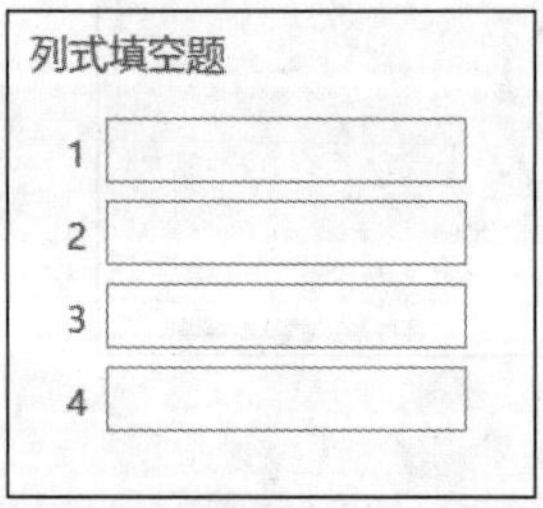
列式填空题
1
2
3
4

图 5-13 列式填空题举例

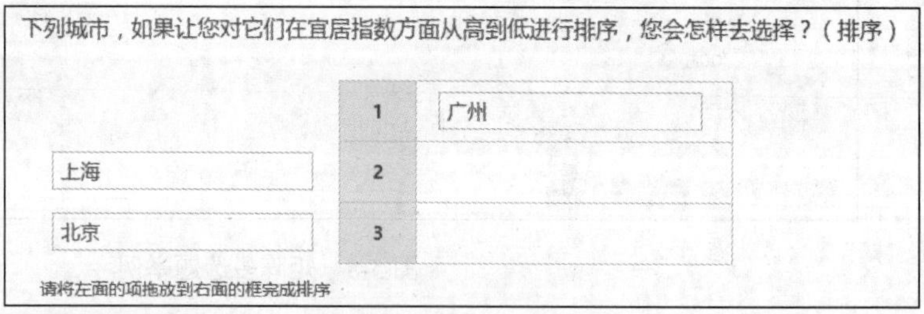
下列城市，如果让您对它们在宜居指数方面从高到低进行排序，您会怎样去选择？（排序）
1
广州
上海
2
北京
3
请将左面的项拖放到右面的框完成排序

图 5-14 排序题举例

⑭ 游标打分题，如图 5-15 所示。

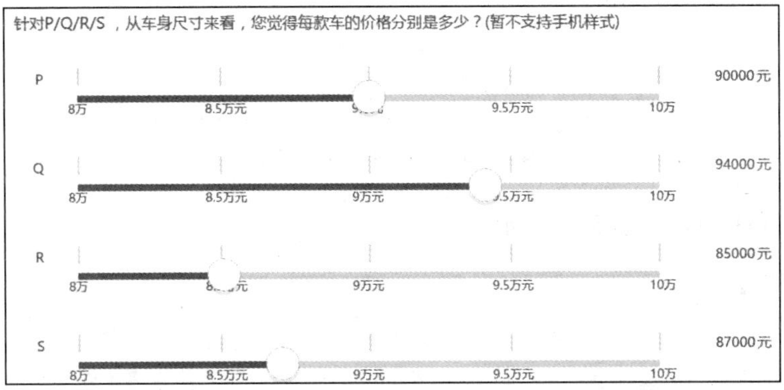

图 5-15　游标打分题举例

⑮ 彩条打分题，如图 5-16 所示。

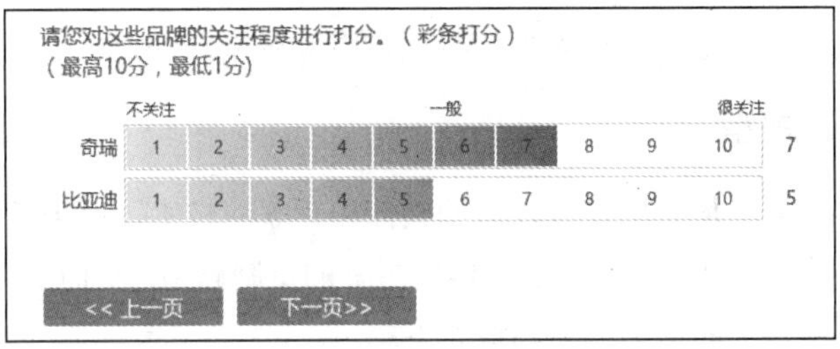

图 5-16　彩条打分题举例

⑯ 五角星打分题，如图 5-17 所示。

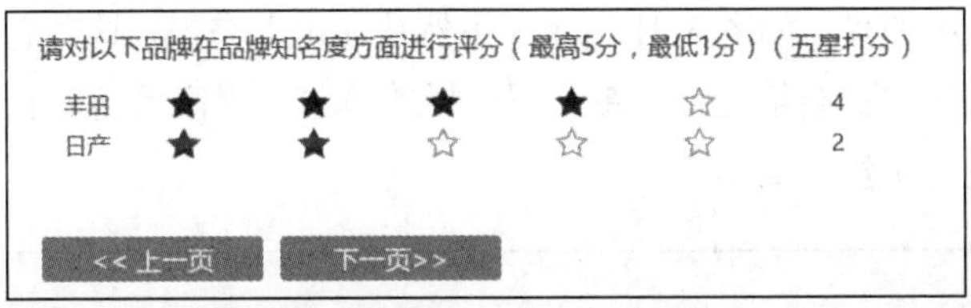

图 5-17　五角星打分题举例

⑰ 数字打分题，如图 5-18 所示。

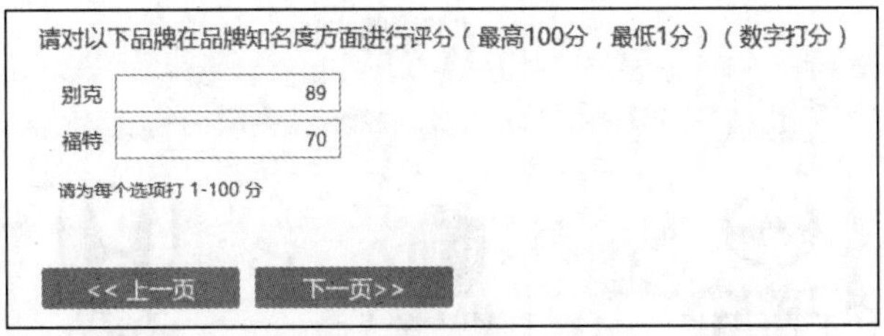

图 5-18　数字打分题举例

⑱ 百分比打分题，如图 5-19 所示。

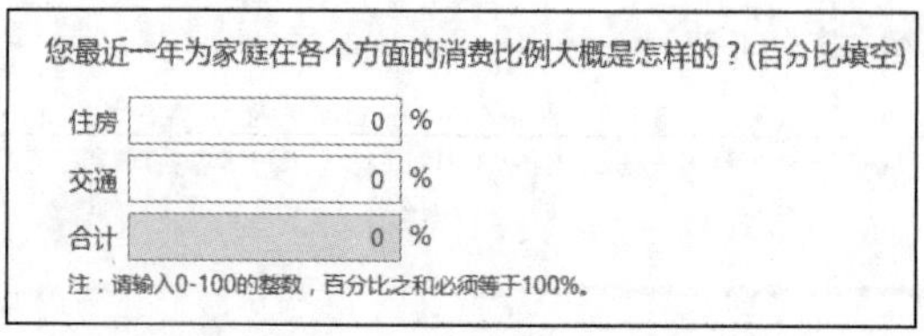

图 5-19　百分比打分题举例

⑲ 矩阵五角星题，如图 5-20 所示。

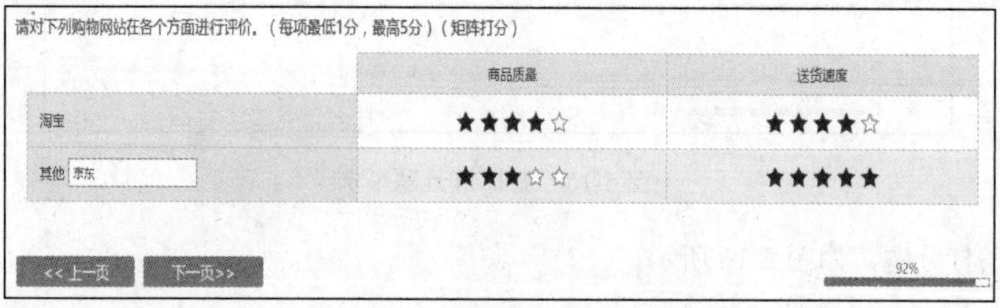

图 5-20　矩阵五角星题举例

2．更丰富的特殊题型

在网络调查问卷的应用场景中，可以借助软件和互联网技术，突破纸质调查问卷题型的框架和限制，根据数据采集的目的设计受访者体验更好的定制题型，从而更高效地收集问卷数据。问卷网在以往的项目中设计的部分创新题型如下。

（1）卡片分类题

这种题型操作起来很像我们在 Windows 操作系统中玩纸牌游戏，用拖动的方式把选项图片拖拽到相应的分类框中即可，如图 5-21 所示。虽然从理论上来说，这种题目也可以设计成传统的多选题的形式，但是它们会给受访者带来不一样的体验，提高受访者在答题时的新鲜感和认真程度，从而获得更高质量的数据。

图 5-21　卡片分类题举例

（2）视频播放题

受访者可以在观看视频素材的过程中，随时单击"喜欢"或"不喜欢"按钮，实时表达自己对视频素材的喜好，如图 5-22 所示。问卷系统会自动记录每一次单击按钮的内容和时间节点，为后期剪辑和编排视频素材提供调研数据。可以试想一下，如果采用常规的网络问卷题型，那么受访者只有看完所有的视频素材后才能够用回忆的方式来填写问卷，数据的准确性和实时性就会大打折扣。

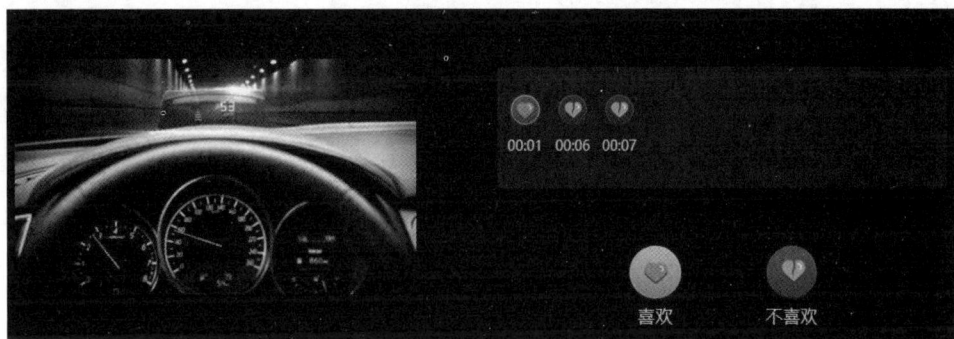

图 5-22　视频播放题举例

（3）上传附件题

有的时候，我们在问卷中需要受访者提供一些证据或文件，以对其反馈意见进行佐证。比如，上传一张开箱照片，以佐证在填写问卷时为什么给予被调查的物流公司不满意的分数。在这种场景下，我们需要用到上传附件题，如图 5-23 所示。

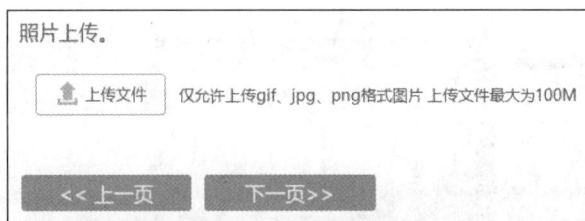

图 5-23　上传附件题举例

（4）浮层题

在部分问卷题目中会出现选项包括图片和说明文字的情况，如果把图片和说明文字都罗列出来，则往往会导致这道题的选项很长，甚至在答题终端上需要不停地往下翻页才能看到完整的答案。这也会影响受访者的答题体验，他们看到最后一个选项时，往往对第一个选项的印象已经很模糊了。为了改善答题体验，可以把选项中的说明文字设计成了浮层窗口，只有当鼠标或手指移动到选项图片上时才会出现相应的浮层窗口，如图 5-24 所示。这样，页面排布更加整洁紧凑，改善了受访者的答题体验，从而提高了数据回收的质量和效率。

图 5-24　浮层题举例

（5）图片放映题

这种题型替代了传统线下拦截访问过程中访问员向受访者展示卡片的过程。我们在后台设计好播放图片的时间间隔，图片就会自动播放，受访者可以自行完成答题操作，如图 5-25 所示。这种题型常用于广告片的概念测试。

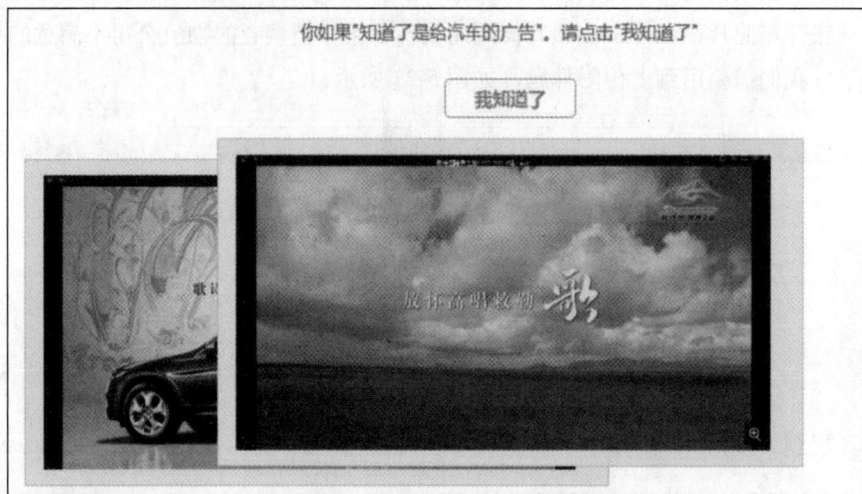

图 5-25　图片放映题举例

（6）手机验证题

这种题型是网络调研中的特色题型，往往用于对受访者的进一步回访和邀约。通过问卷调研系统和短信平台的对接，可以邀请受访者在知情并自愿的情况下输入自己的手机号码，系统会自动发送短信验证码（见图 5-26），从而确保受访者所输入的手机号码的有效性。

图 5-26　手机验证题举例

（7）文字点睛题/图片点睛题

这种题型允许问卷设计者在一段描述性文字中设置热词，受访者在答题时可以对热词进行单击操作。单击一次，该热词变绿，表示"同意"或"喜欢"；单击两次，该热词变红，表示"不同意"或"不喜欢"；单击三次时恢复到初始状态。这种题型在广告文案和文本概念测试中较为常用。

和文字点睛题对应，这种题型允许问卷设计者把一张图片划分为不同的热点区域，受访者在答题时可以对热点区域进行单击操作，如图 5-27 所示。单击一次，该热点区域变绿，表示"同意"或"喜欢"；单击两次，该热点区域变红，表示"不同意"或"不喜欢"；单击三次时恢复到初始状态。同样，这种题型在概念测试中较为常用。

图 5-27　图片点睛题举例

3．多种问卷逻辑

在网络问卷调研项目中，问卷逻辑也是支持问卷设计能否实现、控制问卷长度以及提升受访者答题体验的重要因素。常见的问卷逻辑包括以下几类。

（1）跳转逻辑

受访者选择了某题的某个选项后，系统就会跳转到与此选项有逻辑关联的指定题目，如图

5-28 所示。跳转逻辑适用于需要根据特定条件筛选答卷人的问卷、需要根据不同选项进行分类统计的表单等。

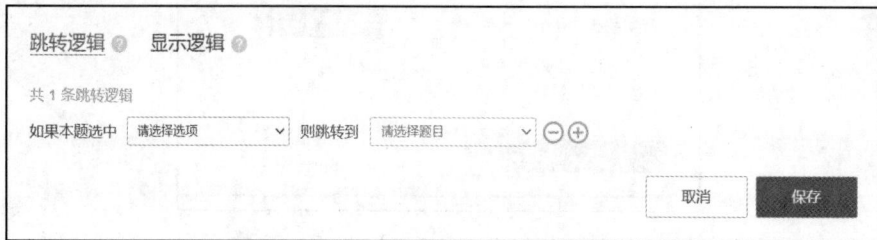

图 5-28 跳转逻辑设置举例

如果你的调查针对的是特定群体，对答题人群有一定的要求，则可以使用跳转逻辑来实现。例如，剃须刀调查针对男性，不需要女性回答。我们可以在问卷开始的地方设置一道题甄别受访者的性别，选"男性"时可以继续答题，选"女性"时结束答题，如图 5-29 所示。

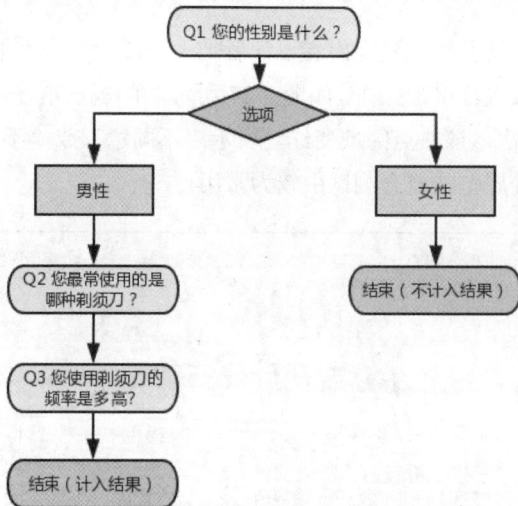

图 5-29 剃须刀调查跳转逻辑

第一步：完成所有题目的文字编辑。

第二步：在甄别受访者性别的单选题上单击逻辑设置图标，如图 5-30 所示。

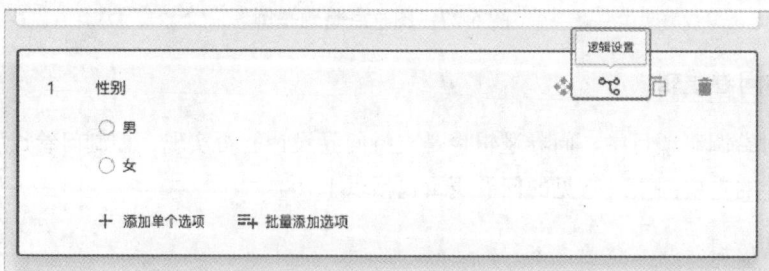

图 5-30 剃须刀调查跳转逻辑设置操作入口

第三步：设置图 5-31 所示的逻辑。

图 5-31 剃须刀调查跳转逻辑设置界面

选择"女性"的答卷者会看到提前结束的结束语，如图 5-32 所示。

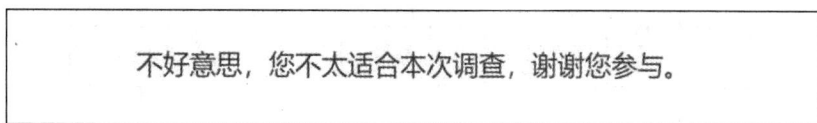

不好意思，您不太适合本次调查，谢谢您参与。

图 5-32 剃须刀调查跳转结束语（不计入结果）

由于设置的是"结束（不计入结果）"，女性答卷者以前填写的数据就会作废，不出现在最后的统计报表中。如果统计时需要知道选择"女性"的答卷数量，则在设置跳转逻辑时选择"结束（计入结果）"。这样，选择"女性"后看到的结束语如图 5-33 所示。

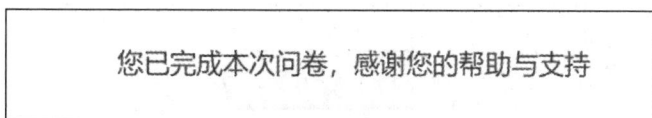

您已完成本次问卷，感谢您的帮助与支持

图 5-33 剃须刀调查跳转结束语（计入结果）

（2）显示逻辑

隐藏逻辑适用于逐题显示的问卷和测评，也适用于需要在答卷过程中根据答卷人的情况引导答题的问卷等。符合某种条件（例如选择某个选项）时就显示某个问题，不符合设置的条件时此问题就被隐藏起来不予显示，如图 5-34 所示。

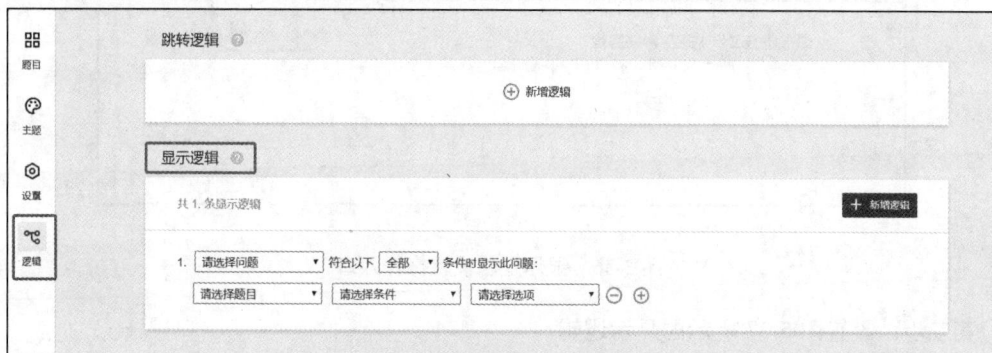

图 5-34 显示逻辑设置举例

如果你的调查对象为不同部门、组别或几个互不相干的群体，他们就只需回答问卷中的一部分题目，无须回答整份问卷。问卷网的显示逻辑便于分板块进行更系统的数据收集。图 5-35 为企业培训意向调查流程图，当使用跳转逻辑时，每个部门只需回答针对各自部门的问题。我们可以在问卷的开头设置一道身份识别题，让不同身份的受访者跳转到问卷的不同部分。

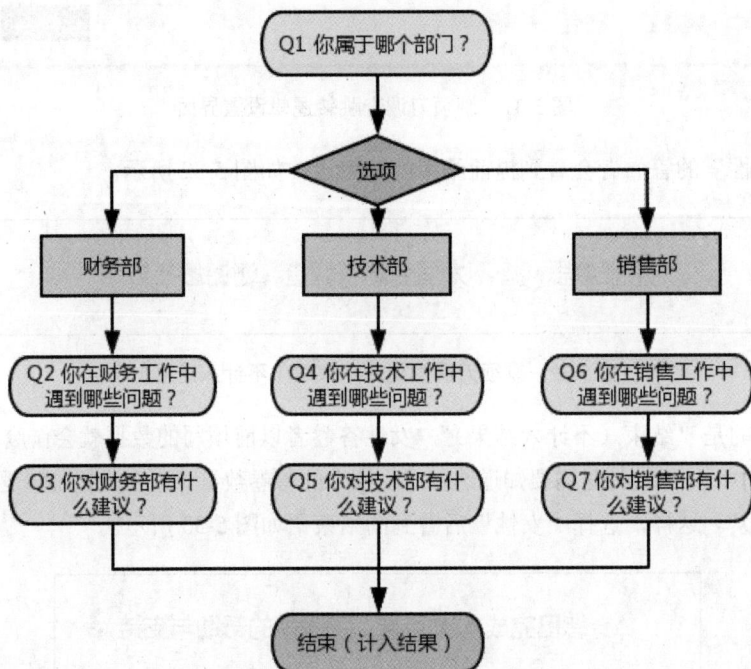

图 5-35 企业培训意向调查流程图

第一步：完成所有题目的文字编辑。

第二步：选中待出现的题目，单击箭头所示的逻辑设置图标进行逻辑设置，如图 5-36 所示。

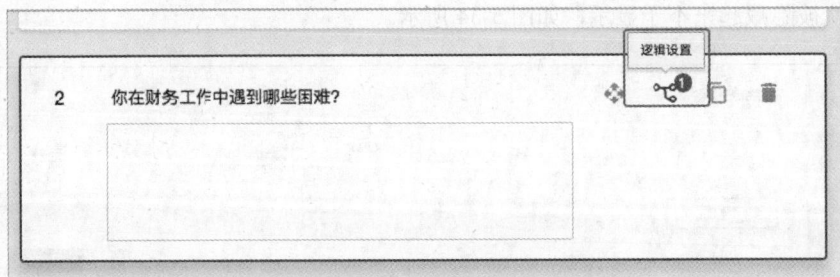

图 5-36 显示逻辑设置操作入口

第三步：设置图 5-37 所示的显示逻辑。

图 5-37　企业培训意向调查显示逻辑设置界面

对于某些受访者来说，如果能够一眼看到完整的问卷，就会不自觉地对调查问卷形成先入为主的认知，从而使自己的回答产生不自觉的偏差。显示逻辑可以逐个显示问卷题目。

以共享单车市场调查为例，当使用显示逻辑进行设置时，只有当前的题目回答完以后，下一道题才会显示，设置方法如下。

第一步：完成所有题目的文字编辑。

第二步：单击第五题的图标，进入显示逻辑设置界面，如图 5-38 所示。

图 5-38　共享单车市场调查显示逻辑设置入口

第三步：设置显示逻辑，使上一题作答完毕时才会显示下一题，如图 5-39 所示。

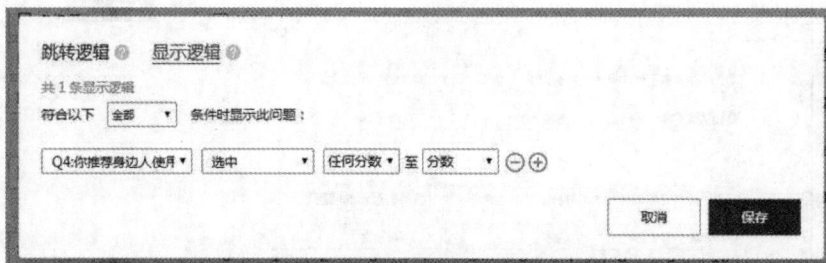

图 5-39 共享单车市场调查显示逻辑单题设置

哪道题需要触发显示时，就在此题中设置显示逻辑。如第一题选择"否"时出现第五题，则在第五题中设置显示逻辑。显示逻辑条件中的"全部"与"任一"的区别如下。

● 全部：答卷者所答题目同时满足设置的全部条件时，题目才会显示。

● 任一：只要答卷者所答题目中有一条满足设置的条件，题目就会显示。

以此类推，从下至上完成其他题目的逻辑设置，如图 5-40 所示。

图 5-40 共享单车市场调查显示逻辑全部设置

（3）引用与代入

如果想让在前面的题目中选择或填写的答案以文字的形式出现在后面的题目或选项中，则可以使用引用设置功能。

第一步：创建两个题目。

第二步：单击需要引用的题目或选项，然后单击输入框右上角的"将之前答案插入文字当中"按钮，如图 5-41 所示。

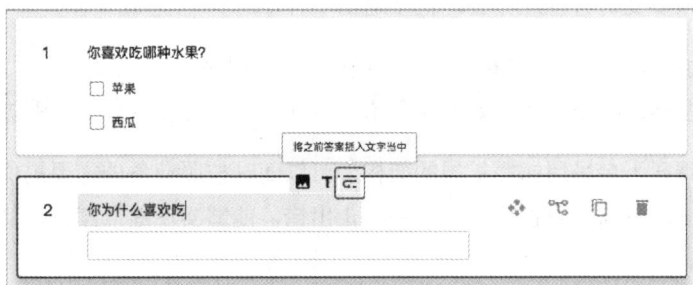

图 5-41　引用设置入口

第三步：选择被引用的题目，单击"插入到下文"，完成引用设置，如图 5-42 所示。

此时，在前面题目中选择的选项就会以文字的形式出现在引用设置的位置，如图 5-43 所示。

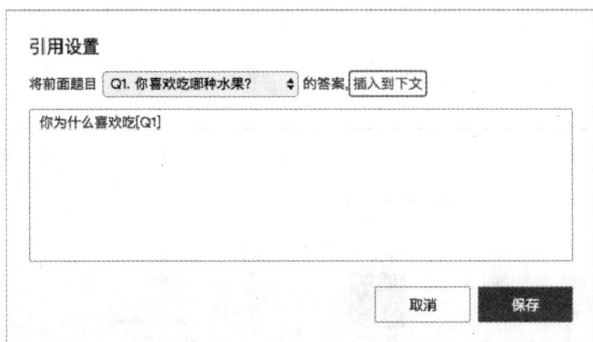

图 5-42　引用设置操作界面

图 5-43　引用设置效果示意图

在实际操作中，需要注意如下事项。

① 引用设置需要两道以上的题目。

② 第一题无法进行引用设置。

③ 切勿删除引用设置完成后标题中的中括号"[ ]"，否则就会取消引用设置。

4. 稳定可靠的答题引擎

在网络问卷调研项目中，影响数据采集效率和质量的情况往往还和网络状态有着密切的联系。下面列举两个典型场景。

① 大并发：当很多人同时在线答题的时候，如果网络调研平台不够灵活，就有可能出现"网络塞车"，受访者在答题过程中出现明显的卡顿。这种不流畅的感觉会极大地影响受访者的答题体验，甚至很多受访者就此作罢，直接退出不答了。

② 网络波动：当网络信号中断或者手机没电时，如果受访者已经回答了90%的问卷题目，结果等到重新恢复网络时却发现又要从头开始，再答一遍，就会导致大量受访者放弃作答。

问卷网网络调研平台采用按需扩展的架构，可以随时按照业务的需要提供大并发支持，同时内置的数据安全机制保证数据不会丢失并防止出错，能够实现断点续答，从而提供给答题者流畅的答题体验。

5．多种问卷收集方式

问卷网网络调研平台支持多种互联网以及移动互联网的发布和执行方式，如图 5-44 所示。

① 第三方在线样本社区定向投放，如爱调研社区手机 App 投放、爱调研社区抽样投递。

② 样本库抽样后邮件推送，并支持唯一链接。

③ 短信发送，同时支持短链接。

④ 与新媒体的深度绑定，如微信。

⑤ 支持使用二维码。

⑥ 支持网站嵌入。当用户打开网页时，可以看到"问卷调查"浮窗。

图 5-44　问卷发布方式设置界面

与网络问卷发布方式相对应，还需要在实际操作中做一些发布时的限制和设置，如图 5-45 所示。

图 5-45 答题限制设置界面

① 每个微信答题次数限制：可以限制一人多答，或者允许一个微信号在规定的时间内最多可以回答几次，如图 5-46 所示。

② 每台电脑或手机答题次数限制：可以限制一人多答，或者允许一台设备在规定的时间内最多可以回答几次，如图 5-47 所示。

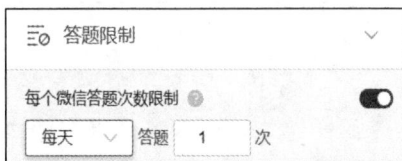

图 5-46 微信答题限制设置界面

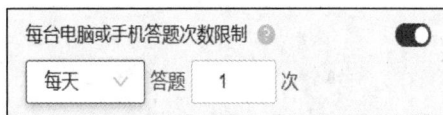

图 5-47 设备答题限制设置界面

③ 每个 IP 答题次数限制：可以限制一人多答，或者允许一个 IP 地址在规定的时间内最多可以回答几次，如图 5-48 所示。

④ 启动访问密码：可以设置填写问卷前是否需要输入密码，如图 5-49 所示。

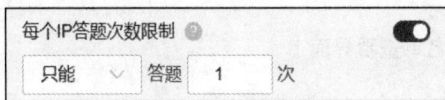

图 5-48 IP 答题限制设置界面

图 5-49 访问密码设置界面

⑤ 限定手机号答题：发布者预先添加手机号码列表，答题者输入手机号码，此号码在列表中时才能答题。另外，还可以使用"短信验证"和"每个手机号码只能提交一次"功能。

⑥ 只有邮件邀请的受访者可回答：可以使用"邮件邀请"功能，将问卷发送给指定的受访者，每封邮件内带有一个链接，且该链接只能回答一次，最后可在分析结果或导出的原始数据中查看指定受访者的回答情况，如图 5-50 所示。

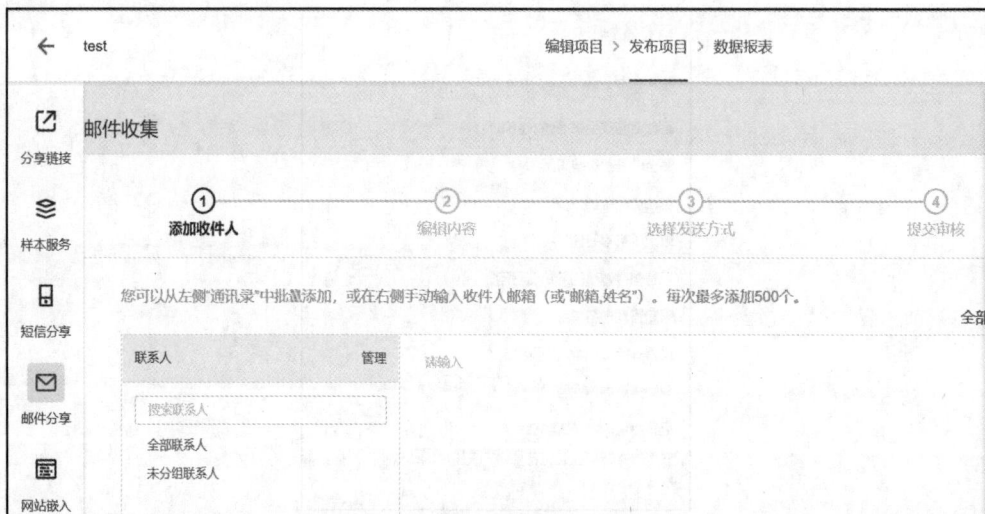

图 5-50 邮件邀请答题设置界面

⑦ 限定答题白名单：可以通过 Excel 导入名单，也可以手动添加白名单，如图 5-51 所示。添加名单后，即可查看名单列表，了解名单和对应的答题状况。答题状况一共有 3 种：一是未访问，答题者从未以该名字进入答题页；二是已访问，答题者以该名字进入答题页答题，但是没有提交；三是已答题，答题者以该名字完成了答题并提交。

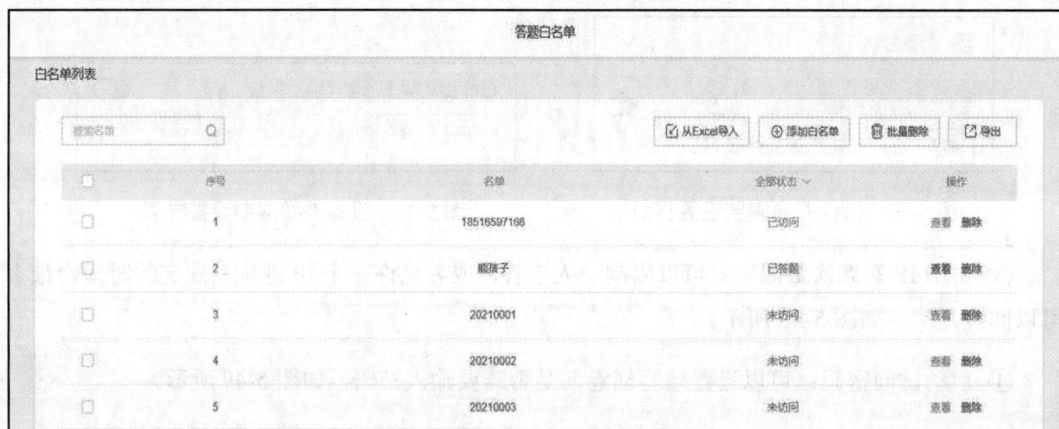

图 5-51 限定答题白名单查看界面

答题者进入答题页后，需要先输入名单，然后才可正式答题，如图 5-52 所示。使用同一个浏览器时，如果答题者已经通过了身份验证，15 分钟内再次进入答题页，就不需要重复验证。使用同一个浏览器时，如果答题者在 30 分钟内错误输入名字 5 次，那么系统就将锁定 30 分钟内不可进行身份验证。

⑧ 设置开始时间/结束时间：可以设置开始填写问卷的时间，在该设定时间之前，受访者即使单击问卷链接也无法开始答题；也可以设置填写问卷的截止时间，在该设定时间之后，受访者单击问卷链接时将无法打开问卷答题，如图 5-53 所示。

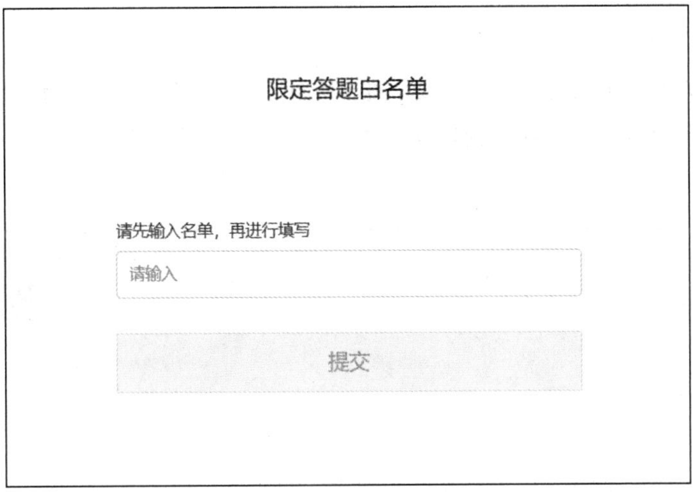

图 5-52　设置白名单后的答题者首页面

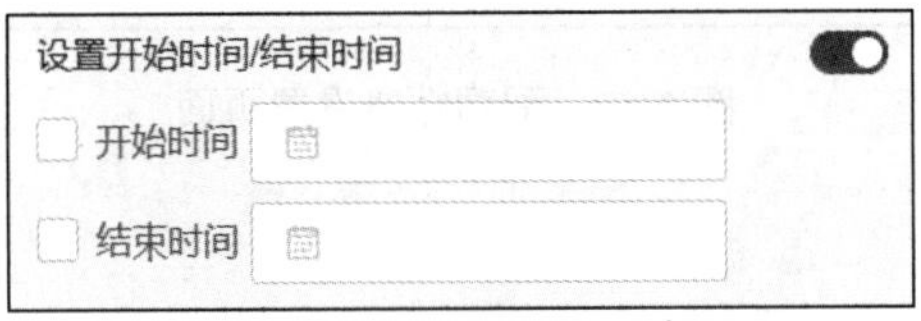

图 5-53　开始时间/结束时间设置页面

⑨ 只能通过微信回答：当设置开关为"开"时，受访者只能通过微信打开问卷进行答题。

6. 配额控制

发放问卷时，可以根据不同的要求设置配额。通过设置地区、性别、年龄或自定义配额选项等方式，我们可以设计普通配额结构。常见的配额指标有地区配额、年龄配额、性别配额、职业配额、收入配额等。在问卷网中，配额设置的方法如下。

（1）新增配额

进入配额设置页面后，依次单击"新增配额"和"新增配额选项"，选择需要作为配额条件的选项（比如选择性别和城市），然后单击"确定"按钮。

注意：设置"配额数量满足后，立即提示答题者，且不可提交答卷"（见图 5-54）后，即可实现在答题页面校验配额是否已满，用户体验更佳。

图 5-54　配额设置页面

（2）设置配额数量

添加配额选项后，可以依次为配额选项设置配额数量（见图 5-55）。为了改善答题体验，建议在配额题目之后插入分页，甄别题目以分页形式展示。当答题者单击"下一页"按钮时，将进行配额甄别。

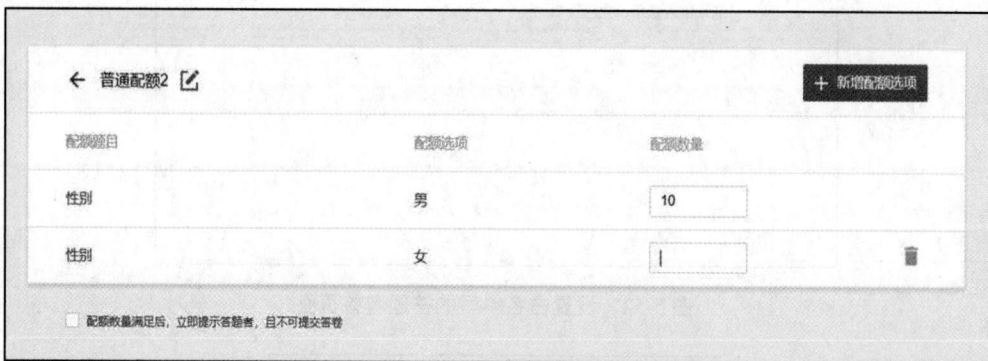

图 5-55 配额数量设置页面

（3）查看配额进度

单击配额列表页面中的"查看配额进度"按钮，可以浏览当前设置的配额完成情况，如图 5-56 所示。在配额进度页面中，可以进行配额导出、配额进度分享等操作。

图 5-56 配额进度查看页面

设置的配额条件未满足时，答题者可以正常提交答卷。

当设置的配额条件满足后，选择相应配额条件的答题者提交的答卷将提示"抱歉，您不太适合填写本次问卷，谢谢您的参与"，统计结果中对此类数据不做记录。

7. 报表与数据

收到答卷后，可以进入结果分析页面查看报表或下载数据，如图 5-57 所示。

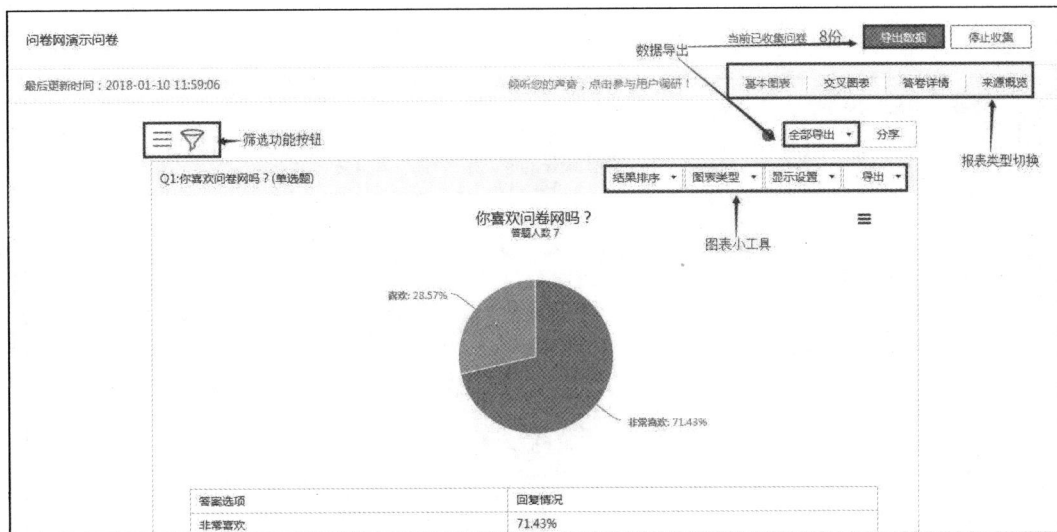

图 5-57　报表及数据页面

结果分析中提供以下四种报表。

① 基本图表：提供精美的在线图表，支持查看和下载原始数据及图表。

② 交叉图表：提供两个题目间的多维度分析（仅支持单选题、多选题）。

③ 答卷详情：查看最新数据中每个用户的答题情况。

④ 来源概览：可以查看信息收集概况、地域分布以及操作系统。

报表支持多种经典的图片样式，如环形图、饼图、柱形图、条形图等，如图 5-58 至图 5-61
所示。

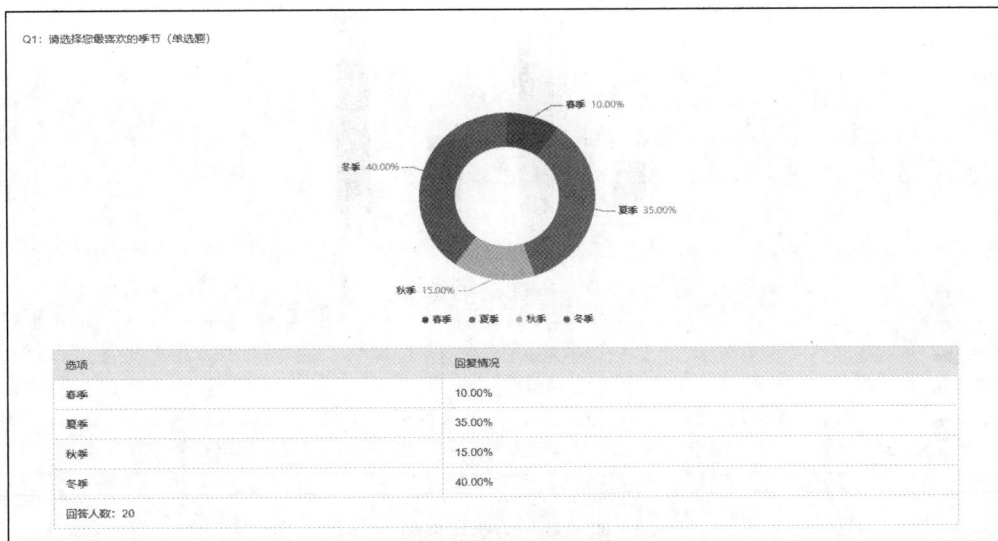

图 5-58　报表环形图

Q2:中国最长的河流是？（单选题）

中国最长的河流是？
答题人数 3

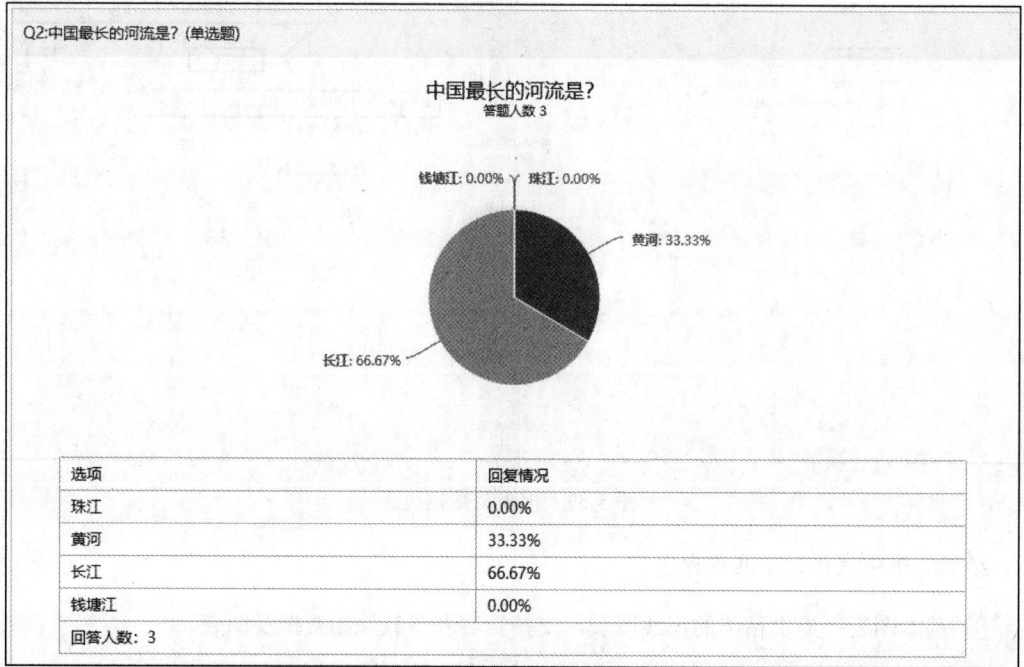

选项	回复情况
珠江	0.00%
黄河	33.33%
长江	66.67%
钱塘江	0.00%
回答人数：3	

图 5-59 报表饼状图

Q1: 请选择您最喜欢的季节（单选题）

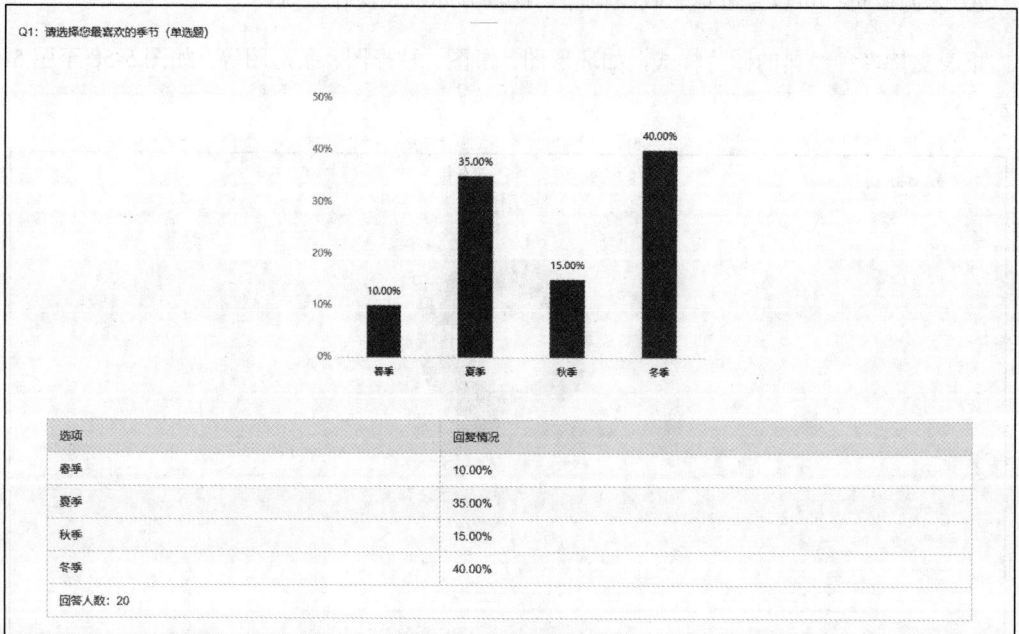

选项	回复情况
春季	10.00%
夏季	35.00%
秋季	15.00%
冬季	40.00%
回答人数：20	

图 5-60 报表柱形图

Q1: 请选择您最喜欢的季节（单选题）

选项	回复情况
春季	10.00%
夏季	35.00%
秋季	15.00%
冬季	40.00%
回答人数: 20	

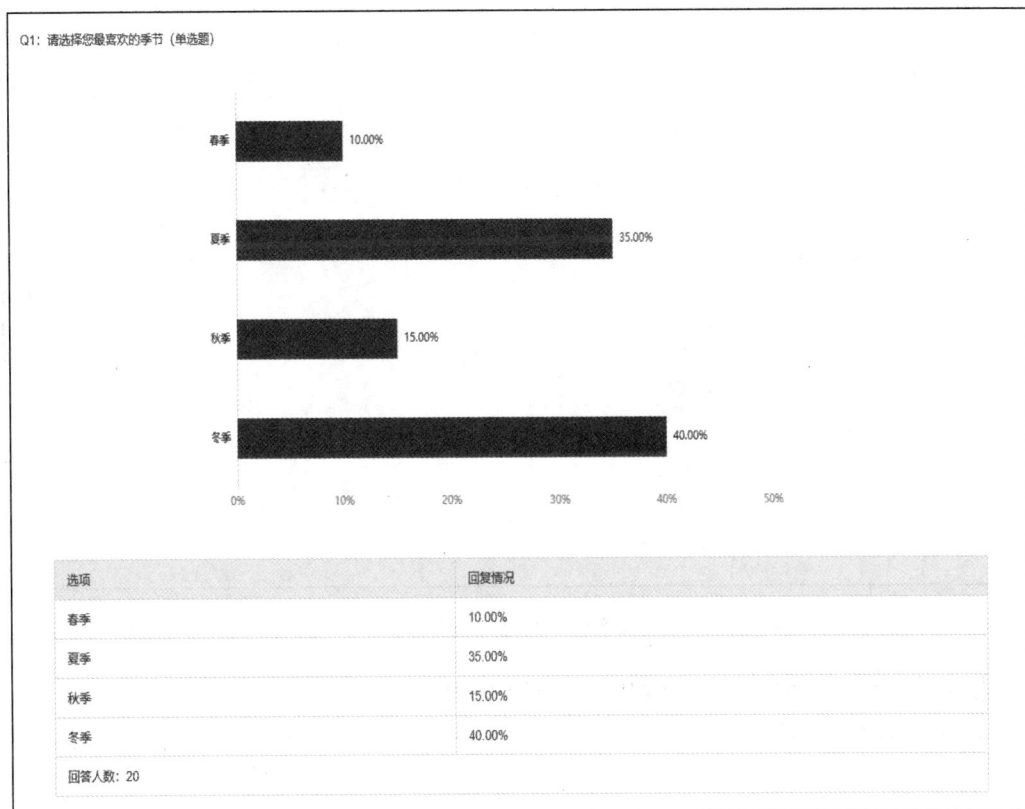

图 5-61　报表条形图

结果分析页面还包括以下功能。

① 查看答卷详情列表，了解各个答题者开始答题的时间、答题时长，如图 5-62 所示。测评项目还可按照闯关得分排序。

答题序号 ↑↓	得分 ↑↓	开始时间	答题时长	来源	操作
1	50.0	2018-08-23 11:44:52	0分19秒	微信	查看 导出 删除
2	50.0	2018-08-23 11:50:09	0分18秒	微信	查看 导出 删除
5	10.0	2018-08-23 14:34:02	0分9秒	微信	查看 导出 删除
3	0.0	2018-08-23 13:16:45	0分5秒	微信	查看 导出 删除
4	0.0	2018-08-23 14:33:34	0分6秒	微信	查看 导出 删除

图 5-62　测评详情页面

② 轻松查看个人答卷详情，了解答题者答题的详细情况，如图 5-63 所示。

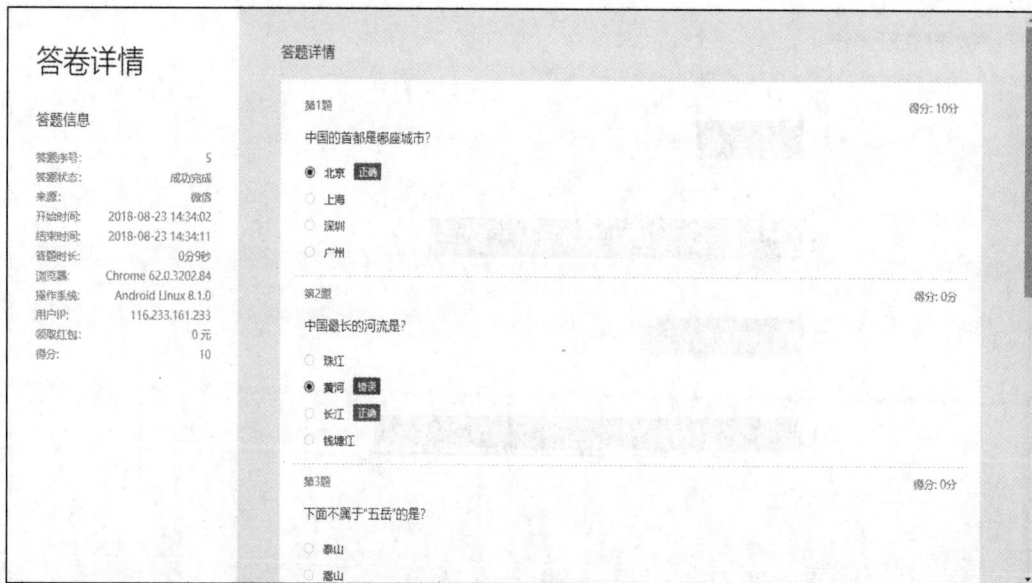

图 5-63 答卷详情页面

③ 交叉分析,即深度分析闯关数据,如图 5-64 所示。

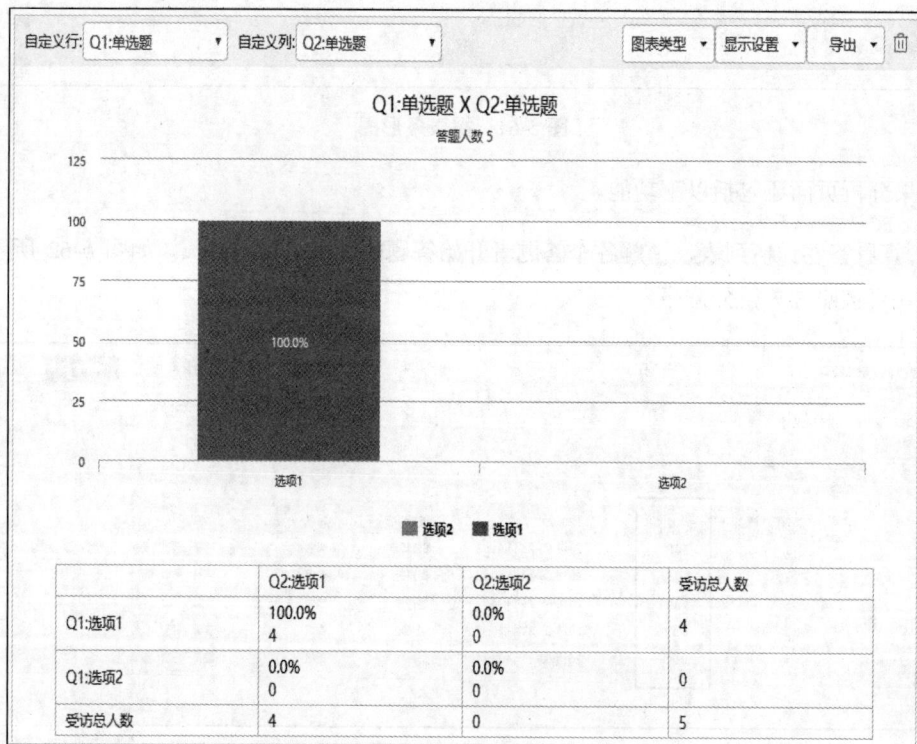

图 5-64 交叉分析页面

④ 来源概览。各时段答题人数一目了然,如图 5-65 所示。

数据总量	今日新增数据	平均答题时长	总浏览量	完成率
29,247	7	1分42秒	4	100%

回答情况 ❓

2018-02-05 - 2018-08-23 ▾　按月 ▾

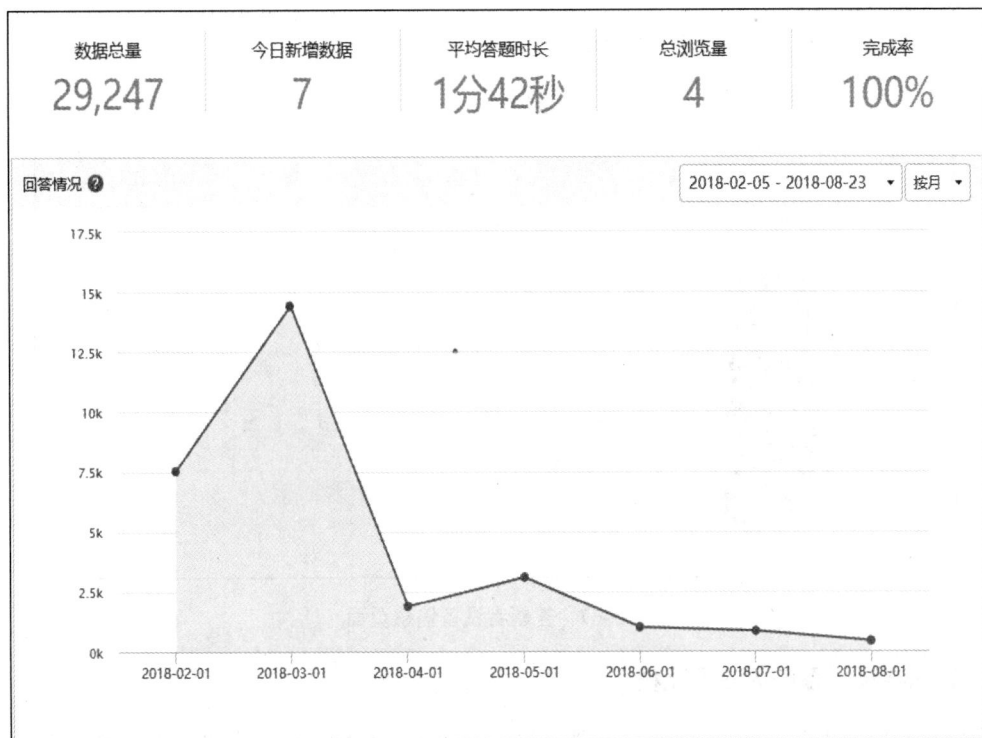

图 5-65　来源概览页面

⑤ 查看答题者的地域分布状况，如图 5-66 所示。

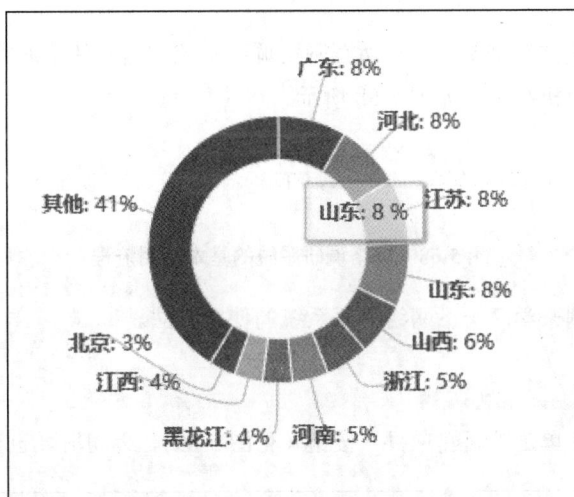

图 5-66　答题者地域分布页面

⑥ 了解答题者所使用的操作系统、设备类型和浏览器，如图 5-67 所示。

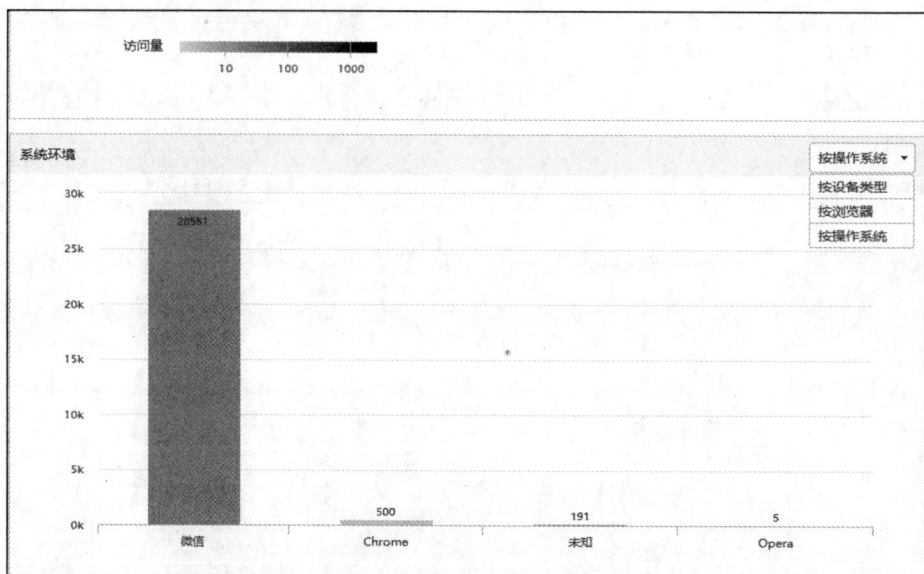

图 5-67 答题者设备信息页面

8. 网络调研系统的使用流程

上面主要介绍了网络调研系统的功能，这些功能可以帮助我们大大提高采用网络调查问卷这种形式收集调研数据的效率和质量。下面介绍网络调研系统的使用流程。根据这套流程，我们在设计问卷、发布问卷和设计报表的时候注意结合上面介绍的系统功能，就可以在实战中获得有效的调研数据了。

使用网络调研系统并非难事，几乎所有网络调研系统的基本使用流程都包括以下三步：编写问卷，收集问卷，分析结果，如图 5-68 所示。

图 5-68 网络调研系统的基本使用流程

下面以问卷网为例来学习一下网络调研系统的使用方法。

（1）新建项目

在项目列表页面中单击"新建项目"按钮（见图 5-69），即可开始创建问卷。

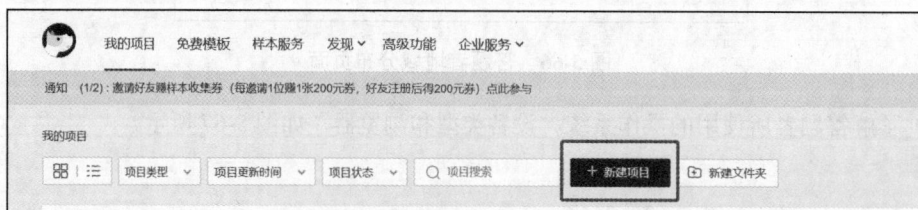

图 5-69 新建项目页面

（2）创建问卷

进入创建问卷项目页面后，可以选择问卷的类型和创建方式，如图 5-70 所示。问卷网支持以下五种模板。

① 问卷调查：主要用于用户调研，收集用户意见。

② 考试测评：可录入考试题目，为每题设置分数，提交答卷后自动计算得分。

③ 报名登记表：用于活动报名或人员信息登记。

④ 满意度调查：客户可以在此进行满意度评分。

⑤ 投票评选：比赛人气投票竞选。

另外，有以下三种创建方式可供选择。

① 选择空白页面创建自己的模板。

② 复制模板库项目创建自己的模板。

③ 导入已有文本创建自己的模板。

图 5-70　创建问卷项目页面

（3）编辑题目

进入编辑问卷题目页面后，可以添加相应的题型，还可以对题目和选项进行显示和逻辑限制，如图 5-71 所示。题目编辑完成之后，单击右上角的"发布并分享"按钮。

（4）设置主题风格

除了设置文本格式之外，还可以设置主题风格，让问卷的样式不致过于单调。可以直接使用系统给出的默认主题风格，也可以自定义并上传封面及页眉图片，让你的问卷更加个性化。字体和"提交"按钮都可以重新设置，设置主题风格时系统提供手机与电脑端预览效果，如图 5-72 所示。

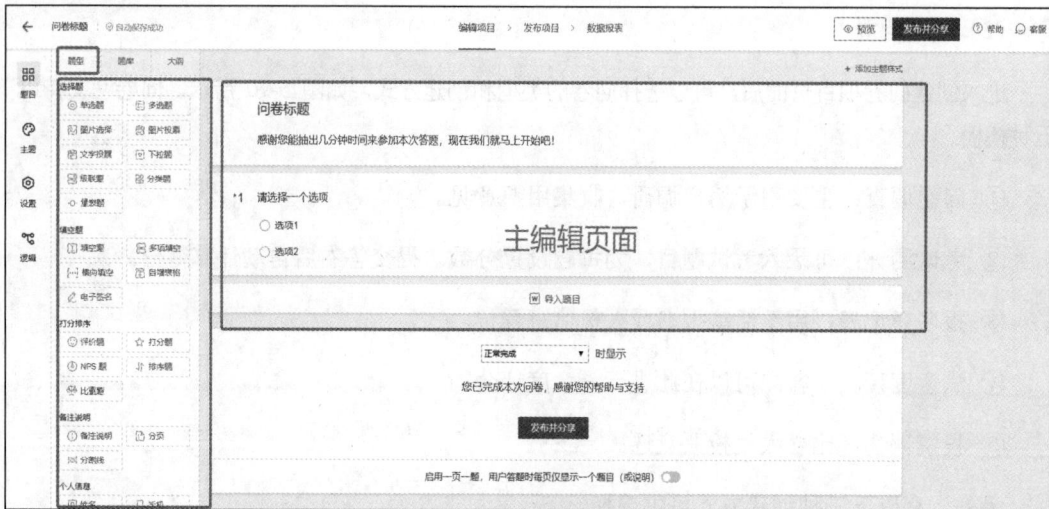

图 5-71 编辑问卷题目页面

图 5-72 主题风格设置页面

（5）发布问卷

编辑及设置完问卷之后，单击右上角的"发布并分享"按钮，进入发布成功页面，系统会自动生成答题链接和二维码（见图 5-73），你可将其分享给答题者开始收集答题信息（修改问卷后再次发布时链接与二维码不变）。问卷发布后，还可设置答题限制，以确保你收到高质量的、符合要求的答卷信息。

（6）结果回收

系统会将所有答题信息及时同步至你的问卷管理后台，你进入对应的结果报表页面后，可查看答题数据，如图 5-74 所示。你可以在后台直接查看，也可以单击"导出"按钮下载数据和报表。

图 5-73 问卷发布设置页面

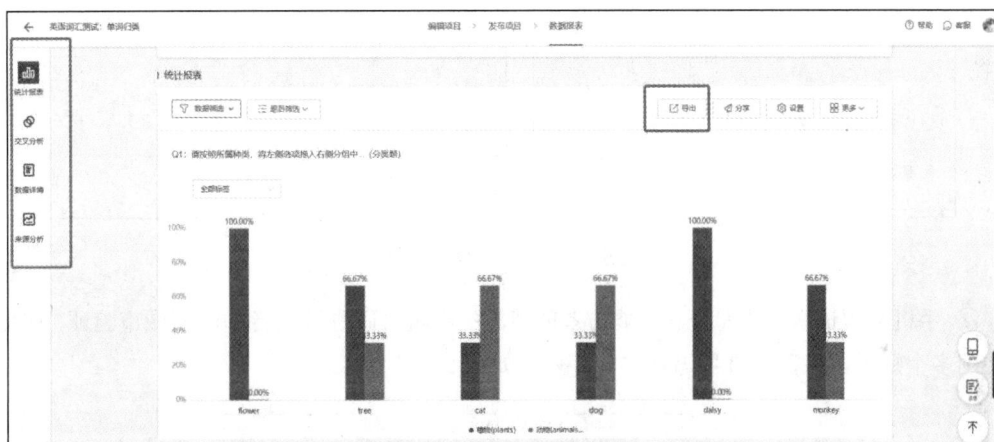

图 5-74 结果报表页面

三、数据质量控制

质量控制是影响调研数据质量的关键因素，而调研数据的误差主要来自问卷设计、调研和整理三个阶段。因此，应对上述三个阶段及相关因素进行控制。质量控制贯穿在整个调研过程中，我们应从样本来源、抽样、答题等各个环节进行控制，以确保数据真实、客观。

1．事前控制

在这一阶段，主要通过抽样方法和答题控制等手段，确保受访者的真实性。在网络调研的商业实践中，这个阶段的主要质量控制手段包括以下三种。

① 会员唯一性界定：核查 cookie、IP 地址和电子邮件地址，避免一人多次注册。

② 抽样控制：排除过去一段时间参加。

③ 唯一链接与 IP 地址控制：每个链接直接送至受访者本人，且只能使用一次，转发、重填等均无效；每一个 IP 地址只能填写一次问卷，重答无效。

2. 事中控制

这一阶段的质量控制主要是把受访者不认真答题的常见行为和规律总结出来，利用软件技术获取答题者的客观行为并与之对照，重点确保答题过程的真实性。在网络调研的商业实践中，这个阶段的常见质量控制手段包括以下几种。

① IP 地址、设备控制：通过设置"每个 IP 地址只能答一次""每个设备只能答一次""答题过程中允许返回上一页"等选项，避免被访者作弊，如图 5-75 所示。

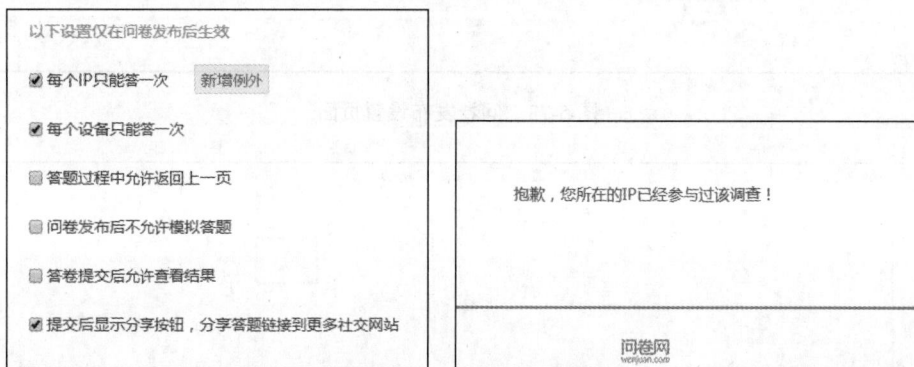

图 5-75 答题次数限制页面

② 手机号码语音城市验证：对被访者所填写的手机号码进行语音和所在城市验证，避免一人注册多个账号，保证手机号码真实、有效，如图 5-76 所示。

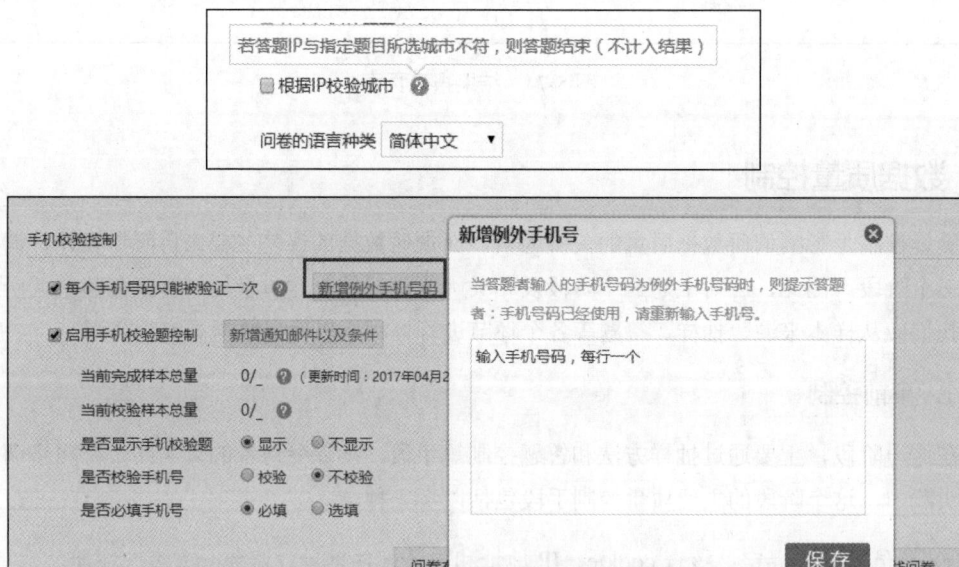

图 5-76 手机号码语音验证页面

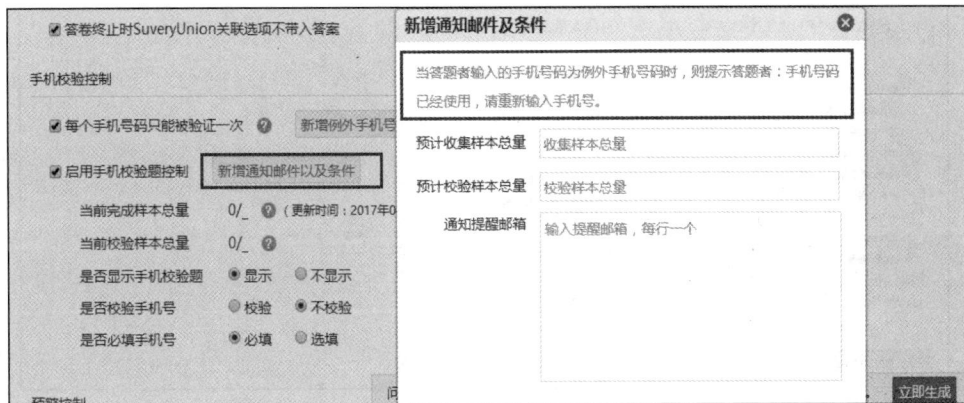

图 5-76　手机号码语音验证页面（续）

③ 时间控制：为每道题设置倒计时，确保被访者有足够的时间看完问题后再答题，如图 5-77 所示。对于问卷完成时间短于正常时间者，应将其剔除。

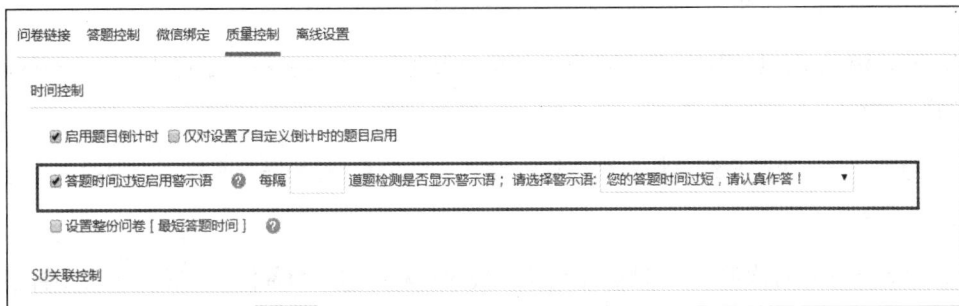

图 5-77　时间控制页面

④ 甄别题目控制：甄别符合基础条件的受访者。一般会把甄别题目放在问卷的前三分之一，避免影响受访者的答题体验。

⑤ 地雷选项控制：设置地雷选项，甄别不认真作答、虚假作答等现象。比如：在"过去 12 个月中你玩过或听过的手机游戏有哪些"这道题目的 10 个选项中，可以设置三个根本就不是手机游戏的地雷选项，而且这些选项的顺序随机分布。这样，不认真答题者在这道题上就有 30% 的概率踩中地雷，终止答题。

⑥ 问卷逻辑控制：可以设置两个陷阱题，比如 A1 题问被访者的年龄，A8 题问被访者的出生年月，两题回答不一致者被判定为乱答，数据作废。

⑦ 重复选择控制：为了提高受访者答题的效率，问卷设计者经常把若干道量表题以分组的形式进行呈现，如图 5-78 所示。但选项过多容易造成受访者审题疲劳，从而快速地选择相同的答案，而不管题组中每道题的具体内容是什么。即便题组中包含了一些在含义上与其他题目完全相反的陈述，他们的答案可能依然没有差异。受访者做选择题或评分题时，如果多项选择或分数相同，系统就会弹出提示窗口，确保受访者认真答题。

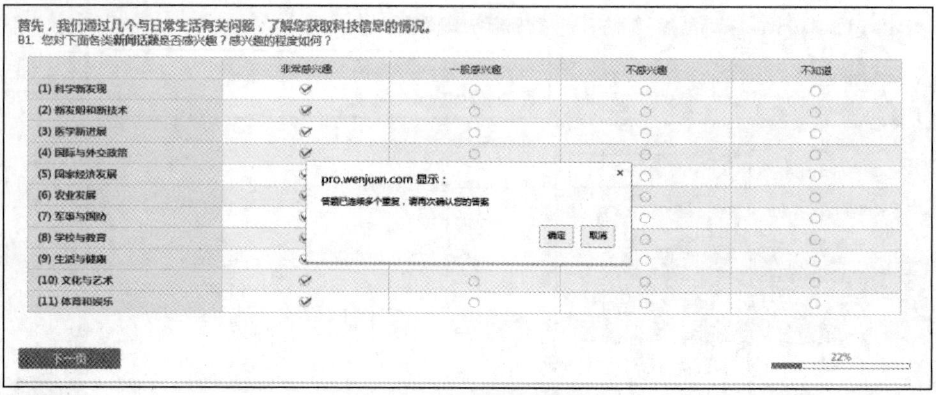

图 5-78　重复选择控制页面

3. 事后控制

这一阶段的质量控制主要是通过事后检查，重点确保数据结果的真实性。在这个阶段往往会采用人工和技术手段相结合的方式，常见质量控制手段如下。

① 样本清洗：参加调查时填写的个人信息与数据库中的资料不符者将被甄别为不诚信者，其 ID 将被封锁。

② 数据清洗：通过系统识别和人工复核相结合的方式，对数据中明显不合理的部分进行筛查，去除不合格问卷。

③ 超额备份：每次调研时可以多回收约 5%的超额样本作为备份，以便在出现不合格数据时及时替换。

四、网络样本资源

在项目的整个执行过程中，从数据采集的角度来看，网络样本资源直接决定了数据来源的真实性和有无偏差。因此，网络样本资源是决定调研项目数据质量的关键。在商业实践中，结合调研项目对于人群的要求不同，样本库的选择需要兼顾样本的覆盖面、时效性以及来源的结构化，能够充分保证在线样本的真实性和代表性。下面以问卷网的网络样本资源为例，我们来看一下商业实践中不同的网络样本采集渠道及其特点。

1. 专业的第三方样本库

判断和选择第三方样本库的一个重要衡量指标是样本库需要广泛覆盖中国网民和消费者的特征属性，否则容易出现样本偏差问题。因此，第三方样本库的规模、样本来源和属性分布是在实战中需要考量的关键因素。

问卷网可以直接对接专业在线样本库爱调研。截至 2019 年 12 月，爱调研样本库总用户数量为 839 万，其中活跃用户数量为 310 万～350 万。活跃用户的定义是过去 3 个月内与爱调研产生过互动的用户，如登录社区网站。总用户的定义是过去 12 个月内与爱调研产生过互动的用户（包括注册、登录社区网站、响应爱调研邮件或短信、打开爱调研 App）。如果某个用户在过去 12 个月内没有任何响应，则被从总用户中移除。

爱调研在线样本的来源如下。

① 网站合作伙伴：我们同国内多家知名网站建立了战略合作伙伴关系，共同招募会员。

② 搜索引擎优化与营销：优化爱调研的社区网站在中国主流搜索引擎上的排名，在必要时购买部分热门关键词进行调研招募。

③ 会员口碑推荐：大力发展口碑推荐工具，鼓励会员通过微信、QQ 等即时通信工具推荐朋友加入爱调研社区。

④ 网络拦截：对于较难寻找到的样本，我们与国内数十家专业垂直类网站（如 IT 类网站、母婴类网站等）建立了合作关系，通过在这些网站上发布项目来获取样本。

爱调研样本库建立了专业的样本属性，包括性别、所在城市、年龄、收入、学历、子女情况、婚姻状况、工作属性等，便于实现精准抽样。图 5-79 至图 5-81 展示了爱调研样本的部分特征分布，从中可以看出爱调研样本的特征分布和中国互联网信息中心（CNNIC）发布的中国网民的特征属性基本吻合，可以支持广泛的网络调研项目。

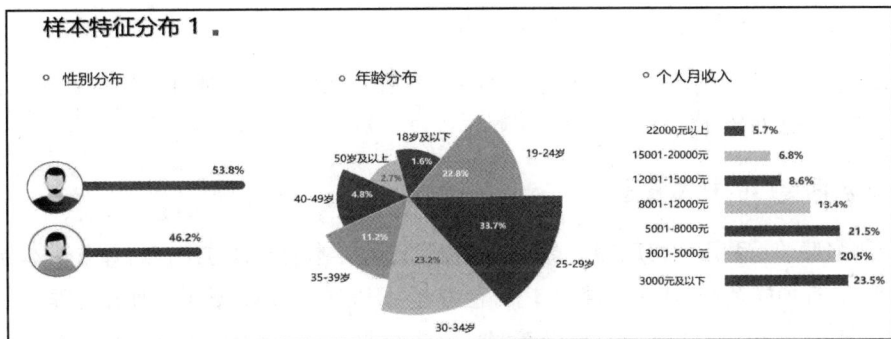

图 5-79　样本特征分布一

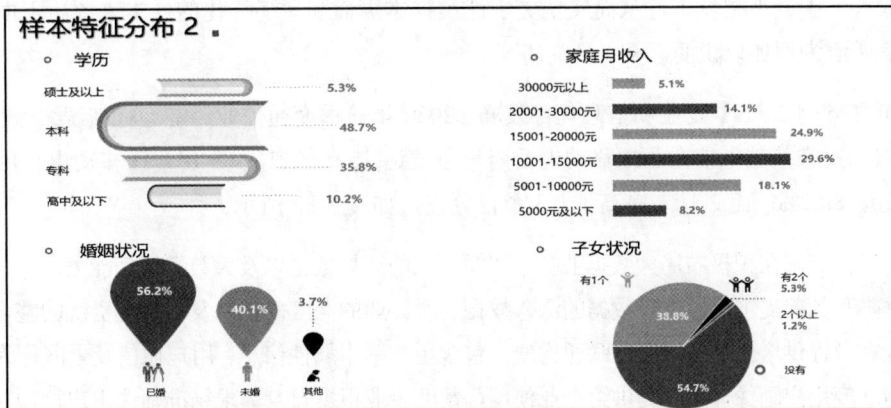

图 5-80　样本特征分布二

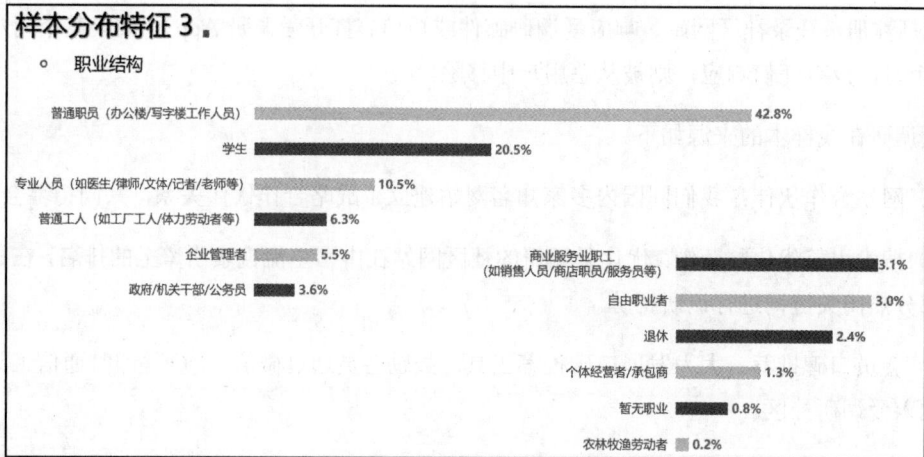

图 5-81 样本特征分布三

爱调研样本库具有如下优势和特点，在商业实践中是问卷网在线样本采集的主要来源之一。

① 样本数量巨大。截至 2019 年 12 月，爱调研拥有在线会员 839 万（包括在线招募会员和合作会员）。通过同中国众多知名网站的合作，爱调研样本库能代表中国网民和消费者的特征属性。

② 样本地域分布广泛。在区域覆盖上，爱调研样本库可以覆盖全国范围内的一线、二线和三线城市，也可以覆盖部分经济发达省份的四线城市。

③ 建立了专业的样本属性，包括常用的人口统计学属性、工作属性、消费属性等 20 多个字段，便于实现精准的抽样。

2. 覆盖面更广的样本联盟

App 网络联盟是利用网络联盟的剩余广告流量获取样本的一种方法，这种方法本身也具备可根据标签进行抽样及精准投放的特点。问卷网自主开发的 SurveyUnion 抽样管理平台可以对接国内的很多 App 通用工具平台，涉及新闻、财经商业、时尚女性、旅游、IT、游戏、汽车、天气、视频、娱乐、阅读、母婴等领域。目前联盟合作伙伴近百家，拥有超过 4 亿的注册用户，覆盖全国大、中、小型城市，从而实现更广泛的样本覆盖和更多样化的样本来源。下面以运营商的短信通道为例加以说明。

2020 年 4 月 21 日，工业和信息化部发布《2020 年一季度通信业经济运行情况》。截至 2020 年 3 月末，三家基础电信企业的移动电话用户总数达 15.9 亿户，4G 用户在移动电话用户总数中的占比达 80.2%，比 2 月末提高了 0.3 个百分点，如图 5-82 所示。

三大运营商都在积极布局大数据业务，依托自己的海量数据以及大数据处理能力，在充分保护用户数据隐私的前提下，通过对数据的深入挖掘、对行业的深度研究以及对渠道资源的整合，为各类企事业客户提供增值服务。中国联通构建了包含用户基本属性信息、用户通信及上网行为数据等在内的 360 度用户画像体系，提供给企业使用，帮助企业根据自身需求精准筛选用户群，目前已经具备 3800 多个基础标签和 284 个常用标签。其中，代表性标签主要包括以下 6 类。

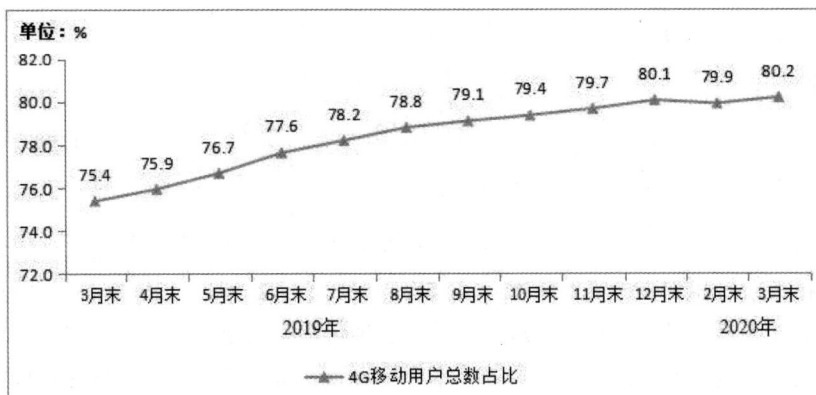

图 5-82　2019—2020 年 4G 移动用户总数占比变化

① 身份：性别、年龄、籍贯省份、所在地市。

② 位置：工作地、居住地、出差次数及时长。

③ 通信：在网时长、流量等。

④ 上网：通信行为、上网偏好等。

⑤ 终端：品牌类型。

⑥ 社交：基于交际圈的大小、主/被叫次数、时间序列等的交际特征。

电信运营商平台能够较好地符合线上渠道对"全面"和"精细"的要求。因此，通过与它们的对接，问卷网的样本调查也支持通过运营商渠道推送调查问卷。运营商最主要的用户触点包括三种类型：移动短信、移动通话和网络接入。其中，移动通话这种访问方式（CATI）的主要问题是执行成本较高，而只有被访者当时接通并愿意接受问卷调查时方能开展，接通率较低，而且部分图形题很难通过电话访问的方式送达。网络接入这种方式的用户触点都掌握在各个 App 开发商的手里，而运营商自有 App 的安装量尚未实现全民应用。因此，通过对比，在商业实践中往往优选短信形式集中开展线上问卷推送，受访者接收到调查链接后开始执行线上调查流程。

短信推送的优势如下。

① 信息到达率高。手机作为现代最主要的通信工具已经为绝大多数成年人所持有，目标区域内的手机持有者都可以收到短信并翻看你所发布的内容。

② 费用可控。增加标签字段进行定向推送的短信收费为每条短信几毛钱，按手机号段群发 100 万条信息到达 100 万个用户的成本为几十万元，比入户调查和 CATI 调查更有成本优势。

③ 时效性强。信息发送成功后，客户即使当时无暇查看，空闲下来后也会进行浏览，因此这种方式具有无可比拟的时效性。

④ 问卷发布时间、区域及数量可以自由控制。问卷的发布时间可以自由控制，不受传统调

查场地和人员的影响，可以根据数据完成的情况自由选择推送问卷。推送问卷的数量可根据答题情况及时进行调控，便于安排项目整体进度。

⑤ 绿色通信方式容易被客户接受。手机短信作为信息载体，接收免费，查阅方便，这种通信方式已经被人们广泛接受，具有极大的亲和力。

通过上面的介绍不难看出，联盟样本资源在商业实践中的应用越来越广泛。但必须注意的是，从样本精准投递和数据采集的角度看，大部分联盟样本资源（包括运营商短信业务在内）在数据采集方式上目前只支持定向投放，但并不能确保回收效果。同时，不同联盟资源在防止用户打扰以及用户投诉等方面的处理规则也不完全一致。基于上述内容，商业实践中往往采用专业在线样本库和联盟样本资源相结合的方式。

第三篇　调研数据分析实战

◀ 第六章 ▶

市场研究中常用的统计分析技术

一、数据类型与数据结构

1. 数据类型

了解数据类型并正确区分不同数据类型间的异同，是数据分析的入门功夫，是进行数据分析的基础。数据类型决定了可以采用哪些分析技术。不同类型的数据适用于不同的分析方法，采用不当的分析方法时容易得出错误的结论。因此，在学习数据分析技术之初，我们应该掌握有关数据类型的知识。

在数据分析、统计分析领域，数据分为四种类型，即名义数据、有序数据、定距数据和定比数据，见表 6-1。

表 6-1 数据类型

数据类型	可进行的运算	举例	定类/定量
名义数据	等于、不等于	像性别、品牌这样的数据属于定类数据。在性别变量中，可以用 1 代表男性，2 代表女性	定类
有序数据	等于、不等于，大于、小于	在量表题中，可用 1 表示完全不同意，2 表示不太同意，3 表示一般，4 表示基本同意，5 表示非常同意	定类
定距数据	等于、不等于，大于、小于，加、减	年份、温度等	定量
定比数据	等于、不等于，大于、小于，加、减，乘、除	质量、长度、高度等	定量

（1）名义数据

名义数据只有类别上的差异，不能比较数值的大小。一般像性别、品牌这样的数据属于名义数据。比如，在性别变量中，1 代表男性，2 代表女性。此时，1 和 2 属于不同的"类别"，但是 1 和 2 不能比较大小。如果 1（男性）与 2（女性）能够比较大小，那么它们的差值表示什么？

（2）有序数据

有序数据是指数据中不同的值具有顺序上的大小关系，甚至具有数学上的大小差异，但是它们不能够比较大小。比如，在一般量表题中，1 表示完全不同意，2 表示不太同意，3 表示一般，4 表示基本同意，5 表示非常同意。再如，在主观态度题中，0 表示完全不推荐……10 表示一定会推荐。这种类型的数据一般当作有序数据。对于同一个被访者，1（完全不同意）与 2（不太同意）之间是可以比较大小的，2 比 1 大。从同意程度上看，2（不太同意）比 1（完全不同意）要强那么一点。接下来说明差值与差值的关系，记 A=2（不太同意）−1（完全不同意），B=5（非常同意）−4（基本同意）。A 表示心理上"不太同意"与"完全不同意"之间的差值，B 表示心理上"非常同意"与"基本同意"之间的差值。从严格意义上讲，A 与 B 是不是相等其实是个未知数。所以，有序数据虽然在数值上能够比较大小，但是很难比较差值之间的大小，因此它们往往被当作分类变量进行分析。即使如此，商业分析中往往为了简化模型而把有序数据视为定量数据进行处理。

（3）定距数据

定距数据自身可以比较大小，它们的差值也可以比较大小，但是定距数据的零点没有绝对意义。比如，年份、温度就是定距数据。年份可以比较大小，不同年份的差值也可以比较大小。公元 0 年不是代表"无"，故年份的零点没有绝对意义。

（4）定比数据

定比数据具备定距数据的一切意义，同时零点也具有绝对意义，例如质量、长度、高度等。我们说质量为 0，就表明这个物体没有质量，不存在质量。而公元 0 年不代表这一年不存在，而是将这一年取作公元前与公元后的分界点。

我们将名义数据和有序数据统一为定类数据，把定距数据和定比数据统一为定量数据。前面提到在实际应用中有时会将有序数据当作定量数据进行处理，如市场调研中常见的量表题、态度题。我们经常将有序数值视为定量数据求它们的均值、标准差。在对数据进行初步分析时，针对定类数据，我们可以计算频数、众数；针对定量数据，我们可以计算频数、平均值和标准差等。关于对不同类型的数据选用什么分析方法，我们在后续章节中进行介绍。

2．数据结构

本书中的数据结构基本上都是二维结构，它们由行和列组成。在表 6-2 中，第二行到第六行是数据，每一行称为一个个案或者一个样本；每一列称为变量，它们是同一个指标下的数据。同一个变量下面不能放多个指标的数据。比如性别和年龄属于两个指标，建库时应该用两个变量分别存储。如果将性别和年龄放在同一个变量下存储的话，就会给分析工作造成巨大的困扰。假设 1 在性别变量中表示男性，在年龄变量中表示 10～16 岁，如果一个变量混杂了多个指标，那么数字 1 究竟代表男性还是代表 10～16 岁呢？如果这个问题不区分清楚，数据分析就无从谈起。

表 6-2 中包含 6 个样本和 5 个变量。一般为每个样本指定唯一的标识作为其"身份"的象

征，就像人的身份证号码一样具有唯一性。本例中的 ID 就具有这一特性。变量名同样具有唯一性，不同的指标有不同的变量名，相同的指标只有一个变量名。这样，通过 ID 可以指定一行，通过变量名可以指定一列。

表 6-2　　　　　　　　　　　　　　　模拟数据

ID	S1	S2	Q1	Q2
1001	1	0.394	2	3
1002	2	0.839	1	2
1003	3	0.099	2	4
1004	2	0.539	3	1
1005	3	0.026	4	2
1006	1	0.731	1	3

放在坐标系里来看，一个个案就是一个多维空间中的点，它的坐标是由变量决定的。

在 Excel 里，往往第一行就是变量名称；而在 SPSS、R 等软件里面，变量名有专门的地方定义和存储，个案的数据是从第一行开始存储的。所以，当用 SPSS、R 等软件从 Excel 文件中读取数据时，往往需要指定第一行为变量名所在行。这个细节在实际分析中应当注意。

统计软件中的变量名一般要避开 all、to 等单词，建议不要用 all、to 作为变量名。这是因为 all、to 是很多软件的内置函数名。若变量名和内置函数名相同，运行相关的代码时就容易发生错误。

二、选择合适的分析方法

分析数据时，针对不同类型的数据应该选择不同的分析方法。如果选取了不合适的分析方法，则得到的结论往往令人啼笑皆非。试想对性别变量求平均值时会得到什么结果？如果用 1 代表男性，2 代表女性，性别变量的平均值假设为 1.5，那么谁能够解释清楚 1.5 代表什么？通过这个简单的例子，我们可以明白合适的数据要对应合适的分析方法。

按照分析目标，可以将分析方法分为两大类，即指标计算型与关系研究型。

1. 指标计算型

所谓的指标计算型分析方法是指计算单个或者多个变量的频数、百分比等指标。

（1）针对定类数据

对于定类数据，一般可以计算其频数、百分比等指标。Top N、Bottom N、Net 等方法是对频数、百分比的扩展应用，在市场研究中应用广泛。其中，Top N、Bottom N 多应用于量表题、态度打分题。Top N 是指将最高的 N 个分值合并为一类计算其频数、百分比；Bottom N 是指将最低的 N 个分值合并为一类计算其频数、百分比。Net 是类的概念，多用于品牌研究和渠道研究，它是将若干个选项（类别）合并为一类计算其频数、百分比。Net 不是简单的合并加总，比如青岛啤酒奥古特和青岛啤酒鸿运当头都属于青岛啤酒。如果在一个样本中奥古特和鸿运当头都选到的话，那么青岛啤酒只能按 1 计数，而不能按 2 计数。因此，Net 的概念的内涵比 Top N、Bottom N 更广泛。Net 可以指定任意几个类别作为一个大类，而 Top N、Bottom N 是 Net 概念的特例。

（2）针对定量数据

对于定量数据，一般可计算其最小值、最大值、极差、分位数、平均值和标准差。其中，平均值、标准差的应用频率更高一些。

最小值、最大值等指标可以帮助我们分析数据的变化范围（即极差），也可以分析最小的数据点在哪里，最大的数据点在哪里，这些数据点是否合理，会不会是离群值，会不会是异常值。我们可以结合常识、专业知识和 6σ 方法等来确定。

使用平均值时要注意下面几种容易进入的误区。

① 防止异常值影响平均值。例如，直接对某地区家用汽车的年行驶里程求平均值，得到平均值为 4 万千米，结合行业知识得知家用汽车的年平均行驶里程在 2 万千米左右。进一步分析后发现其中一份样本中填写的数字为 50 万千米，导致样本平均值异常。此时，将该数据（年行驶里程 50 万千米）标记为异常值，在计算平均值时可以将其剔除，或者采用"裁剪后的平均值"方法。在使用"裁剪后的平均值"方法时，一般裁剪掉 5% 或者 10% 的样本。如果裁剪 5%，则是指头尾各裁剪 2.5%，合计裁剪 5%，然后对剩余的 95% 的样本求平均值。这么做的好处是删除头尾特别小和特别大的值，因为平均值本身受异常值的影响较大；坏处是损失了一些信息，因为特别小和特别大的值可能代表特殊情形，一旦将其删除就损失了这些信息。

② 要防止平均值掩盖数据差异。在做满意度研究、量表题研究时，应该特别留意这种情况。如图 6-1 所示，产品 1 与产品 2 的平均分都是 3.40 分，但是从每个分值的百分比看，两个产品表现了明显的差异。对于产品 1，20% 的用户打了 1 分（非常不满意），30% 的用户打了 5 分（非常满意），都比产品 2 高出一大截。产品 2 的特点是打 4 分（比较满意）的用户为 55%。两个产品对比，用户对于产品 1 的态度差异更大，非常满意的人比产品 2 多，非常不满意的人也比产品 2 多，说明产品 1 的有些属性确实很好，而另一些属性不好。在产品 2 的用户中，比较多的人选择了"比较满意"，说明产品 2 的短板不那么"严重"，同时它的优点又不那么突出。

满意度分值	产品1		产品2	
1		20%		10%
2		10%		15%
3		10%		10%
4		30%		55%
5		30%		10%
Total		100%		100%
Mean		3.40		3.40

图 6-1　平均值掩盖数据差异

③ 防止唯平均值论，而应结合标准差等指标进行分析。由前文可知，在分析时除了使用平均值指标，还应结合百分比指标，即从分布结构上加以分析，以达到全面、准确的分析目的。除此之外，还应结合标准差等指标进行分析。例如，一个工厂有两条生产线生产同种产品，现从两条生产线上抽检产品。生产线 1 生产的产品的平均重量为 200 克，标准差为 14.042；生产线 2 生产的产品的平均重量为 200 克，标准差为 38.166。产品的标准规格是 200 克。虽然两条生产线所生产的产品的平均重量都是 200 克，但是生产线 2 生产的产品重量的标准差是生产线 1 的 2 倍多，说明生产线 2 的生产质量不如生产线 1 稳定，应该根据相关标准决定要不要对生产线 2 进行检修。

表 6-3 对一些常用分析方法与数据类型的对应关系做了初步整理。

表 6-3　　　　　　　　　　　　　　　　指标计算型分析方法汇总

分析方法	统计量	举例说明	数据类型
频数（Frequency）	频数、百分比	对于定类数据，求每个分类的频数、百分比，例如性别变量中男女各有多少，占比分别是多少。 对于定类数据，求每个数据点的频数、百分比。对于定量数据，求频数这种方法应用得较少	定类/定量
Top *N*/Bottom *N*	频数、百分比	对于五分制的量表题，求 4/5 分的频数、百分比	定类
Net	频数、百分比	已知某品牌的三款产品 A、B、C 的频数和百分比，求该品牌的频数和百分比	定类
众数（Mode）	众数	班级里学生最喜欢的老师	定类
最小值（Min）	最小值	班级里的最低身高	定量
最大值（Max）	最大值	班级里的最高身高	定量
极差（Range）	极差	班级里最高身高与最低身高的差值	定量
分位数（Percentile）	25%、50%、75%分位数	班级里成绩排名前 25%	定量
平均值（Mean）	平均值	班级里学生的平均身高	定量
标准差（Std deviation，一般取 Std）	标准差	身高的标准差，刻画了身高的波动程度	定量
方差（Variance，一般取 Var）	方差	身高的方差，刻画了身高的波动程度	定量

2. 关系研究型

所谓的关系研究型分析方法是指研究多个变量的内部关系，包括相关关系、影响关系、依存关系、成分结构等。表 6-4 列举了常见的 19 种关系研究型分析方法及其适用的数据类型。

表 6-4　　　　　　　　　　　　　　关系研究型分析方法汇总

分析方法	统计量	举例说明	数据类型
交叉表	频数、百分比、平均值等	分析北京和上海两个城市的性别构成	定类/定量
单样本 t 检验	平均值、P 值	分析上海的平均月收入是不是 5000 元	定量
两样本独立样本 t 检验	平均值、P 值	分析北京与上海的平均月收入是否相同	定量+定类
两样本配对样本 t 检验	平均值、P 值	用药前与用药后的白细胞数量有无差异	定量
单因素方差分析	平均值、P 值	某班级 1 月、2 月、3 月、4 月的总成绩有无差异	定量+定类
一元方差分析	平均值、P 值	考虑学生性别、学生的家庭收入，分析某班级 1 月、2 月、3 月、4 月的总成绩有无差异	定量+（定类+定量）
多元方差分析	平均值、P 值	考虑学生性别、学生的家庭收入，分析某班级 1 月、2 月、3 月、4 月的语文、数学成绩分别有无差异	定量+（定类+定量）
非参数检验（有序分类）	秩、秩统计量，结、结统计量	分析不同组别对某产品的满意度（1~5 分）有无差异	定类+定类
卡方检验（无序分类）	卡方值、P 值	分析不同组别在冰淇淋品牌的选择方面有无差异	定类+定类
简单相关	相关系数、P 值	分析身高与体重的相关性	定量/定类
偏相关	偏相关系数、P 值	控制年龄时，分析身高与阅读理解力的相关性	定量/定类
线性回归	回归系数、R 平方系数、P 值	已知身高，预测体重	Y，定量；X，定量+定类
二分类 logistic 回归	回归系数、R 平方系数、P 值	已知温度、湿度、菌类浓度，预测苹果会不会变质	Y，定类；X，定量+定类
聚类分析	类别	将某网站的注册会员分成 5 类	定量/定类
因子分析	KMO 值、因子得分系数矩阵	将 GDP 的 40 个指标归总为五大类	定量/定类
判别分析	判别公式	已知有 5 个类别，当新的样本进来时，分析它属于哪一类	Y，定类；X，定量/定类
信度分析	克朗巴哈信度系数	分析可信度	定量/定类
效度分析	KMO 值、因子得分系数矩阵	分析有效度	定量/定类
多选题分析	基于样本基数的频数、百分比、平均值等，或者基于样本相应基数的频数、百分比、平均值等	分析多选题的频数、比例问题	定类

（1）交叉表

交叉表对应的是 SPSS 软件中的 Tables 过程。交叉表可视为对数据的内部结构与关系的解构，它由行变量与列变量组成，"解构"了数据由哪些类别组成，并且告知每种类别的数量与百分比。百分比又分为行百分比和列百分比，注意区分它们的意义不一样。Tables 的功能非常强大，也可以用于求定量数据的频数、平均值（求定量数据的频数时，先要将其测量尺度定义为"nominal"；求平均值时，再将其测量尺度定义为"scale"）。一般情况下，定量数据的数据点（即每个人所填写的数字）较多，按照每个数据点求频数的话，数据点的分布相当分散，故不常用。

（2）两样本平均值比较

在两样本独立样本 t 检验中，样本平均值是针对定量变量而言的，定类是指区分样本类别的变量。在表 6-4 中，在"分析北京与上海的平均月收入是否相同"时，城市变量是定类变量，收入变量是定量变量。

两样本配对样本 t 检验这种方法稍微有些特殊。SPSS 软件要求的数据格式比较特殊，"处理前"的数据作为一个变量，"处理后"对应的数据作为另一个变量，每一行数据配成一对。这个过程中的变量都是定量数据。

（3）方差分析

方差分析包括单因素方差分析、一元方差分析和多元方差分析。其中，单因素方差分析中的因变量（允许多个）是定量变量，分组变量是定类变量。在一元方差分析（只有一个因变量）和多元方差分析（因变量有多个）中，因变量是定量变量，分组变量（包括固定因子和随机因子，固定因子与随机因子都允许有多个）是定类变量，协变量（允许有多个）是定量变量。

（4）相关分析

在做简单相关分析时，既可以对定量数据进行分析，也可以对定类数据进行分析。

用 SPSS 软件分析定量数据的相关性时使用的是"简单相关"过程，一般用皮尔逊相关系数（Pearson 相关系数）来衡量相关性的强弱，其取值区间为 [−1,1]。正负号表明相关的方向，数值的绝对值代表了相关性的强弱。如果两个变量不相干，则相关系数为 0。

如果定量数据不满足正态分布这一条件，则一般使用斯皮尔曼等级相关系数（Spearman rho 相关系数）相关系数。

用 SPSS 软件分析定类数据的相关性时，使用的是描述性统计中的交叉表过程，选定对象变量后，在"统计量"中根据实际情况进行选择，区分有序分类变量和无序分类变量（即名义变量），在对应的区域内选择指标。名义变量的相关性指标有列联系数（Contingence Coefficient），有序分类变量的相关性指标有 Gamma 统计量、肯德尔等级相关系数（Kendall's tau-b 相关系数）。

（5）线性回归

在线性回归分析中，因变量是定量数据，自变量既可以是定量数据也可以是定类数据，还可以混合定量数据与定类数据。需要注意，在有些场景下直接将定类变量纳入自变量进行建模分析。但是对于定类变量而言，数字与数字之间只有类别的差异，没有实际的大小关系，故要得到较精确的回归模型，往往先要对定类变量进行预处理——虚拟变量编码或哑变量编码。

（6）二分类 logistic 回归

二分类 logistic 回归与线性回归的最大差异在于因变量的类型不同，二分类 logistic 回归的因变量是二分类变量，而线性回归的因变量是定量变量。与线性回归一样，二分类 logistic 回归的自变量既可以是定量数据也可以是定类数据，还可以是定量数据与定类数据的混合体。

（7）聚类分析

根据所使用的具体算法，对数据类型的要求有所不同。如果变量都是定量数据，则可以选择层次聚类法（Hierarchical Cluster）和 K-Means 聚类法；如果变量都是定类数据，则可以选择层次聚类法；如果既有定量数据又有定类数据，则应该选择两步聚类法（Two Step Cluster）。如果要对变量聚类，则应选择层次聚类法。

（8）因子分析

因子分析往往要求数据是定量数据。因为信度分析、效度分析常与因子分析一起使用，故信度分析、效度分析要求数据是定量数据。不过在实际应用中，尤其是在心理学的测量与研究当中，为了分析方便，经常将量表题和态度测量题的数据纳入因子分析模型中进行分析。经过前面的介绍，我们知道一般量表题和态度测量题的数据在严格意义上是有序分类数据。这也是有时将有序分类数据当成定量数据处理的原因之一。

（9）多选题分析

多选题的数据是一种特殊类型的数据。根据编码的不同，多选题分为二分类多选题和多分类多选题。

二分类多选题中的每个变量都是二分类变量，一般用 1 表示选中，0 表示未选中。

多分类多选题的分类数由该题的选项数量决定。以一个包含 10 个选项的多选题为例，数字 1~10 分别代表选项 1~选项 10。张三选中了选项 2 和选项 4，用二分类多选题的数据可表示为 $(0,1,0,1,0,0,0,0,0,0)$，用多分类多选题的数据则可表示为 $(2,4)$，或者 $(\ ,2,\ ,4,\ ,\ ,\ ,\ ,\ )$。

对于多选题，还应区分两个概念：respondent 与 response。以张三为例，respondent 就是指张三，response 是指张三在这道题上的应答次数，其值为 2。多选题的百分比也有两种算法：以 respondent 为分母与以 response 为分母。

（10）非参数统计

选择何种分析方法，除了与数据类型密切相关，也跟数据分布形态密切相关。当样本的分布未知或者无法合理地假设样本具有某种分布时，就不能采用参数统计方法，而应该采用非参数统计方法。当分析定类数据的分布差异时，数据往往不满足正态分布这一条件，故可采用非参数统计方法进行分析。

三、哑变量

在多元统计分析中，对于定类数据，假如直接将其纳入分析模型，得出的结果就会不精确，甚至会得到错误结论。究其原因，纳入模型后定类数据被当作定量数据进行计算，人为拔高了数据的"维度"和信息的丰富程度。所以，此时应该对定类数据进行哑变量处理。哑变量是对定类变量的"量化"处理。需要说明的是，哑变量的统计分析对于统计学基础的要求较高，在实战中更加适用于专业统计人员和专业调研公司。对于非统计专业的读者，学习本节内容时可以参考专门的统计学教材。

1. 哑变量的基本原理

（1）哑变量的几何意义

表 6-5 展示了一个三分类的定类变量，变量名为 D1，D1 的三个类别分别以 1、2、3 表示。D1_1、D1_2、D1_3 作为 D1 的多重分类变量，（1，0，0）、（0，1，0）、（0，0，1）分别等价于 D1 的 1、2、3。假如 D1 是定量变量，则它对应于坐标轴上的三个点，它们的模或者"长度"是不同的（见图 6-2）。而当 D1 是定类变量时，它对应于三维空间中的三个点（它们只有方向上的差异，而模或"长度"是相同的，见图 6-3）。

表 6-5　　　　　　　　　　分类变量 D1 及其对应的多重分类变量

D1	D1_1	D1_2	D1_3
1	1	0	0
2	0	1	0
3	0	0	1

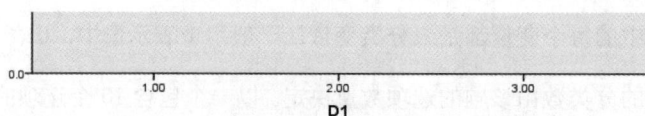

图 6-2　作为定量数据在坐标轴上的分布

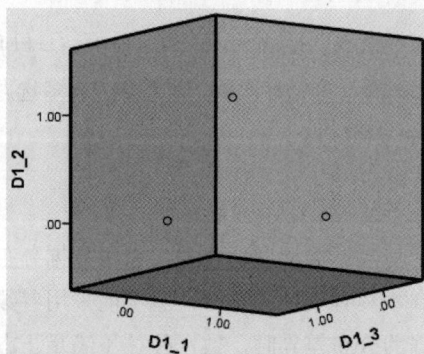

图 6-3　D1_1、D1_2、D1_3 作为 D1 的多重分类变量

（2）哑变量的数量

对于一个定类变量，假如它有 n 个分类，则由 n 个哑变量来表示原变量。在实际分析时，一般取一个类别作为参照水平，而将剩下的 $n-1$ 个哑变量纳入模型。一方面，减少一个变量可以避免多重共线性所导致的模型无解。另一方面，在其他哑变量的取值为 0 时，自然就表示为作为参照水平的类别。在表 6-6 中，（1，0）表示 1，（0，1）表示 2，（0，0）表示 3。

表 6-6 用两个哑变量表示 D1 的三个类别

D1	D1_1	D1_2
1	1	0
2	0	1
3	0	0

（3）哑变量自身的取值

哑变量的值一般取 0 和 1，这种取值方式最有利于解释。第一，0 通常代表没有，1 自然代表有，则一组哑变量构成的数组很方便与类别对应。第二，在回归分析中，哑变量按 0 和 1 取值时，它的回归系数容易解释——代表相对于参照水平对因变量的影响大小。

（4）在什么情况下需要设置哑变量

在什么情况下需要设置哑变量？凡是定类变量都要进行哑变量处理吗？凡是定量变量就不需要进行哑变量处理吗？答案是否定的。下面分几种情况进行讨论。

① 如果是二分类无序变量，则一般不用引入哑变量。因为引入哑变量之后哑变量的数量为 1（2-1=1），二分类变量用一维哑变量替换，得到的仍是一个用 0 和 1 表示的二分类变量，本质上没什么区别。

② 如果是多分类无序变量（即类别数大于或等于 3），则一般需要将其设为哑变量，否则会影响结果。

③ 如果是二分类有序变量，则一般也不引入哑变量，原因与二分类无序变量相同。

④ 如果是多分类有序变量，则尽量不引入哑变量。市场研究行业中常用的量表题变量、五分制的满意度变量通常不需要引入哑变量，而是直接简化为定量变量纳入回归模型，以达到节约自由度简化模型的目的。在有些专业领域中，如果已知不同的等级差对因变量的影响程度是不相同的，此时就需要将有序分类变量处理为哑变量。

⑤ 有时也需要将定量变量分段转化为有序分类变量，然后将它设为哑变量。比如在医学统计中，根据临床实际，血压每变化一个单位对因变量的影响非常有限，效应微弱。此时可以将血压转化成有序分类变量进行离散化处理，再引入相应的哑变量进行量化处理。

（5）选择哪个水平作为参照水平

一般选择第一个水平或者最后一个水平作为参照水平。比如，D1 的三个分类 1、2、3 分别代表高、中、低，则可以选择 1 作为参照水平，也可以选择 3 作为参照水平。这是普遍的做法。

如果有特殊要求，比如特别关心某一个水平，则可以选择它作为参照水平，将其他水平设为哑变量纳入模型。

在市场研究的问卷里，最后一个选项常为"其他"。由于"其他"并没有明确的意义，故此时就不要选择"其他"作为参照水平，而应该选择第一个选项作为参照水平。

（6）如何将哑变量纳入模型

将哑变量纳入模型时，应该遵循"同进同出"原则。回归分析中对于哑变量有两种检验：一是对每一个分类变量下的所有哑变量的总检验结果，二是对每个哑变量的检验结果。

如果总检验结果无统计学意义，此时所有哑变量都不纳入模型。如果总检验结果有统计学意义，各个哑变量的检验结果中有的有统计学意义，有的无统计学意义，则此时所有哑变量都应该纳入模型。

2. 案例分析

SPSS 软件中的 Binary Logistic 模型与 Cox 模型提供了设置哑变量的功能。下面结合具体案例讲述哑变量的设置方法。

某调研项目中有这么几个问题：S2_5 代表是否拥有汽车，1 表示是，0 表示否；S9 是性别变量，1 表示男，2 表示女；S13 是学历变量，有效分类包含大专、本科、研究生三类。现在尝试研究性别、学历对汽车的拥有情况有无影响。（注意：本案例中的数据经过了脱敏处理，数据结论不代表真实情况。）

（1）分析思路

因为 S2_5 是一个典型的二分类变量，所以我们很自然地联想到可以使用 Binary Logistic 模型来研究因变量与自变量间的关系。因为两个自变量都是定类变量，我们考虑先进行哑变量处理。而性别变量 S9 只有两个分类，做不做哑变量处理的影响不大。S13 的有效分类有三类，因此应该进行哑变量处理，然后将其引入模型。

（2）Binary Logistic 模型中的哑变量操作

如图 6-4、图 6-5 和图 6-6 所示，依次选择"Analyze""Regression""Binary Logistic"，进入模型。因变量选择 S2_5，协变量选择 S9、S13。选中 S13 后，选择右上方的"Categorical…"，将左侧的"Covariates"中的 S13 拉入右侧的"Categorical Covariates"栏中，然后单击"Contrast"按钮，使用默认的"indicator"法。对于"Reference Category"，在本例中选择的是"first"，然后单击"change"按钮。再单击"Continue"按钮，然后单击"OK"按钮。

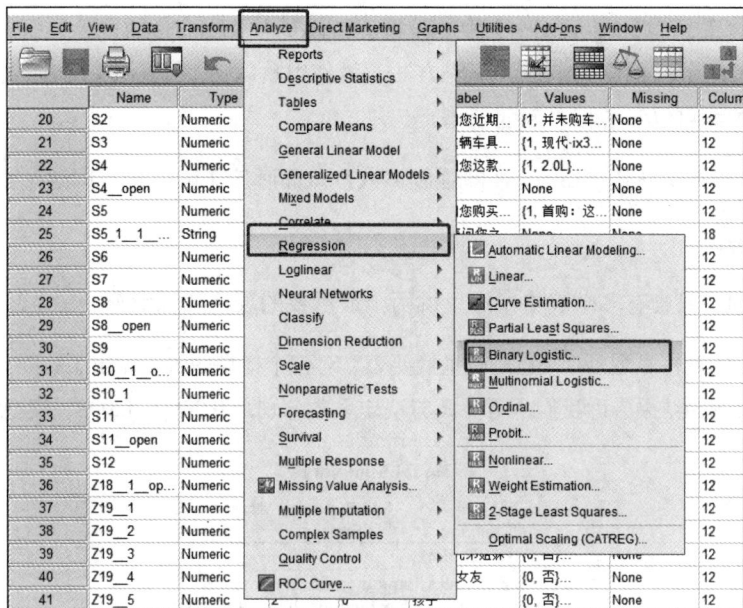

图 6-4　进入 Binary Logistic

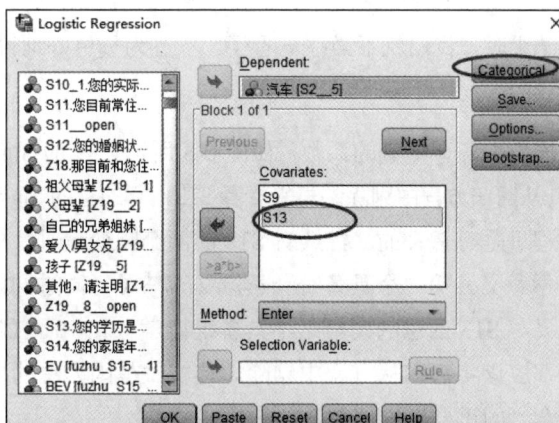

图 6-5　将 S13 设置为哑变量（1）

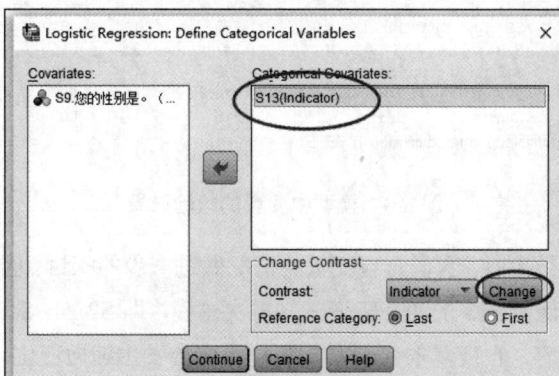

图 6-6　将 S13 设置为哑变量（2）

此处的关键在于"Categorical…"中的设置。选择要引入哑变量的多分类变量后,选择参照水平,再选择 Contrast 的编码方法。编码方法一般使用默认值。实际上,它提供了 7 种编码方法,有兴趣的读者可以参考相关专业书籍。

"Method"选择默认值"Enter",即强制进入,从而呼应了哑变量"同进同出"的要求。

(3)结果解读

模型输出的结果含有多个表格,这里挑两个最重要的表格加以解释。

第一个重要的表格见图 6-7,它是模型摘要表,对整个模型的价值做出了判断,即模型的拟合度如何。这个案例的结果告诉我们,两种 R 方决定系数分别是 0.006 和 0.008,模型的拟合度不好。

Model Summary

Step	-2 Log likelihood	Cox & Snell R Square	Nagelkerke R Square
1	2473.594[a]	.006	.008

a. Estimation terminated at iteration number 5 because parameter estimates changed by less than .001.

图 6-7 模型摘要

通常模型输出这种结果时,我们就不必往下看了。不过为了更好地说明哑变量"同进同出"的道理,我们继续往下看。

接下来我们来看看模型中各个变量的系数,如图 6-8 所示。S9 的 Sig 值为 0.392,不具有统计学意义,我们可以将其从回归方程中剔除。再来看看 S13,它的总的 Sig 值为 0.015,小于 0.05,也就说明 S13 在回归方程里是有意义的。继续对 S13 的两个哑变量进行分析,发现第一个哑变量的 Sig 值不具有统计学意义,第二个具备统计学意义。按照"同进同出"原则,这两个哑变量都应被纳入方程。如果对 S13 的总的判断是不具备统计学意义,而它对应的两个哑变量中有一个有统计学意义,则都应该将它们从方程中剔除。这样做是因为总的检验效力要大于哑变量的检验效力,另外也符合"同进同出"原则。

Variables in the Equation

		B	S.E.	Wald	df	Sig.	Exp(B)
Step 1[a]	S9	-.147	.171	.733	1	.392	.863
	S13			8.347	2	.015	
	S13(1)	.068	.111	.380	1	.538	1.071
	S13(2)	-1.278	.477	7.174	1	.007	.278
	Constant	-.928	.212	19.118	1	.000	.395

a. Variable(s) entered on step 1: S9, S13.

图 6-8 模型中变量的检验结果

在不考虑模型的总效率时,我们对自变量的情况做进一步的探讨。因为 S9 对因变量无显著影响,故将其去掉,只保留 S13 的两个哑变量,再次建模,即 S2_5~S13(1)+S13(2)。具体的操作步骤可以参照上述内容,自变量的回归系数和检验值会发生细微变化。

SPSS 软件为 Cox 模型提供了哑变量功能。Cox 模型是生存分析中的一种方法,主要用于药物研究和临床研究，大家可以阅读相关的专业书籍进行学习。

（4）利用 SPSS recode 过程进行哑变量重编码

实际上，哑变量技术的应用范围非常广泛。除了 Binary Logistic 模型和 Cox 模型提供哑变量的相关算法，SPSS 软件在其他分析方法中并没提供有关算法。此时，我们可以借助 recode 过程进行手动处理。

回顾 S13，它有三个有效分类，取值分别为 2、3、4。在做哑变量处理时，我们取第一个分类值 2 作为参照水平，后续只需对 3 和 4 做哑变量设置。

如图 6-9、图 6-10 和图 6-11 所示，在"Transform"中选择"recode into different variables"，将 S13 拖入中间位置，右侧输出的变量名为 S13_1，然后我们单击"Change"按钮。接着打开"Old and New Values"对话框，当 S13 的值为 3 时 S13_1 的值取 1，S13 为其他值时 S13_1 的值取 0。这就把第一个分类的哑变量创建好了。下面用同样的办法对分类值 4 做类似的处理，S13=4 时 S13_2 的值取 1，S13 为其他值时 S13_2 的值取 0。单击"OK"按钮，即可得到两个新变量 S13_1 和 S13_2。

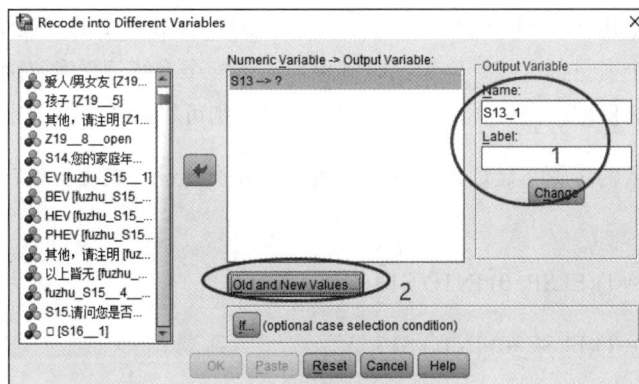

图 6-9　哑变量重编码（1）

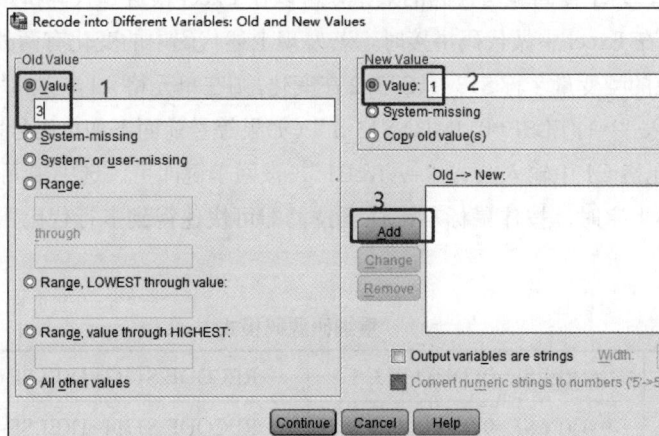

图 6-10　哑变量重编码（2）

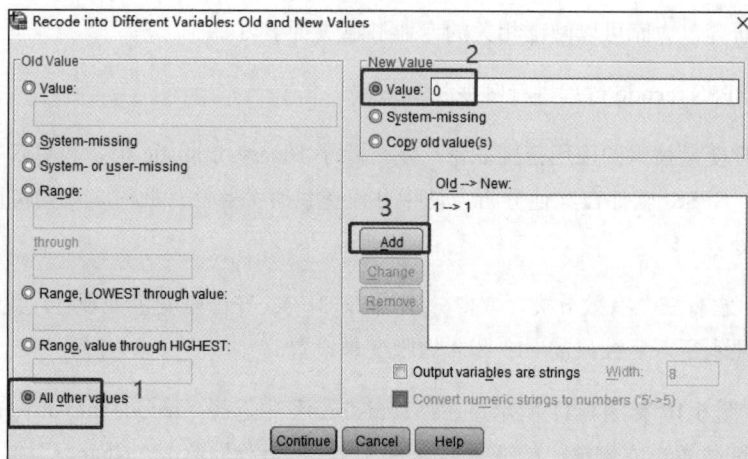

图 6-11 哑变量重编码（3）

后续建模分析过程与前面的一样。选择 Binary Logistic 模型，因变量选择 S2_5，自变量选择 S9、S13_1、S13_2，再继续进行后面的操作。这里直接将两个新变量 S13_1、S13_2 纳入自变量，而不是将 S13 纳入自变量后再进行哑变量处理。这两种方法是等价的。需要注意的是，此时模型摘要中并不包含对 S13 的检验结果，只有对 S13_1、S13_2 的检验结果，仍应遵循"同进同出"原则（两个变量都有统计学意义时都保留；当一个有统计学意义而另一个没有统计学意义时，建议二者仍保留；当二者都无统计学意义时，则可将其从模型中剔除）。

上述设置哑变量的步骤略显烦琐，如果有更多的分类要设置成哑变量，则可以通过编写代码来实现。

RECODE S13(3=1)(ELSE=0) INTO S13_1.

RECODE S13(4=1)(ELSE=0) INTO S13_2.

EXECUTE.

当分类很多时，为了提高编写代码的效率，可以在 Excel 中进行代码拼接，也可以在 SPSS 中编写宏来实现。在 Excel 中做代码拼接时，若发现上述代码中的变化有两处，一是分类值 3、4 在变化，二是对应的哑变量名称 S13_1、S13_2 在变化，则在单元格 A1 中放入"RECODES13(3)"，在单元格 B1 中放入 "'=1)(ELSE=0) INTO S13_1"（如果等号前面不加单引号，就会被当作公式处理），然后在单元格 C1 中输入公式 "=A1&B1"，按回车键即可。选中单元格 A1、B1、C1，当鼠标指针变为小十字时，按住鼠标左键往下拉，即可快速得到多行代码，具体见表 6-7 和表 6-8。

表 6-7 重编码源码模式

RECODE S13(3	=1)(ELSE=0) INTO S13_1	RECODE S13(3=1)(ELSE=0) INTO S13_1
RECODE S13(4	=1)(ELSE=0) INTO S13_2	RECODE S13(4=1)(ELSE=0) INTO S13_2

表 6-8   重编码结果模式

RECODE S13(3	=1)(ELSE=0) INTO S13_1	=A1&B1
RECODE S13(4	=1)(ELSE=0) INTO S13_2	=A2&B2

（5）如何在 Excel 中设置哑变量

在表 6-9 和表 6-10 中，D1 是定类变量，含有三个分类值 1、2、3。现在取最后一个分类作为参照水平，需要引入两个哑变量 D1_1、D1_2。在 D1_1 列、D1_2 列中输入相应的公式，公式中的 A6、A7、A8 指 D1 列对应的单元格。第一行中的两个公式写好之后，选中这两个单元格，当鼠标指针变成实心十字后，按住鼠标左键往下拉，即可完成批量输入。

表 6-9   if 函数源码模式

D1	D1_1	D1_2
1	=if(A6=1,1,0)	=if(A6=2,1,0)
2	=if(A7=1,1,0)	=if(A7=2,1,0)
3	=if(A8=1,1,0)	=if(A8=2,1,0)

表 6-10   if 函数结果模式

D1	D1_1	D1_2
1	1	0
2	0	1
3	0	0

当需要设置的哑变量较少时，在 Excel 中这么做没什么问题。一旦数量较多，烦琐程度就会直线飙升。此时不能再这样干下去了，否则既耗时费力又极易出错，应该思考更加高效的办法。例如，可以用 SPSS 中的 recode 代码来处理，或者使用 vba 编写宏来处理。

（6）哑变量的广泛应用

上面关于哑变量的介绍侧重于 Binary Logistic 模型。实际上，凡是自变量中包含多分类变量时，都可以考虑引入哑变量而使得定类数据定量化。

四、交叉表技术

我们在刚入行的时候听说过一句话：市面上 80%的数据分析工作是由 Excel 完成的，市场研究行业中 80%的数据分析是由交叉表完成的。由此可见，如果要学习数据分析，就不能瞧不起 Excel；如果要学习市场研究，就不能瞧不起交叉表。这也说明了一个道理：不一定要追求最新颖的软件和编程语言，也不一定要去追求最高大上的算法。从应用的角度看，应该重视基础软件和基础算法的使用。实际业务中往往需要综合使用多种软件，在不同的场景下使用不同的软件，谁的效率高就使用谁，谁能解决问题就选择谁。对于算法和模型，我们认为也是同样的道理：谁最契合业务需求就使用谁，而不是谁看上去最新、最复杂就使用谁。

交叉表在数据分析中能起到什么作用呢？结合使用经验，我们将交叉表的作用总结为以下几点：分析数据的组成结构，比较不同维度间的分布差异，寻找和发现差异的源头。

1. 交叉表的结构

交叉表对应的是 SPSS 中的"Custom Tables"过程，它的功能非常强大。

首先看一看交叉表是什么模样吧。图 6-12 显示了一种常见的交叉表样式，它由行变量和列变量组成，中间有 Count、Column N%、Mean 等统计量，以及 Total 列等。

		Total			高中及以下			S13.您的学历是？ （单选）大专			本科			研究生及以上		
		Count	Column N %	Mean	Count	Column N %	Mean	Count	Column N %	Mean	Count	Column N %	Mean	Count	Column N %	Mean
S14.您的家庭年收入是多少钱？（单选）	10万元以下				·	·	·									
	10-20万元	961	44.0%		·	·	·	358	59.6%		587	38.5%		16	27.6%	
	20-30万元	1222	56.0%		·	·	·	243	40.4%		937	61.5%		42	72.4%	
	30万元以上				·	·	·									
S6.以下哪一项最能代表您在购买这辆车时的角色？（单选）				1.072	·	·	·			1.045			1.078			1.207
S7.请问谁最经常使用这辆车？（单选）	我自己	2183	100.0%		·	·	·	601	100.0%		1524	100.0%		58	100.0%	
	我的丈夫/妻子				·	·	·									
	我的儿子/女儿/女婿/儿媳				·	·	·									
	我的父母/岳父母				·	·	·									
	其他人				·	·	·									

图 6-12 典型交叉表样式

（1）基本概念与结构（行变量、列变量、多选变量集、Normal、Compact、Layers 等）

如图 6-13 所示，中间的空白区域中有浅灰色的"Columns"等字样，表示可以将相关的变量拖动到对应区域。此时，S13 被纳入列变量，S14 被纳入行变量。在市场研究领域，往往又将列变量称为表头变量，将行变量称为表侧变量。列变量和行变量都可以拖入多个变量。列变量一般只能是定类数据，行变量既可以是定类数据也可以是定量数据。当行变量为定量数据时，我们既可以转化测量尺度求频数和百分比，也可以求平均值等。

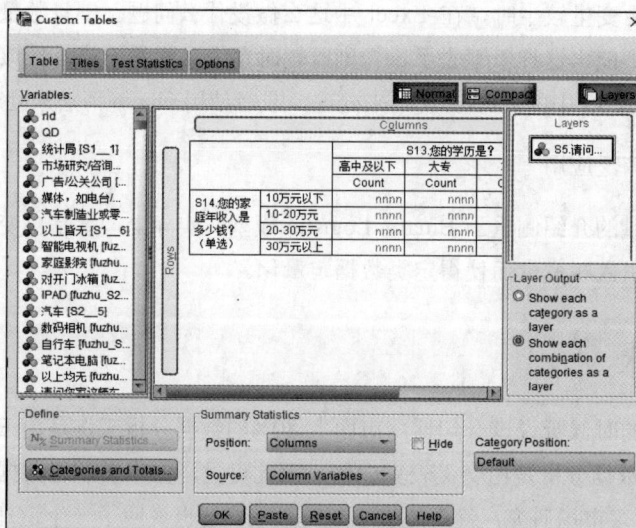

图 6-13 交叉表制表过程（1）

在增加行变量时应将新的变量拖到原来的行变量的上方或下方，在增加列变量时应将新的变量拖到原来的列变量的左侧或右侧，否则就不是增加行变量或列变量，而是增加表的层级。在图 6-14 中，左图是一个二维交叉表，行变量有两个，列变量也有两个；右图是一个四维交叉表，两个行变量分属两个层级，两个列变量也分属两个层级。

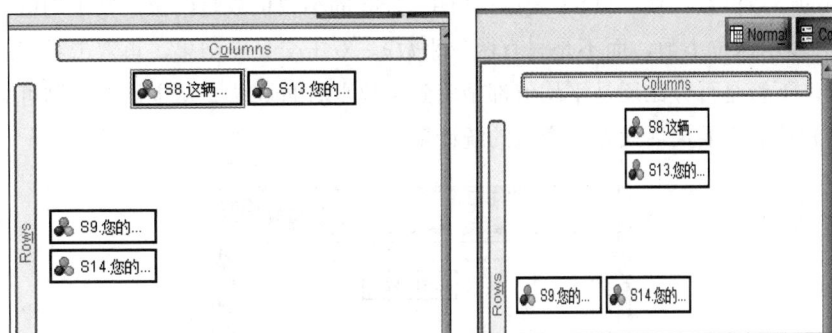

图 6-14　交叉表制表过程（2）

在具体分析时，可以将列变量视为"切割"样本的分类器，对于切割所得的每一份子样本，都按表侧变量分析其分布情况。因此，在同一个列变量下得到的多个子样本可以进行比较，而列变量之间的不同子样本不便于直接比较，因为划分类别的变量不同，即划分类别的标准不同。

Normal 与 Compact 是在设置交叉表结构时的两种预览状态。在 Normal 状态下，展开显示行变量、列变量下的分类类别详情。S13 下有"高中及以下""大专"等四个类别，S14 下有"10 万元以下""10 万～20 万元"等四个类别。而在 Compact 状态下，仅显示行变量、列变量的名称，不显示变量下的类别详情。

Layers 即分层变量，它把交叉表分成了多层。分层变量也可以是多个。分层的数量取决于分层变量的分类数。当只有一个分层变量时，分层数等于分层变量的类别数；当有多个分层变量时，分层数等于各个分层变量的类别数的乘积。在查看分层交叉表时，要双击表格，选择不同的层即可展示不同层的交叉结果。这与"Data—Split File"过程的功能相似，即把数据按某些变量分成多份，对每一份出具相同结构的交叉表。二者的区别在于"Data—Split File"过程将运算结果分开放置，Layers 将结果层叠在一起。

Tables 中的另一个子过程是"Multiple Response Sets"，即多选变量集。在分析多选题数据时，我们建议都要先将其设置为多选变量集。设置时首先区分多选题是二分类数据还是多分类数据，如果是二分类数据，则要制定计数的类别的值，再设置集合的变量名与标签内容，单击"添加"按钮完成操作。

（2）选择指标（计数、求百分比、求平均值等）

当行变量都是定类数据时，在默认情况下，交叉表只输出"计数"指标。如果要输出百分比，怎么办？很简单，首先选中列变量，然后在"Define"中选择相应的统计量。统计量的可选项非常多，一般 Count 和 Column N%最常用。

如果行变量里面既有定类数据又有定量数据，此时就该按不同变量类型分别选择对应的变量进行设置。在图 6-15 中，S14、S7 是名义型（定类数据），S6 是 Scale 型（定量数据），我们可以为 S14、S7 同时设置统计量 Count、Column N%（按住 Ctrl 键后选择 S14、S7 变量），为 S6 设置统计量 Mean。注意图 6-16 中的平均值的小数部分是两位。这里的平均值的小数位数与数据属性中的小数位数一致，SPSS 变量视窗中的 S6 的小数位数是两位，则平均值也显示两位（注意这里只显示两位小数，而不是只有两位小数）。双击交叉表结果，再双击对应的数值，此时可以看到，不管是百分比还是平均值都精确到小数点后面 6 位。从上面的示例可见，可以根据数据类型和业务需要灵活设置行变量的统计量。

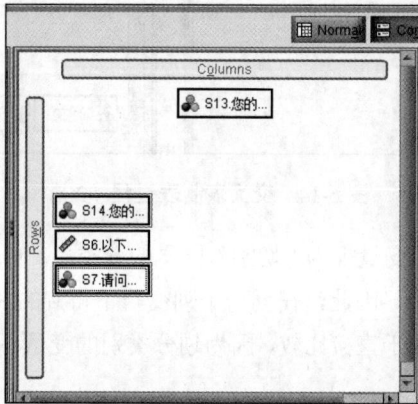

图 6-15　交叉表制表过程（3）

			高中及以下			大专			本科			研究生及以上	
		Count	Column N %	Mean	Count	Column N %	Mean	Count	Column N %	Mean	Count	Column N %	Mean
S14.您的家庭年收入是多少钱？（单选）	10万元以下	0	0.0%		0	0.0%		0	0.0%		0	0.0%	
	10-20万元	0	0.0%		358	59.6%		587	38.5%		16	27.6%	
	20-30万元	0	0.0%		243	40.4%		937	61.5%		42	72.4%	
	30万元以上	0	0.0%		0	0.0%		0	0.0%		0	0.0%	
S6.以下哪一项最能代表您在购买这辆车时的角色？（单选）							1.04			1.08			1.21
S7.请问谁最经常使用这辆车？（单选）	我自己	0	0.0%		601	100.0%		1524	100.0%		58	100.0%	
	我的丈夫/妻子	0	0.0%		0	0.0%		0	0.0%		0	0.0%	
	我的儿子/女儿/女婿/儿媳	0	0.0%		0	0.0%		0	0.0%		0	0.0%	
	我的父母/岳父母	0	0.0%		0	0.0%		0	0.0%		0	0.0%	
	其他人	0	0.0%		0	0.0%		0	0.0%		0	0.0%	

图 6-16　交叉表制表结果

（3）汇总（total、subtotal）

如何知道回答每个问题的人数是多少？如何设置某个分类/选项及其前面所有选项的小计数量和小计百分比？如何计算任意几个分类/选项的合计数量和合计百分比？

第一个问题很简单，在"Define—Categories and Totals"的"Show"选项组中勾选"Total"复选框，"Label"项不用调整（就是"Total"），然后在"Totals and Subtotals Appear"选项组中勾选"Above categories to which they apply"，即将"Total"项放在最前面。

对于第二个问题，可进入"Define—Categories and Totals"。"Add Subtotal…"按钮的作用是在指定选项后面添加一个"小计"，计算指定选项及其前面所有选项的数量、百分比等。

对于第三个问题，则要进入"Define—Categories and Totals"。"Add Category"按钮的作用与"Add Subtotal…"不同，前者可以任意指定选项（同一个题目），还可以对指定选项进行加减乘除运算。

（4）表格格式（缺失值用特殊符号表示）

如何设置表格的整体样式？依次选择"Edit—Option—Pivot Tables—Table Look"，再选择"Report"样式。"Report"样式是调研报告中最常见的表格样式。

对于表格内数值为0的单元格，如何用其他符号表示？依次选择"Tables—Custom Tables—Options"，将"Empty Cells"设置为用"−"符号表示即可。这么做有一个极大的好处，那就是表格看起来更简洁。

（5）统计检验（平均值比较、列百分比比较）

"Tables—Custom Tables—Option"下的"Test Statistics"选项提供了两种检验方式：一种是针对定量数据的"Compare column means(t-tests)"，另一种是针对定类数据的"Compare column proportions(z-tests)"。我们可以根据数据类型进行选择。

标示显著差异的检验结果既可以与 Count、Column N%结果放在同一张表中，也可以分开放在两张表中。关于这一点，在"Identify Significant Differences"中进行设置即可。

2．案例分析

上面介绍了如何制作一张比较漂亮的交叉表，下面通过案例探讨如何对交叉表显示的结果进行分析。

首先要明确一点，市场研究中交叉表显示的结果是最重要的结果之一。交叉表的表头往往选择几个重要的变量/题目，表侧变量一般包括整个问卷的所有变量。

在分析交叉表时要全面，就是要把表格中的每一处看清楚。这一步可以帮助我们发现和分析基本的问题或者规律。在图 6-17 中，首先分析 S14 题。我们发现家庭年收入为 10 万～20 万元的比例为 44.0%，20 万～30 万元的比例为 56.0%。结合列变量中的学历来分析，我们发现大专学历中家庭收入为 10 万～20 万元的比例为 59.6%，20 万～30 万元的比例为 40.4%；本科学历中家庭收入为 10 万～20 万元的比例为 38.5%，20 万～30 万元的比例为 61.5%；硕士及以上学历中家庭年收入为 10 万～20 万元的比例为 27.6%，20 万～30 万元的比例为

| | | | | | | S13.您的学历是？（单选） | | | | | | |
| | | Total | | 高中及以下 | | 大专 | | 本科 | | 研究生及以上 | |
		Count	Column N %	Count	Column N %	Count	Column N %	Count	Column N %	Count	Column N %
S14.您的家庭年收入是多少钱？（单选）	10万元以下	-	-	-	-	-	-	-	-	-	-
	10-20 万元	961	44.0%	-	-	358	59.6%	587	38.5%	16	27.6%
	20-30 万元	1222	56.0%	-	-	243	40.4%	937	61.5%	42	72.4%
	30元以上	-	-	-	-	-	-	-	-	-	-
S7.请问谁最经常使用这辆车？（单选）	我自己	2183	100.0%	-	-	601	100.0%	1524	100.0%	58	100.0%
	我的丈夫/妻子	-	-	-	-	-	-	-	-	-	-
	我的儿子/女儿/女婿/儿媳	-	-	-	-	-	-	-	-	-	-
	我的父母/岳父母	-	-	-	-	-	-	-	-	-	-
	其他人	-	-	-	-	-	-	-	-	-	-

图 6-17　典型交叉表样式

72.4%。对数字比较敏感的读者已经发现规律了：家庭年收入"好像"随着学历提高而增加。"好像"两个字加了引号，是因为统计学中的差异要经过统计检验加以证实，数字上的差异不一定具有统计学意义。在检验这个假设是否成立时，考虑到两个变量都是定类变量，我们可以利用卡方检验。

上面的过程体现了基本的分析套路——细分、对比、溯源。细分是指在总体（Total）指标下，按照列变量将总体细分成多个类别。对比是指对类别与类别之间的比例分布情况进行比较，也能发现同一题目下多个选项之间的差异。溯源是指寻找类别差异的源头。结合上面的案例来看， S13 就是细分变量或者细分维度。"Total"下 20 万～30 万元的比例要高于 10 万～20 万元的比例，这是纵向上的对比。同样是 10 万～20 万元，大专学历中家庭年收入为 10 万～20 万元的比例为 59.6%，而在研究生及以上学历中这一比例只有 27.6%，这是横向上的对比。通过细分与对比，我们发现造成"Total"中 20 万～30 万元的比例高于 10 万～20 万元的比例的原因在于"本科""研究生及以上"这两类人的收入更高。这是溯源。

上面介绍了单个题的基本分析模式，接下来对于每道题都要按照这种模式进行分析。利用交叉表这一利器，我们可以发现数据的价值。

对于分段型数字题，我们也可以求其平均值。具体方法是：将每个选项用与其对应的组中值替换，这样即可将分类数据转化为定量数据，从而计算其平均值等指标。比如，对于收入题、价格题等，如果问卷中设计的是分段选项，每个选项代表一个区间，那么后期分析时往往就要求其平均值。软件里实现这一目标的方法比较多，这里列举两种。

在 SPSS 里可以使用 recode 重编码来实现，代码如下：

Recode S14(1=5)(2=15)(3=25)(4=35) into S14New.

Execute.

运行代码之后得到了新变量 S14New，它是定量变量。现在将 S14New 纳入交叉表行变量，它的位置是在 S14 的下方，如图 6-18 所示。

图 6-18　包含平均值比较结果的交叉表

在 S14New 这一行中，大专的平均值为 19.04，本科的平均值为 21.15，研究生及以上的平均值为 22.24。我们看到，表头中学历下面有大写字母 A、B、C、D，它们是四个学历分类的代称。S14New 这一行与"本科""研究生及以上"两列的交叉处出现了大写字母 B，表示 B 显著低于 C，B 显著低于 D。换句话说，"大专"与"本科"之间、"大专"与"研究生及以上"之间的家庭年收入具有显著差异，"本科"与"研究生及以上"之间的家庭年收入并没有显著差异。

在 Excel 中，可以使用 Sumproduct 函数来求平均值。在单元格 E17 中输入公式"=SUMPRO-DUCT($C$13:$C$16,E13:E16)"，按回车键，同时选中 D17 和 E17 两个单元格。待鼠标指针变成小十字后，按下鼠标左键并往右拉，即可得到图 6-19 所示的结果。

	A	B	C		D	E	F	G	H	I	J	K	L	M
10									S13.您的学历是？（单选）					
11					Total		高中及以下		大专		本科		研究生及以上	
12					Count	Column N %	Count	Column N %	Count	Column N %	Count	Column N %	Count	Column N %
13	S14.您的家庭年收入是多少钱？（单选）	10万元以下	5		-	-	-	-	-	-	-	-	-	-
14		10-20万元	15		961	44.0%	-	-	358	59.6%	587	38.5%	16	27.6%
15		20-30万元	25		1222	56.0%	-	-	243	40.4%	937	61.5%	42	72.4%
16		30万元以上	35		-	-	-	-	-	-	-	-	-	-
17		Mean			20.60		0.00		19.04		21.15		22.24	
18	S7.请问谁最经常使用这辆车？（单选）	我自己			2183	100.0%			601	100.0%	1524	100.0%	58	100.0%
19		我的丈夫/妻子												
20		我的儿子/女儿/女婿/儿媳												
21		我的父母/岳父母												
22		其他人												

图 6-19　在 Excel 中使用 Sumproduct 函数计算平均值

3. 用代码制作交叉表

如果纳入交叉表中的变量非常多，或者在同一个项目中同一种表结构要经常性地出表，显然用窗口拖拽的方式操作时效率很低。有没有更高效的办法呢？答案是肯定的，可以使用代码。

（1）普通出表程序

VARIABLE LEVEL all(nominal).

*Custom Tables.

CTABLES

/FORMAT EMPTY='-' MISSING='.'

/SMISSING VARIABLE

/VLABELS VARIABLES=**ALL** DISPLAY=DEFAULT

/TABLE **S14**[COUNT F40.0, COLPCT.COUNT PCT40.1] +

S7[COUNT F40.0, COLPCT.COUNT PCT40.1] + **BY S13**

/CATEGORIES VARIABLES=All EMPTY=INCLUDE TOTAL=YES POSITION=BEFORE

/CATEGORIES VARIABLES=**S13** EMPTY=EXCLUDE TOTAL=YES POSITION=BEFORE.

看到代码时不要害怕。上述代码中除了字体加粗部分要变化外，其他代码基本上可以在各个项目中通用。在 SPSS 中，"*"表示注释（所谓注释是指用来解释一段代码的含义或目的的语句，它对代码的运行不起作用，只起到说明的作用）。第一句代码的意思是：将所有变量的测量尺度变为名义型。CTABLES 用于调用 Custom Tables 过程。FORMAT 语句用于设置表格格式，其中空值用"−"表示，缺失值用"."表示，以便于操作者将注意力放在有效数字上。ALL 是 SPSS 中的内置变量，代表所有变量。类似的还有"to"这个单词，用于指定从某个变量到另一个变量之间的所有变量。S14、S7、S13 是本次被纳入交叉表的变量。BY 是交叉的意思，BY 之前的变量是表侧变量（行变量），BY 之后的变量是表头变量（列变量）。COUNT 是计数统计量，F40.0 表示计数统计量取整数且小数位数为 0。COLPCT.COUNT PCT40.1 用于规定输出列百分比，其格式为带 1 位小数的数值。

CATEGORIES 用于规定分类汇总指标。VARIABLES 参数指定了这句话对哪些变量起作用。EMPTY=INCLUDE 表示表里要包括空分类。所谓空分类是指这个选项/分类在数据里没有出现过，用市场研究中问卷的概念来解释的话，就是这个选项没有人选择过。TOTAL=YES POSITION=BEFORE 是指表里要包含总计这个指标，且这个指标放在最前面。最后注意，以英文句号"."作为结束代码的标志，缺了它不行。

细心的读者肯定注意到了，前面讲 recode 代码时，代码里包含了 execute 这句话。而这里的出表代码并没有 execute 这句话。为什么呢？原来 SPSS 里做了限定，凡是会改变原始数据的操作的代码群都要加上"execute."代码，否则不用。"execute."的作用是告诉 SPSS 执行改变原始数据的操作的代码。（改变原始数据的操作是有风险的，因此它加上一句话进行确认，避免在不知情的情况下直接改变了原始数据而引发风险。这个原则在很多地方适用，尤其是数据库和类数据库操作。SPSS 既是一款统计分析软件，也是一个数据库。根据我们的使用经验，100 万条数据在 SPSS 中运行起来没什么压力，运行速度非常快。）

（2）如何在同一张表里既出百分比又出 Mean 值

VARIABLE LEVEL all(nominal).

TEMPORARY.

RECODE S14(1=5)(2=15)(3=25)(4=35) into S14New.

*Custom Tables.

CTABLES

/FORMAT EMPTY='-'MISSING='.'

/SMISSING VARIABLE

/VLABELS VARIABLES=ALL DISPLAY=DEFAULT

/TABLE S14[COUNTF40.0, COLPCT.COUNT PCT40.1]+

S14New[S][MEAN F40.4]+

S7[COUNTF40.0, COLPCT.COUNT PCT40.1]+BY S13

/CATEGORIES VARIABLES=ALL EMPTY=INCLUDE TOTAL=YES POSITION=BEFORE

/CATEGORIES VARIABLES=S13 EMPTY=EXCLUDE TOTAL=YES POSITION=BEFORE.

因为大部分代码与上面的普通表格的代码相同，这里对不同的部分进行解释。TEMPORARY 表示生成临时变量。S14New 是生成的临时变量，它出现在出表结果中，但是并不在变量视窗中出现。临时变量只出现在内存中，它们不会进入数据库中。由于这个特性，临时变量有很多好处：因为只在内存中运行，故临时变量可以有效提高程序运行的速度；不会改变原始数据库。在 S14New[S][MEAN F40.4]中，[S]是指将变量类型指定为 Scale 型，然后就可以计算平均值，如果还是 Nominal 型，则无法计算平均值指标。参数[MEAN F40.4]用于指定输出平均值，且平均值的数据格式为带 4 位小数的数值。

五、t 检验与方差分析

下面介绍有关 t 检验和方差分析的基础内容。为什么要把它们放在一起介绍呢？前面对此进行了初步介绍，这里进行更细致的说明。表 6-11 对几种分析方法进行了小结。我们可以将这几种分析方法的应用场景归结为一句话：判断样本与样本之间是否存在显著差异，或者分析不同的样本是否来自同一总体。这是它们的相同点，差异在于所应对场景的复杂程度不一样。单样本 t 检验要处理的情况是总体平均值与样本数据已知，因变量只有一个，总体平均值是已知的数字。这类情况最简单。多元方差分析所要处理的情况是因变量有多个，且因变量之间具有相关性，影响因子既有定类数据又有定量数据，在分析过程中既要区分考察固定因子和协变量的影响，又要考察因变量之间的相关性。这类情况很复杂。从应用场景看，t 检验和方差分析具有一定的共性；从解决问题的复杂程度看，t 检验和方差分析是不同的。

表 6-11　　　　　　　　　　t 检验和方差分析的数据要求与应用场景

分析方法	Y 数据类型	Y 变量数量	X 数据类型	X 变量数量	应用场景
单样本 t 检验	定量（样本平均值）	1	定量	1	已知总体平均值与样本数据，判断样本是否来自这个总体
两样本独立样本 t 检验	定量（样本平均值）	1	定类（类别=2）	1	已知两个样本数据，判断这两个样本是否来自同一总体
两样本配对样本 t 检验	定量（样本平均值）	1	定量	1	判断配对前后两个样本有无差异，本质上是单样本 t 检验
单因素方差分析	定量（样本平均值）	1	定类（类别>2）	1	已知 3 个及以上的样本数据，判断多个样本是否来自同一总体（不同样本间的平均值有无差异）
一元方差分析	定量（样本平均值）	1	定量+定类	M	既有定类影响因子又有定量影响因子时，分析各类样本间的平均值有无差异

分析方法	Y 数据类型	Y 变量数量	X 数据类型	X 变量数量	应用场景
多元方差分析	定量（样本平均值）	N	定量+定类	M	既有定类影响因子又有定量影响因子时，分析各类样本间的多个具有相关性的指标的平均值有无差异

1. t 检验

我们在前面简单介绍了 t 检验与方差分析的联系和差异，下面重点介绍 t 检验的数据结构，具体可参见表 6-12。

表 6-12　　　　　　　　　　　　　　t 检验的数据格式

单样本 t 检验		两样本独立样本 t 检验				两样本配对样本 t 检验				
样本	总体平均值=K，K 是已知数	样本 1	样本 2	样本	分组	个案	处理前	处理后	样本	总体平均值=0
个案 1		个案 1.1	个案 2.1	个案 1.1	1	个案 1	数据 1.1	数据 1.2	数据 1.1−数据 1.2	
个案 2		个案 1.2	个案 2.2	个案 1.2	1	个案 2	数据 2.1	数据 2.2	数据 2.1−数据 2.2	
个案 3		个案 1.3	个案 2.3	个案 1.3	1	个案 3	数据 3.1	数据 3.2	数据 3.1−数据 3.2	
……		……	个案 2.4	……	1	……			—	
			……	个案 2.1	2					
				个案 2.2	2					
				个案 2.3	2					
				……	2					

（1）单样本 t 检验

这是最简单的一种情况。通过采集或者抽样获取样本数据，这个样本可以只有一个因变量，也可以有多个不相关的变量。当然，这个（些）变量是定量变量。总体均值是已知的，记为 K。请参考表 6-12 中的"单样本 t 检验"部分。在统计软件（如 SPSS、R、SAS 等）中，一列表示一个变量，一行表示一个个案。一般个案包括 ID、变量、变量 2……变量 n 的数据。单样本 t 检验的目标是分析样本平均值与总体平均值有无差异，或者样本是否来自这一总体。

（2）两样本独立样本 t 检验

两样本独立样本 t 检验要解决的问题是：分析两个样本数据的平均值是否相等或者是否来自同一总体。参考表 6-12 中的"两样本独立样本 t 检验"部分。在原始数据中，样本 1 和样本 2 可能分属于两个表，或者位于同一个表中的两列。分析前要进行简单的数据转化，将样本 1 和样本 2 放在同一变量下，并且要新增一个变量来标识每个个案的类别。分析时，将"样本"这一列对应的数据拖到因变量/检测变量中，将"分组"这一列拖到分组变量中，然后运行即可。

在 SPSS 中，两样本独立样本 t 检验的检测变量允许有多个。注意，这些变量理应不相关。现在假设身高与成绩不相关，分析男同学与女同学的成绩、身高有无显著差异。我们可以将成绩、身高拖到检测变量内，将性别拖到分组变量中。虽然检测变量有多个，实际上我们分别对成绩、身高进行检测。如果要分析的多个变量存在关联性，此时就不能采用该方法，而应该采用多元方差分析。类似地，此例中的分组变量为性别，它只有两个分类。如果分类变量的类别数量大于 2，则同样不能采用本方法，而应采用方差分析。

（3）两样本配对样本 t 检验

两样本配对样本 t 检验要处理的问题是：每一个个案都有两组数据，分别代表处理前与处理后的状态。"处理"可以是服用某种药品，可以是间隔一定时间，等等。例如，测量 10 个人饮酒前和饮酒后的意识清醒程度，以分析饮酒对意识清醒程度有无影响；间隔 6 个月调查 100 个家庭的月收入，以分析家庭月收入有无变化；检查 10 个病人服药前和服药后的血压情况，以分析药物对血压有无影响。研究这类问题就需要用到两样本配对样本 t 检验。

利用 SPSS 进行分析时，要指明成对的变量，通过简单的拖动即可实现这一目标。准备原始数据时应该特别注意，同一个个案的数据要位于同一行，不然就不是"配对"数据。如图 6-20 所示，将 workbefore、workafter 两个变量分别拖入 Variable1 和 Variable2，然后运行即可。SPSS 可以同时处理多对配对变量，它每一次独立处理一对变量，有几对就处理几次。

要特别指出的是，两样本配对样本 t 检验的本质是单样本 t 检验。实际上，它创建了一个新变量，新变量等于处理前与处理后的差值，检验的本质是看看差值是否等于 0。在分析时，我们也可以手动计算一个差值变量，然后利用单样本 t 检验方法，将检验值设置为 0。这两种处理方法是等价的。

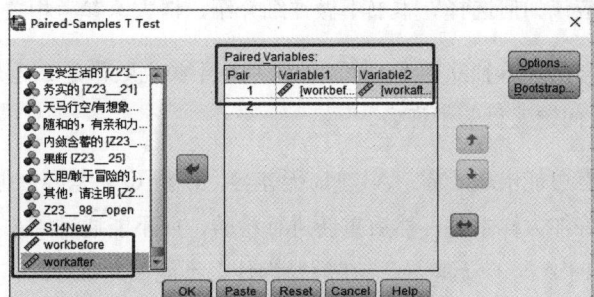

图 6-20　配对样本的设置方法

2．方差分析

方差分析的基本原理是将总体变异分解为组间变异和组内变异。如果组间差异远大于组内差异，则拒绝原假设 H0；否则，不能拒绝 H0（H0 表示组间差异为 0）。表 6-13 总结了单因素方差分析、一元方差分析和多元方差分析的数据格式。

表 6-13 方差分析的数据格式

单因素方差分析				一元方差分析				多元方差分析					
因变量 1	因变量 2	······ 因变量 n	分组	因变量	影响因素 1	影响因素 2	······ 影响因素 n	因变量 1	因变量 2	······ 因变量 n	影响因素 1	影响因素 2	······ 影响因素 n
个案 1	个案 1	个案 1	1	个案 1	0.394	1		个案 1	个案 1	个案 1	0.394	1	1
个案 2	个案 2	个案 2	2	个案 2	0.839	1		个案 2	个案 2	个案 2	0.839	1	1
个案 3	个案 3	个案 3	3	个案 3	0.099	2		个案 3	个案 3	个案 3	0.099	2	2
个案 4	个案 4	个案 4	4	个案 4	0.539	2		个案 4	个案 4	个案 4	0.539	2	2
······	······	······	······	······	······	······	······	······	······	······	······	······	······

（1）单因素方差分析

单因素方差分析与两样本独立样本 t 检验相比，区别在于前者的分组变量的类别数量为三个及以上，后者只有两个组。两者的相同之处是：因变量都可以纳入多个变量，而且是多个不相关的变量。虽然允许同时纳入多个因变量，但是背后的算法其实是将它们分开检验。

当 H0 成立时，基本上无须再进行两两比较。当 H0 不成立时，自然要进一步了解组与组之间的差异，"多重比较"对话框就派上用场了。LSD 法、S-N-K 法、Tukey 法用得较多。两两比较方法这么多，究竟应该如何选择？本书不做详细介绍，请大家参考相关专业书籍。

单因素方差分析与两样本独立样本 t 检验的区别在于类别数量是 2 还是大于 2。可别小看了差额 1，因为多了 1，问题就复杂了许多。

进行多重比较时有可能出现矛盾：A 与 B 无差异，B 与 C 无差异，但 A 与 C 有差异。出现这样的情况时，最好加大样本量，然后重新进行检验，而不能通过"A 与 B 无差异"和"B 与 C 无差异"，推导出"A 与 C 无差异"。在解释为什么不能如此推导时，业界前辈张文彤老师在他的书里讲过一个故事：一个一根头发都没有的秃子跟只有一根头发的人相比，看不出明显的差异，故一根头发的人也是秃子。以此类推，最后可以得出满头黑发的人也是秃子。这种思路要闹笑话，显然行不通。

（2）一元方差分析

一元方差分析要处理的问题是：因变量只有一个，影响变量有多个，而且影响变量中要么有多个定类变量，要么有多个定量变量，要么同时有定类变量（单个/多个）和定量变量（单个/多个）。

与单因素方差分析类似，当分组变量为多组（大于或等于三组）时，方差分析中也要注意组间的多重比较问题。

由于存在多个影响因素，因此在一元方差模型中要介绍几个新的概念，如因素、水平、固定因素、随机因素、协变量和交互效应。因素可以简单地理解为一个定类变量，水平可以理解为该变量下的取值。固定因素和随机因素都是定类变量。固定因素是在样本中已经出现了所有的分类或水平的定类变量，随机因素是在样本中只出现了部分分类或水平的定类变量。协变量是定量变量。交互效应是指一个因素的效应的大小受另一个因素影响，而且这种影响是相互的。

举一个例子来对这些概念加以说明。假设要研究某个产品包装对该产品销量的影响。产品包装包含的要素有品牌、颜色和规格，其中只有 A、B、C 三个品牌。又假设颜色有 100 种可选调配方案，我们仅从其中随机选取了 color1、color2、color3、color4 和 color5 等几种调配方案进行研究。规格有 350mL、500mL、1000mL 三种。在本案例的三个因素中，品牌和规格是固定因素，颜色是随机因素。品牌因素下有三个水平，它们分别为 A、B、C。规格因素下也有三个水平，它们分别为 350mL、500mL、1000mL。颜色因素下有 100 个水平，但是样本中仅涉及 color1、color2、color3、color4 和 color5 这几个水平，因此颜色属于随机因素。如果要研究不同的品牌因素水平下颜色因素的效应有无差异，则应考虑品牌因素的交互效应（有些书中也称之为交互作用，本书中的交互效应与交互作用是同一个概念）。

（3）多元方差分析

在一元方差分析的基础上，多元方差分析模型同时研究的因变量有多个，并且这些因变量之间存在一定的相关性。我们在前面的介绍中提到过，如果因变量只有一个，或者多个因变量并不相关，那么就不能使用多元方差分析模型。

当因变量为多个时，我们知道可以利用多元方差分析模型。另外，还有一种办法，即利用因子分析对多个具有相关性的变量进行降维，从而得到少数几个不相关的"因子"作为因变量，这样就可以利用单因素方差分析模型或者一元方差分析模型进行分析。多元方差分析模型中的"多元"是真正意义上的多元，它就是有多个因变量的意思。而多元统计分析中的"多元"往往指有一个因变量和多个自变量的分析模型。

3. 案例分析

（1）案例背景

某项目要对三个产品进行测试，随机分配每个人回答三个产品中的一个产品的相关问题。衡量产品性能的指标有多个，这里摘录其中两个重要指标：一是每月有多少天使用该产品（0～30 中的任一整数），二是每次使用该产品的时长（0～24 之间的任一整数）。现在要分析三个产品孰优孰劣，数据情况参见图 6-21。

	ZUBIE	A3_1N	A4_1N
1	1	30	3
2	1	18	5
3	1	30	10
4	1	30	5
5	1	30	10
6	1	10	5
7	1	30	5
8	1	18	5
9	1	10	3
10	1	30	10
11	1	30	7
12	1	30	7
13	1	30	7
14	1	30	10
15	1	30	7

图 6-21 产品测试案例数据

（2）数据转化

在原始数据中，产品 A、B、C 是一条数据的三个部分。因此，首先要对数据结构进行转化，将行结构转为列结构。具体这样操作：将产品 B 的指标 1 和指标 2 的数据贴到产品 A 的指标 1 和指标 2 的下方，再把产品 C 的指标 1 和指标 2 的数据贴到产品 B 的下方，最后增加一个标识变量来记录哪些数据针对 A，哪些数据针对 B，哪些数据针对 C。如图 6-21 所示，ZUBIE 是用来标记数据组别的变量，其中 1 表示 A 组，2 表示 B 组，3 表示 C 组。指标 1 即 A3_1N，指每月使用天数；指标 2 即 A4_1N，指每次使用时长。

（3）分析过程

指标 A3_1N 和 A4_1N 都是定量变量，故可从 t 检验与方差分析模型中选择合适的分析模型。再来看分组变量，这里是对三个产品的测试。从方法选择上首先排除了 t 检验，而应该选择方差分析模型，因为 t 检验处理的是两分类样本之间的差异。因变量有两个，这就把一元方差分析模型排除了。问题在于：对于单因素方差分析模型与多元方差分析模型，究竟应该选择哪一个呢？关键在于要分析清楚两个因变量之间有无相关性，因此我们先对其相关性进行分析，分别求得皮尔逊相关系数、肯德尔等级相关系数、斯皮尔曼等级相关系数。如图 6-22 和图 6-23 所示，三个系数的值都表明指标 1（使用天数）与指标 2（使用时长）之间并不存在相关性。因此，接下来用的单因素方差分析模型进行处理。（定量变量使用皮尔逊相关系数，当不能满足积差相关分析的适用条件时选择斯皮尔曼等级相关系数；有序变量使用肯德尔等级相关系数；名义变量使用卡方检验。）

Correlations		每月会有多少天使用该产品	每次会使用该产品多少小时？
每月会有多少天使用该产品	Pearson Correlation	1	.041
	Sig. (2-tailed)		.425
	N	373	373
每次会使用该产品多少小时？	Pearson Correlation	.041	1
	Sig. (2-tailed)	.425	
	N	373	373

图 6-22　指标 A3_1N 和 A4_1N 的皮尔逊相关系数

Correlations			每月会有多少天使用该产品	每次会使用该产品多少小时？
Kendall's tau_b	每月会有多少天使用该产品	Correlation Coefficient	1.000	.041
		Sig. (2-tailed)	.	.350
		N	373	373
	每次会使用该产品多少小时？	Correlation Coefficient	.041	1.000
		Sig. (2-tailed)	.350	.
		N	373	373
Spearman's rho	每月会有多少天使用该产品	Correlation Coefficient	1.000	.047
		Sig. (2-tailed)	.	.362
		N	373	373
	每次会使用该产品多少小时？	Correlation Coefficient	.047	1.000
		Sig. (2-tailed)	.362	.
		N	373	373

图 6-23　指标 A3_1N 和 A4_1N 的皮尔逊、肯德尔等级和斯皮尔曼等级相关系数

接下来选择单因素方差分析模型，将指标 1 和指标 2 拖到因变量列表中，将产品拖到分组变量中。运行程序，摘录几个关键结果。

首先看总的方差分析结果，见图 6-24。对于指标 1（使用天数）和指标 2（使用时长），在显著性水平为 0.05 时，组间差异的 Sig 值都小于 0.05，即组间具有显著差异。

ANOVA		Sum of Squares	df	Mean Square	F	Sig.
每月会有多少天使用该产品	Between Groups	411.735	2	205.867	3.149	.044
	Within Groups	24190.967	370	65.381		
	Total	24602.702	372			
每次会使用该产品多少小时？	Between Groups	135.186	2	67.593	6.440	.002
	Within Groups	3883.334	370	10.495		
	Total	4018.520	372			

图 6-24　指标 A3_1N 和 A4_1N 的方差分析结果

再来看多重比较结果，如图 6-25 至图 6-27 所示。我们选择 LSD、Tukey HSD、S-N-K 三种比较方法，将显著性水平设为 0.05。

Multiple Comparisons

Dependent Variable		(I) 产品组别	(J) 产品组别	Mean Difference (I-J)	Std. Error	Sig.	95% Confidence Interval	
							Lower Bound	Upper Bound
每月会有多少天使用该产品	Tukey HSD	产品A	产品B	2.343*	.953	.038	.10	4.59
			产品C	1.658	1.103	.291	-.94	4.25
		产品B	产品A	-2.343*	.953	.038	-4.59	-.10
			产品C	-.685	1.109	.811	-3.29	1.92
		产品C	产品A	-1.658	1.103	.291	-4.25	.94
			产品B	.685	1.109	.811	-1.92	3.29
	LSD	产品A	产品B	2.343*	.953	.014	.47	4.22
			产品C	1.658	1.103	.134	-.51	3.83
		产品B	产品A	-2.343*	.953	.014	-4.22	-.47
			产品C	-.685	1.109	.537	-2.87	1.50
		产品C	产品A	-1.658	1.103	.134	-3.83	.51
			产品B	.685	1.109	.537	-1.50	2.87
每次会使用该产品多少小时?	Tukey HSD	产品A	产品B	.681	.382	.177	-.22	1.58
			产品C	1.581*	.442	.001	.54	2.62
		产品B	产品A	-.681	.382	.177	-1.58	.22
			产品C	.900	.444	.107	-.15	1.95
		产品C	产品A	-1.581*	.442	.001	-2.62	-.54
			产品B	-.900	.444	.107	-1.95	.15
	LSD	产品A	产品B	.681	.382	.075	-.07	1.43
			产品C	1.581*	.442	.000	.71	2.45
		产品B	产品A	-.681	.382	.075	-1.43	.07
			产品C	.900*	.444	.043	.03	1.77
		产品C	产品A	-1.581*	.442	.000	-2.45	-.71
			产品B	-.900*	.444	.043	-1.77	-.03

*. The mean difference is significant at the 0.05 level.

图 6-25 指标 A3_1N 和 A4_1N 的多重比较结果

每月会有多少天使用该产品

	产品组别	N	Subset for alpha = 0.05
			1
Student-Newman-Keuls[a,b]	B产品	142	16.99
	C产品	85	17.67
	A产品	146	19.33
	Sig.		.070
Tukey HSD[a,b]	B产品	142	16.99
	C产品	85	17.67
	A产品	146	19.33
	Sig.		.070

Means for groups in homogeneous subsets are displayed.
a. Uses Harmonic Mean Sample Size = 116.930.
b. The group sizes are unequal. The harmonic mean of the group sizes is used. Type I error levels are not guaranteed.

图 6-26 指标 1（A3_1N）在各组间的比较结果

每次会使用该产品多少小时?

	产品组别	N	Subset for alpha = 0.05	
			1	2
Student-Newman-Keuls[a,b]	C产品	85	5.49	
	B产品	142		6.39
	A产品	146		7.08
	Sig.		1.000	.109
Tukey HSD[a,b]	C产品	85	5.49	
	B产品	142		6.39
	A产品	146		7.08
	Sig.		.086	.244

Means for groups in homogeneous subsets are displayed.
a. Uses Harmonic Mean Sample Size = 116.930.
b. The group sizes are unequal. The harmonic mean of the group sizes is used. Type I error levels are not guaranteed.

图 6-27 指标 2（A4_1N）在各组间的比较结果

指标 1（使用天数）在 A、B 之间有显著差异，在 A 与 C、B 与 C 之间无显著差异。这个结果在两种对比方法（Tukey、LSD）下完全一致。而 S-N-K 显示各组样本容量不一致，犯第一类错误的概率不能保证。所以，我们采用 LSD 方法的结果：A、B 之间有显著差异，A 与 C、B 与 C 之间无显著差异。

对于指标 2（使用时长），通过分析发现 S-N-K 显示各组样本容量不一致，犯第一类错误的概率不能保证。因此，这里采用 LSD 方法的结果：A 与 C、B 与 C 之间有显著差异，A 与 B 之间无显著差异。

再来结合图形结果加以分析（见图 6-28 和图 6-29）。对于指标 1，产品 A>产品 C>产品 B；对于指标 2，产品 A>产品 B>产品 C。这个结果与上述检验结果一致。从图形上看，指标 1 中 A

与 B 相距最"远"，A 和 C、B 和 C 之间都要"近"一点；对于指标 2，A 和 C、B 和 C 之间的距离要大于 A 和 B 之间的距离。

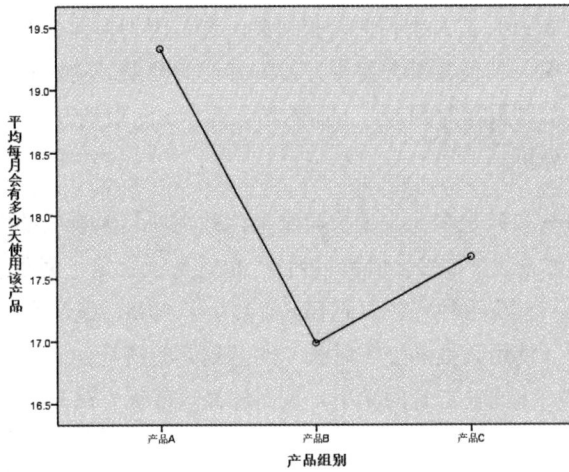

图 6-28　指标 1（A3_1N）平均值图形结果

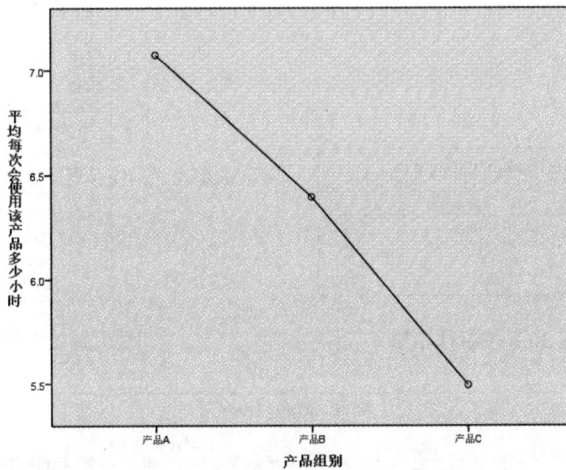

图 6-29　指标 2（A4_1N）平均值图形结果

至此，统计上的工作就完成得差不多了。有了统计结论作为基础，商业上的基本结论随之得出：产品 A 在两个指标上都胜出，因此它是最优产品，接下来在商业上可以对产品 A 投以最优质的资源，以取得好的回报。

（4）使用多元方差分析模型分析该案例

我们不考虑指标 1（使用天数）与指标 2（使用时长）不相关的事实，仍坚持用多元方差分析模型对该案例进行分析，看看结果如何。

从 GLM 进入多元方差分析模型，将指标 1 与指标 2 纳入因变量框内，将产品分组纳入固定因素框内。在"Option"对话框的"Display"选项组中勾选"Homogeneity tests"。单击"Continue"

按钮，然后单击"OK"按钮，运行程序。

第一个结果（见图6-30）是各组的样本量，其中产品A为146，产品B为142，产品C为85。

第二个结果（见图6-31）是方差齐性检验结果。这是因为多元方差分析模型有一定的适用条件：一是正态性的要求，二是各组方差协方差阵齐性的要求。它对正态性的耐受性比较好，当不满足正态分布时分析结果相对稳健。下面的结果显示Sig值为0.357，说明各组方差协方差阵是相等的，可以继续分析。

第三个结果（见图6-32）是多元方差检验结果，截距项和因素项都用了四种检验方法。首先看截距项，对应的四种方法下的Sig值都不为0，也就是说否定了截距项为0的假设。接着看因素项"ZUBIE"变量，它在四种方法下的Sig值都小于0.05，说明产品A、产品B和产品C在三种水平下的因变量（使用天数和使用时长）的差别具有统计学意义。有了这个结论以后，在实际应用中就可以进一步比较三者的大小，从而选择"最优"产品。

Box's Test of Equality of Covariance Matrices[a]	
Box's M	6.679
F	1.104
df1	6
df2	1096602.930
Sig.	.357
Tests the null hypothesis that the observed covariance matrices of the dependent variables are equal across groups.	
a. Design: Intercept + ZUBIE	

Between-Subjects Factors			
		Value Label	N
产品组别	1	产品A	146
	2	产品B	142
	3	产品C	85

图 6-30 各组样本量　　　　　　　图 6-31 方差齐性检验结果

Multivariate Tests[a]					
Effect		Value	F	Hypothesis df	Error df	Sig.
Intercept	Pillai's Trace	.890	1493.242[b]	2.000	369.000	.000
	Wilks' Lambda	.110	1493.242[b]	2.000	369.000	.000
	Hotelling's Trace	8.093	1493.242[b]	2.000	369.000	.000
	Roy's Largest Root	8.093	1493.242[b]	2.000	369.000	.000
ZUBIE	Pillai's Trace	.049	4.662	4.000	740.000	.001
	Wilks' Lambda	.951	4.678[b]	4.000	738.000	.001
	Hotelling's Trace	.051	4.694	4.000	736.000	.001
	Roy's Largest Root	.043	8.012[c]	2.000	370.000	.000
a. Design: Intercept + ZUBIE					
b. Exact statistic					
c. The statistic is an upper bound on F that yields a lower bound on the significance level.					

图 6-32 多元方差检验结果

第四个结果（见图6-33）是分析因素对哪些因变量有影响，从中可以看出产品变量"ZUBIE"对指标1（使用天数）和指标2（使用时长）都有影响。这个检验的实质是分别对两个因变量做方差分析。

Tests of Between-Subjects Effects

Source	Dependent Variable	Type III Sum of Squares	df	Mean Square	F	Sig.
Corrected Model	每月会有多少天使用该产品	411.735[a]	2	205.867	3.149	.044
	每次会使用该产品多少小时？	135.186[b]	2	67.593	6.440	.002
Intercept	每月会有多少天使用该产品	113594.414	1	113594.414	1737.423	.000
	每次会使用该产品多少小时？	14017.106	1	14017.106	1335.535	.000
ZUBIE	每月会有多少天使用该产品	411.735	2	205.867	3.149	.044
	每次会使用该产品多少小时？	135.186	2	67.593	6.440	.002
Error	每月会有多少天使用该产品	24190.967	370	65.381		
	每次会使用该产品多少小时？	3883.334	370	10.495		
Total	每月会有多少天使用该产品	146248.000	373			
	每次会使用该产品多少小时？	19564.000	373			
Corrected Total	每月会有多少天使用该产品	24602.702	372			
	每次会使用该产品多少小时？	4018.520	372			

a. R Squared = .017 (Adjusted R Squared = .011)
b. R Squared = .034 (Adjusted R Squared = .028)

图 6-33 组间效应检验结果

这样，我们基本上完成了假定指标 1（使用天数）与指标 2（使用时长）相关时的分析工作。不过，别忘了这个假设在本案例中并不成立，因此这些多元方差分析模型下的结论都不成立。做多元方差分析的目的有两个：第一，借此介绍多元方差分析的基本过程和关键结果；第二，本案例中的一元方差分析模型与多元方差分析模型的结论不相同，希望大家在实际应用时务必特别注意不同分析模型的应用条件，用错方法可能影响最终结论。

（5）交互效应

本案例仅涉及一个自变量，故没有考虑交互效应。所谓交互效应是指多个自变量之间相互影响，并且对因变量起作用。

除了交互效应，在多元统计分析中有时会涉及调节效应和中介效应。图 6-34 是三种效应的模型示意图。调节效应是指 B 会调节 A 对 C 的影响，B 本身对 C 没有影响。中介效应是指 A 对 C 的效应，有一部分通过 B 进行传递。

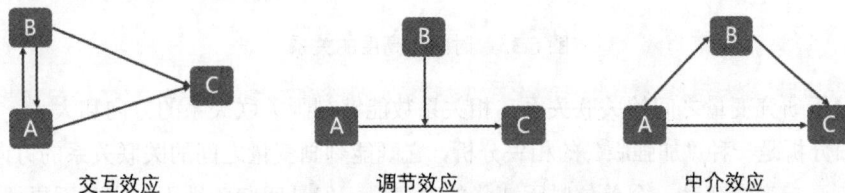

交互效应　　　　　　　调节效应　　　　　　　中介效应

图 6-34 交互效应、调节效应和中介效应的模型示意图

六、相关分析与回归分析

"回归"最初用来表示"向平均值回归"的现象。回归现象在生活中是常见的，可以简单理解为两头往中间靠（当然中间也可能因为某些因素的影响而往两头靠）。比如，父亲的个子很高，他的孩子的身高往往低于他的身高。父亲的个子很矮，他的孩子的身高常常高于他的身高。假如不是这样，那么个子很高的人的后代会越来越高，个子很矮的人的后代会越来越矮。长此以往，人类的身高就会产生两极分化。

回到回归概念本身。t 检验、方差分析等模型仅仅揭示了自变量对因变量有无影响，人们还想知道，如果有影响，这种影响究竟有多大，能不能进行量化？回归分析是一种评估自变量对因变量的影响大小的方法。它既可以归纳历史数据，揭示过往的经验之道；也可以用于预测，希望告诉人们未来会怎样。它在实际中具有非常广泛的用途。

由于回归分析的内容非常丰富，我们仅介绍其中两种模型，一是多元线性回归模型，二是二分类 logistic 回归模型。在介绍回归模型之前，我们有必要先介绍一下相关分析的内容，讨论相关关系、回归关系、因果关系三者之间的差异。

1. 相关、回归和因果

父亲在儿子出生的那一天种下了一棵树。若干年以后，儿子长高了，树长得更高。显然，树的高度与儿子的身高呈正相关关系，见图 6-35。我们一定可以建立一个回归方程 $y=a+bx+e$，如果将树的高度作为因变量，就可以用儿子的身高作为自变量来预测树的高度；反之，也可以将儿子的身高作为因变量，建立另一个回归方程，用树的高度来预测儿子的身高。我们称树的高度与儿子的身高具有相关关系，二者具有回归关系。问题是，我们能说树的高度与儿子的身高具有因果关系吗？当然不能。树长高不能导致儿子长高，儿子长高也不能导致树长高。

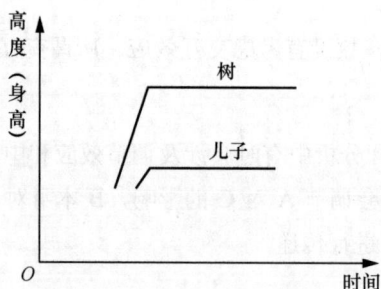

图 6-35　时间与高度的关系

相关分析研究变量之间的关联关系，相关系数能够刻画关联关系的方向和大小。在一定意义上，回归分析是一种"加强版"的相关分析，它既能刻画变量之间的关联关系的方向和大小，也能精细刻画自变量变动一个单位时因变量的改变量。但是回归关系不一定是因果关系，因为它并不能说明谁是因谁是果。以 $y=a+bx+e$ 为例，我们也能建立回归方程 $x=a'+b'y+e$。

因果关系是当今统计界的前沿课题。要从数学或统计学上证明事物间的因果关系是非常复杂的，目前往往借助相关的专业知识进行界定。我们在此请大家特别注意，在分析应用中要区分清楚相关关系和因果关系，不能乱用因果关系。在介绍相关分析的结果时，在措辞上要注意避免写成"……导致……"。

北京大学数学科学学院的耿直教授是我国统计因果推断领域的先驱，对此感兴趣的读者可以参考相关材料深入学习。

2. 相关分析（简单相关和偏相关）

相关分析研究变量之间的关联程度。

我们一般研究两个变量之间的相关性，其实相关分析还研究一个变量与多个变量的相关性、两组变量间的相关性以及多组变量间的相关性。下面介绍两个变量间的相关性。关于两组和多组变量间的相关性研究，请参考相关书籍。

在研究定量变量间的相关性时，可用皮尔逊相关系数衡量变量间的关联程度。当定量数据不满足正态分布这个条件时，可以利用斯皮尔曼等级相关系数。在研究有序分类变量间的相关性时，可以利用肯德尔等级相关系数。在研究无序分类变量（即名义变量）间的相关性时，可以利用卡方检验。

下面引入偏相关的概念，先介绍一个示例：直接分析身高和阅读理解能力的相关关系，得到相关系数为 0.613。据此得出结论：阅读理解能力与身高具有较强的正相关性。当我们把年龄作为控制变量时，再对身高和阅读理解能力进行偏相关分析，得到相关系数为 -0.124。据此得出结论：阅读理解能力与身高之间的相关性较弱，且是负向关联。以上哪个结论更贴近事实呢？

当我们分析两个变量的相关性时，这是简单相关分析。如果它们之间的关系受第三方变量（第三方变量可以是一个，也可以是多个）影响，则剔除第三方变量的影响，然后研究残差之间的相关性，这就是偏相关。第三方变量为一个时求得一阶偏相关系数，第三方变量为两个时则求得二阶偏相关系数，以此类推。

下面借助简单模型来理解偏相关的概念。x_1、x_2 是两个变量，$x_1 = a_1 + b_1 y + e_1$，$x_2 = a_2 + b_2 y + e_2$。从上述表达式可以得知，x_1、x_2 这两个变量有共同点，它们都可以用 y 表达。用因子分析的概念来讲，x_1、x_2 具有"公因子"。当我们研究 x_1、x_2 的相关性时，若直接利用简单相关系数来分析，往往就会得出错误的结论。此时应该借用偏相关分析计数，即在分析 x_1、x_2 的相关性时，首先要剔除掉"公因子"，实际分析的是 e_1 和 e_2 之间的简单相关系数。

再举一个例子。参考图 6-36，现有冷饮销量和游泳人数数据，直接分析它们的相关性，得到皮尔逊相关系数为 0.972。据此得知，冷饮销量和游泳人数之间存在较强的正相关性。我们可以就此下结论吗？我们再来看一下，在同一个地区，夏天的游泳人数比冬天的游泳人数多，夏天的冷饮销量要比冬天的冷饮销量大。其实，冷饮销量和游泳人数都跟气温有关。接下来引入气温数据，将气温作为控制变量后分析冷饮销量和游泳人数之间的偏相关系数，得到的结果为 0.215。在剔除气温的影响后，冷饮销量和游泳人数的相关系数就从 0.972 降低至 0.215。

图 6-36 相关系数与偏相关系数举例

操作很简单。如图 6-37 所示，将要考察相关关系的两个变量拖到"Variables"框中，将控制变量拖到"Controlling for"框中，单击"OK"按钮，运行后得到结果。本例中的冷饮销量和游泳人数是目标变量，气温是控制变量。

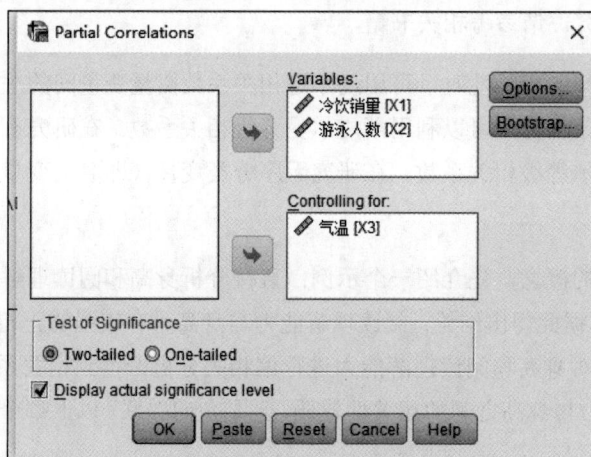

图 6-37 偏相关分析设置

究竟用简单相关分析还是用偏相关分析，这个问题应该在方案设计阶段进行考虑，我们要结合专业知识和常识收集更全面的数据。在上述冷饮销量案例中，如果在方案设计阶段忽略气温因素，手头上只有冷饮销量和游泳人数数据，那么就只能做简单相关分析。

3. 多元线性回归

多元线性回归在有的书中又叫多重线性回归。前文提到，多元方差分析模型中的"多元"是真正意义上的多元，它表示有多个因变量。而多元统计分析中的"多元"往往是指一个因变量和多个自变量。多元线性回归也是如此，这里的"多元"指的是有多个自变量。

（1）多元线性回归的基本模型

$$y=a+b_1x_1+b_2x_2+\cdots+b_nx_n+e$$

这是多元线性回归的基本模型，y 是因变量，x_1, x_2, $\cdots$, x_n 是自变量。a 是截距或常数项，表示自变量全部取 0 时因变量 y 的取值。e 是残差项，它是随机变量，代表了 y 的实测值与预测值之间的差值，是不能被自变量所表示的那部分信息。b_1, b_2, $\cdots$, b_n 是 n 个偏回归系数，b_i

表示控制其他自变量不变而 x_i 变化 1 个单位时 y 的变化量。

（2）多元线性回归对数据类型的要求

在数据类型方面，要求 y 为定量数据，而 x_1，x_2，…，x_n 既可以是定量数据，也可以是定类数据，还可以混合定量数据与定类数据。在实际应用中，当要求简化模型或者对模型精度的要求不那么严格时，因变量 y 也会采用有序变量。购买意愿、对某产品的满意度（从 1 分到 10 分，数据点有 10 个）也可作为因变量。五分制数据点（只有 5 个）拿过来建模做一些尝试是无妨的。对于自变量含有多分类名义变量的情况，如果只关心模型整体有无意义，则可以将名义变量直接纳入回归模型；如果关心自变量的系数的意义，则建议进行哑变量处理后再进行回归分析建模。

（3）多元线性回归分析的一般步骤

① 制作散点图，查看是否为直线形态或近似直线形态。

② 做多元线性回归分析（模型检验、系数检验）。

③ 检验残差的正态性（利用 P-P 图或 Q-Q 图）。

④ 分析残差是不是随机分布，判断是否有未捕获的模式。

⑤ 诊断自变量多重共线性。

首先绘制散点图，通过图形进行初步诊断。如果有三个变量，则可以绘制三维散点图；如果因变量和自变量的总数超过三个，那么就绘制散点矩阵图（变量两两组合，绘制多个散点图）。实际上，统计图形是统计分析的重要组成部分。"一图胜千言"，好的图形有助于理解数据模式，发现数据规律。

接下来建立多元线性回归模型，设置好因变量和自变量。设置方法比较简单，下面结合案例进行介绍。

残差分析非常重要，这体现在两个方面：一是检验残差是否符合正态分布，二是检验模型是否涵盖了必要的自变量。两者都可以结合相应的图形进行判断。检验因变量残差是否符合正态分布时，可以利用 P-P 图或者 Q-Q 图。如果残差的散点分布在对角线上，则认为残差符合正态分布。检验模型是否涵盖了必要的自变量时，可以通过绘制散点图（用预测值+残差制图）来进行。如果残差呈随机分布，并不随自变量的变化而呈现某种趋势，则说明模型是比较"完备"的。

因为多元回归分析涉及多个自变量，有时总体模型具有统计学意义，但某些自变量的偏回归系数不具有统计学意义。这种情况要么说明某些自变量应该被从模型中剔除，要么说明自变量之间存在共线性。这时可以用"共线性诊断"加以识别，也可以通过对自变量的相关分析加以识别。如果存在多重共线性，一般可以先做主成分分析或因子分析，再做回归分析。当然，直接进行岭回归分析、路径分析也是可以的。关于岭回归分析和路径分析，本书不做详细介绍，对此感兴趣的读者可以参考相关材料。

（4）案例分析

案例：利用偏相关分析中的冷饮数据进行多元回归模型分析。该模型有三个变量：冷饮销量、游泳人数和气温。现在研究冷饮销量与游泳人数、气温的关系。在 SPSS 中，选择"Regression——Linear"，将冷饮销量拖入因变量框中，将游泳人数和气温两个变量拖入自变量框中。

在"Statistics"对话框中，选择"Estimates""Modelfit"和"Collinearity diagnostics"（其中"Estimates""Modelfit"是默认选项）。

在"Plots"对话框中，选择对标准残差进行 Histogram、Normal probability plot（直方图、P-P 图）分析。

在"Save"对话框中，选择"Standardized Predict Value""Standardized Residuals"，即保存标准化的预测值和标准化的残差。

单击"OK"按钮，运行程序得到结果。下面对几个关键表格进行解释说明。

① 变量进入模型的方式。本例使用默认的"Enter"法，纳入的自变量有气温和游泳人数，如图 6-38 所示。

Variables Entered/Removed[a]

Model	Variables Entered	Variables Removed	Method
1	气温, 游泳人数[b]		Enter

a. Dependent Variable: 冷饮销量
b. All requested variables entered.

图 6-38　变量进入模型的方式

② 模型摘要。主要看 R 和 R Square 两个指标。R 是相关系数，用于衡量因变量的预测值与实测值之间的相关性。R Square 又叫决定系数，它是 R 相关系数的平方值。R 与 R Square 都是衡量模型好坏的标准。这里 R 值为 0.990，R Square 值为 0.979（见图 6-39），表明该模型不错。

Model Summary[b]

Model	R	R Square	Adjusted R Square	Std. Error of the Estimate
1	.990[a]	.979	.974	34.79725

a. Predictors: (Constant), 气温, 游泳人数
b. Dependent Variable: 冷饮销量

图 6-39　回归模型摘要

③ 方差分析表。该表对回归模型有无统计学意义进行检验，并且给出了回归方程和残差的平方和。由图 6-40 可知，回归方程的平方和为 458225.755，相应的 Sig 值为 0.000，表明回归方程具有统计学意义，也就是说各个偏回归系数不全为 0。

残差的平方和为 9686.790，远远小于回归方程的平方和。总平方和=回归方程的平方和+残

差平方和，可见回归方程的平方和对总平方和的大小起决定作用。从模型的角度看，y 主要由回归方程这部分构成，残差对 y 的影响只占很小的一部分。这里我们用回归方程的平方和除以总平方和，其结果恰好等于 R Square（0.979）。也就是说，在总的变异中，97.9% 是由回归方程所决定的。这也是 R Square 叫作决定系数的原因。

		Sum of Squares	df	Mean Square	F	Sig.
Model						
1	Regression	458225.755	2	229112.878	189.217	.000[b]
	Residual	9686.790	8	1210.849		
	Total	467912.545	10			
a. Dependent Variable: 冷饮销量						
b. Predictors: (Constant), 气温, 游泳人数						

图 6-40　回归模型方差分析结果

④ 系数表。由图 6-41 可知，Constant 即回归方程的常数项，其值为 -1314.233，具有统计学意义。它代表自变量的取值都为 0 时因变量的取值。在本例中，这意味着如果游泳人数为 0 且气温为 0，则冷饮销量为负数。冷饮销量怎么会是负数呢？我们注意到气温的单位是摄氏度，气温为 0 摄氏度不代表没有温度。

Coefficients[a]

		Unstandardized Coefficients		Standardized Coefficients		
Model		B	Std. Error	Beta	t	Sig.
1	(Constant)	-1314.233	404.469		-3.249	.012
	游泳人数	.050	.080	.146	.623	.551
	气温	55.218	15.290	.847	3.611	.007
a. Dependent Variable: 冷饮销量						

图 6-41　回归模型系数结果

游泳人数这个变量的非标准化系数值为 0.050，对应的 Sig 值为 0.551，无统计学意义。气温的非标准化系数值为 55.218，对应的 Sig 值为 0.007，具有统计学意义。

由前文可知，游泳人数与冷饮销量之间的偏相关系数为 0.215，它们的相关性比较低。由多元回归分析模型进一步得知，游泳人数与冷饮销量之间的相关性很弱。我们可以直接通过气温来预测冷饮销量，而不必借助游泳人数。

⑤ P-P 图。由图 6-42 可知，残差基本上分布在对角线附近，没有特别远的点，故可以认为因变量的残差符合正态分布。如果因变量的残差不满足正态分布，则不能进行回归分析。必须对因变量做相关的变换，使得其满足正态分布这个条件后，才可以进行回归分析。

⑥ 因变量的残差与预测值的散点图。图 6-43 的纵轴是标准化残差，横轴是模型预测值。可见，随着预测值的变化，残差存在"上-下-上-下"的模式，说明除了游泳人数、气温之外，还有某种模式没有被包含进来。大胆猜测一下：冷饮销量是否与季节有关？这是一种设想，还有一种可能性：本例中的样本量只有 11 份，加大样本量再进行分析，结果会如何呢？所以，我们可

以这样做：增加一些变量，收集相关数据；增加样本量，收集相关数据；重复上述分析过程。

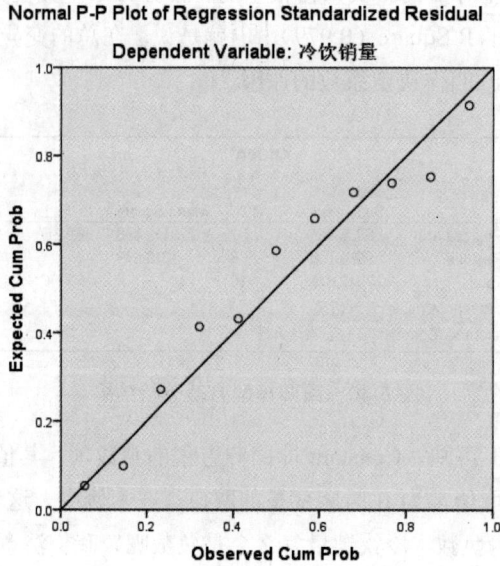

图 6-42 标准残差的 P-P 图

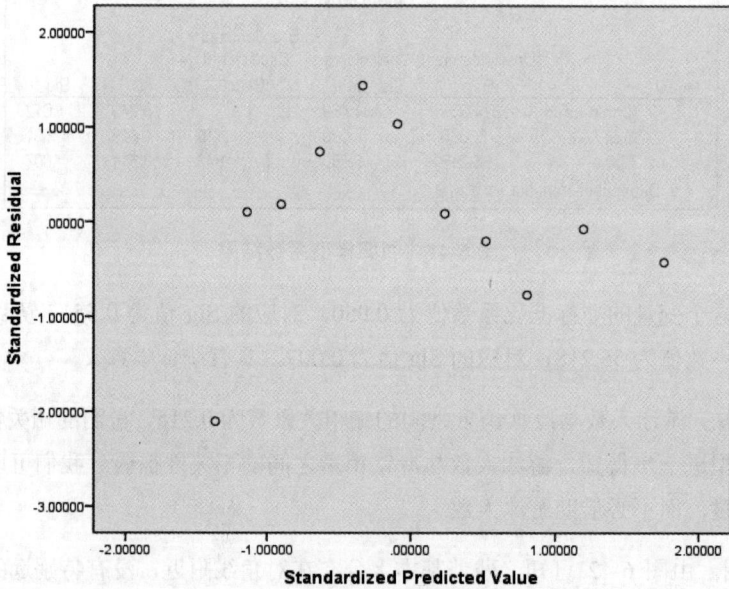

图 6-43 标准残差与标准预测值的散点图

⑦ 剔除游泳人数后重新建模。当把游泳人数剔除后，模型就变成一元线性回归模型了，相关系数 R 为 0.989，下降了 0.001，而决定系数 R Square 为 0.978，下降了 0.001。总体下降幅度极小，说明剔除掉无关变量对模型的影响不大。从简化模型的角度看，剔除游泳人数重新建模是值得的。另一方面，R 和 R Square 都有一个缺陷，即增加自变量总会导致它们增大，哪怕这个自变量对回归方程并无显著影响。具体可参考图 6-44。

Model Summary[b]

Model	R	R Square	Adjusted R Square	Std. Error of the Estimate
1	.989[a]	.978	.976	33.59239

a. Predictors: (Constant), 气温

b. Dependent Variable: 冷饮销量

ANOVA[a]

Model		Sum of Squares	df	Mean Square	F	Sig.
1	Regression	457756.509	1	457756.509	405.651	.000[b]
	Residual	10156.036	9	1128.448		
	Total	467912.545	10			

a. Dependent Variable: 冷饮销量

b. Predictors: (Constant), 气温

Coefficients[a]

Model		Unstandardized Coefficients		Standardized Coefficients	t	Sig.
		B	Std. Error	Beta		
1	(Constant)	-1555.945	109.369		-14.227	.000
	气温	64.509	3.203	.989	20.141	.000

a. Dependent Variable: 冷饮销量

图 6-44　剔除游泳人数后的模型摘要、方差分析和系数结果

⑧ 将自变量降维，消除共线性后重新建模。我们对游泳人数和气温进行因子分析，然后提取一个公因子，重新进行回归分析建模，结果发现 R 和 R Square 都在减小。所以，我们仍采用第二个模型。

这里做因子分析也不是特别合适，因为只有两个自变量，从二维降到一维，价值有限。另外，从高维降到低维这个过程不可避免地损失了部分信息，所以自变量降维后建模会导致 R 和 R Square 减小。具体可参考图 6-45。

Model Summary[b]

Model	R	R Square	Adjusted R Square	Std. Error of the Estimate
1	.987[a]	.973	.970	37.15390

a. Predictors: (Constant), REGR factor score 1 for analysis 1

b. Dependent Variable: 冷饮销量

ANOVA[a]

Model		Sum of Squares	df	Mean Square	F	Sig.
1	Regression	455488.837	1	455488.837	329.966	.000[b]
	Residual	12423.708	9	1380.412		
	Total	467912.545	10			

a. Dependent Variable: 冷饮销量

b. Predictors: (Constant), REGR factor score 1 for analysis 1

Coefficients[a]

Model		Unstandardized Coefficients		Standardized Coefficients	t	Sig.	Collinearity Statistics	
		B	Std. Error	Beta			Tolerance	VIF
1	(Constant)	637.364	11.202		56.896	.000		
	REGR factor score 1 for analysis 1	213.422	11.749	.987	18.165	.000	1.000	1.000

a. Dependent Variable: 冷饮销量

图 6-45　提取公因子作为回归模型的自变量时的分析结果

4. 二分类 logistic 回归

多元回归模型解决的是因变量为定量变量或连续变量的问题。还有一种情况在现实世界中也很常见，即因变量为二分类变量。比如，预测明天的股市是上涨还是不涨，预测消费者会不会购买某个产品。它们有一个特点：因变量都是只有两个类别的分类变量。

（1）二分类 logistic 回归的基本模型

$$\text{logit}(P)=a+b_1x_1+b_2x_2+\cdots+b_nx_n+e$$

上式就是二分类 logistic 回归的数学模型。其中，P 表示某个事件发生的概率，$1-P$ 是该事件不会发生的概率。$\text{odds}=\dfrac{P}{1-P}$ 称为事件的优势比。Logit 代表 logit 变换，即 $\ln\left(\dfrac{P}{1-P}\right)$。所以，$\ln\left(\dfrac{P}{1-P}\right)=\text{logit}(P)=a+b_1x_1+b_2x_2+\cdots+b_nx_n+e$。可以求得：

$$P=\frac{\exp(a+b_1x_1+b_2x_2+\cdots+b_nx_n+e)}{1+\exp(a+b_1x_1+b_2x_2+\cdots+b_nx_n+e)}$$

$$1-P=\frac{1}{1+\exp(a+b_1x_1+b_2x_2+\cdots+b_nx_n+e)}$$

logistic 直译时有"逻辑"的意思，但是在二分类 logistic 回归中它不是"逻辑"的意思，而是取 logit 变换之意。

当 $P=0$ 时，$\ln\left(\dfrac{P}{1-P}\right)=-\infty$；当 $P=0.5$ 时，$\ln\left(\dfrac{P}{1-P}\right)=0$；当 $P=1$ 时，$\ln\left(\dfrac{P}{1-P}\right)=+\infty$。所以，$\ln\left(\dfrac{P}{1-P}\right)$ 的取值范围是（$-\infty$，$+\infty$）。这样，自变量 x_1，x_2，$\cdots$，x_n 可在任意范围内取值。

常数项 a 代表在自变量 x_1，x_2，$\cdots$，x_n 的取值均为 0 时因变量的取值。因变量是 $\ln\left(\dfrac{P}{1-P}\right)$，所以常数项 a 的意思是在所有自变量的取值均为 0 时事件优势比的自然对数。在二分类 logistic 回归模型中，常数项往往没有实际意义，大家不必关注。

偏回归系数 b_1，b_2，$\cdots$，b_n 的意义是：在其他自变量不变的情况下，x_i 变动一个单位导致的 $\ln\left(\dfrac{P}{1-P}\right)$ 的变化量。

（2）二分类 logistic 对数据的要求

因变量是二分类变量，自变量既可以是定量变量也可以是定类变量，还可以是定量变量与定类变量的组合。

在某些情况下，因变量不是二分类变量，这时可以通过重编码将其变为二分类变量。比如，用 1 分至 5 分表示购买意愿，分数越高代表购买意愿越强。此时，我们可以将最高的两个分值 4 分和 5 分重编码为 1，将 1 分至 3 分重编码为 0。如此一来，1 代表会购买，0 则代表不会购买。再如，推荐度一般用 0 分至 10 分表示，我们可以将 9 分和 10 分重编码为 1（代表会推荐），0 分至 8 分重编码为 0（表示不会推荐）。对于多分类因变量，也有相应的多分类 logistic 回归模型。本书不进行介绍，读者可参考相关专业书籍。

（3）二分类 logistic 回归分析的一般步骤

二分类 logistic 回归分析一般可按以下 5 个步骤进行。

① 检查因变量是二分类的分类变量。

② 进行二分类 logistic 回归分析（拟合优度检验、系数检验）。

③ 拟合效果分析（预测正确率）。

④ 残差分析。一是分析残差是不是随机分布，以判断是否有未捕获的模式；二是残差值的绝对值大于 2 时，说明数据中有异常值。

⑤ 诊断自变量的多重共线性

第一步，判断因变量的数据类型。这一步非常简单，在很多情况下可以忽略。但是要注意因变量的两个分类是两个对立事件时，若一个事件发生的概率为 P，另一个事件的发生概率就为 $1-P$。

第二步，建立二分类 logistic 回归模型。此时重点考察模型的拟合优度（用 Hosmer and Lemeshow 检验表），检验各偏回归系数有无统计学意义（用模型系数检验表）。

第三步，分析模型的拟合效果。可用以下三种方法衡量模型的拟合效果。

① -2Log Likelyhood，即对数似然值。同一个表中还有 Cox & Snell R Square 值和 Nagelkerke R Square 值。SPSS 默认提供这个表。

② 预测的正确率。"Classification Table" 表显示该结果，SPSS 默认提供这个表。从方便使用的角度看，这是一种较好的方法。

③ 在 "SAVE" 对话框中，选择保存 Predicted probability，然后作 ROC 曲线。如果 ROC 曲线位于对角线的上方且起止点在对角线的两个端点上，则认为回归模型有一些效果。如果 ROC 曲线恰好在对角线上，则表示分对和分错的概率各一半。如果 ROC 曲线恰好在对角线的下方，则表示分对的概率小于分错的概率，说明模型的预测效果不好。

第四步，进行残差分析。根据残差值和预测值作散点图，如果数据点随机分布，无规律，则说明模型无须引入新的自变量；如果数据点的分布有一定的规律，则说明还有影响因素没有被模型覆盖到。然后分析残差的绝对值，如果其中有大于 2 的值，则说明数据中存在异常值。

（4）案例分析

案例：针对某产品包装，研究哪些因素会影响消费者的购买情况。因变量是购买情况，两个分类分别是会购买和不会购买。自变量有喜欢程度、口味标识、产品名称、品牌名称、图案表达的口味信息、包装色彩、产品名称的字体。各自变量都是五分制的有序变量。下面是分析过程。

因变量是二分类变量且构成对立事件，故考虑使用二分类 logistic 回归模型。

接下来进入 Binary Logistic 模块，将购买情况拖到因变量框中，将喜欢程度、口味标识、产品名称、品牌名称、图案表达的口味信息、包装色彩、产品名称的字体等变量拖到协变量框中，如图 6-46 所示。在多元回归分析中，协变量专指连续性变量；在 Binary Logistic 回归模型中，协变量指的是所有的自变量。

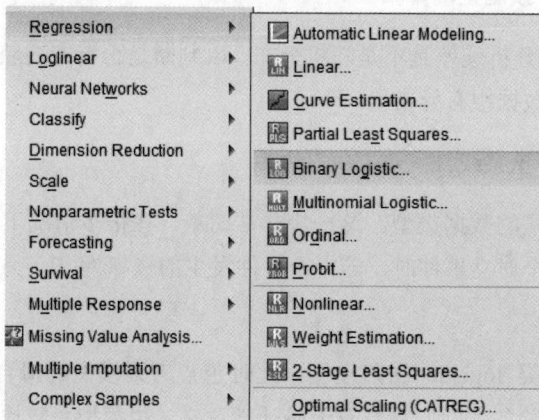

图 6-46　进入 Binary Logistic

另外，考虑到本案例中的所有自变量都是五分制的有序变量，故我们不对定类变量进行哑变量处理，而是直接将它们纳入分析模型。在 SPSS 中，可以利用"Categorical"对话框自动进行哑变量处理。因为无须处理哑变量，这里我们不介绍该对话框的设置过程。

进入"Save"对话框，在"Predicted Values"处选择"Probabilities"（观测值的预测概率），在"Residuals"处选择"Standardized"（标准化残差）。

进入"Option"对话框，在"Statistics and Plots"处选择"Hosmer-Lemeshow goodness-of-fit"（Hosmer and Lemeshow 模型拟合优度检验表），再选择"CI for exp(B)"（优势比的置信区间）。

使用默认的 Enter 法进入自变量，运行程序得到结果。下面对关键的几个表格进行解释说明。

在 Block0 这个阶段，因为模型中只有常数项，而二分类 logistic 回归模型中的常数项往往无实际意义，故跳过对这一步结果的解释。我们进入 Block1 阶段。

首先看模型检验结果，见图 6-47。Model 这一行的卡方值为 158.367，Sig 值为 0.000，说明模型中的偏回归系数不全为 0，模型具有统计学意义。

Omnibus Tests of Model Coefficients

		Chi-square	df	Sig.
Step 1	Step	158.367	7	.000
	Block	158.367	7	.000
	Model	158.367	7	.000

图 6-47　Binary Logistic 模型检验结果

第二个表是模型摘要表（见图 6-48），其中包含-2Log Likelyhood 值（对数似然值）、Cox & Snell R Square 值和 Nagelkerke R Square 值。两个 R Square 值都不到 0.3，这其实是二分类 logistic 回归模型的特色。所以，这一步我们也不用太关注，重点看下一个表的结果。

第三个表是 Hosmer and Lemeshow 模型拟合优度检验表（见图 6-49），Sig 值为 0.775，大于 0.05，所以我们认为当前数据中的信息已经被模型充分提取，模型拟合优度过关。

Model Summary

Step	-2 Log likelihood	Cox & Snell R Square	Nagelkerke R Square
1	555.320[a]	.146	.287

a. Estimation terminated at iteration number 6 because parameter estimates changed by less than .001.

图 6-48　Binary Logistic 模型摘要

Hosmer and Lemeshow Test

Step	Chi-square	df	Sig.
1	4.836	8	.775

图 6-49　Binary Logistic 模型拟合优度检验表

第四个表给出了模型的预测正确率（见图 6-50）。观测值为 0 时，预测正确率为 15.7%；观测值为 1 时，预测正确率为 99.1%。总的预测正确率为 89.5%。

注意，此时我们不能下结论说这个正确率是高还是低。那么，89.5%到底行还是不行呢？回答该问题时，在实战中有几个思路可供参考。

① 尝试建立多个模型，对多个模型的预测效果进行比较，选择预测正确率最好的一个模型。

② 计算损失函数，分别计算观测值为 0 且预测值为 1 时的损失，以及观测值为 1 且预测值为 0 时的损失。将这两种损失加起来，结合项目背景，看看损失是否在可控范围内。若损失在可控范围内，则接受这个模型，否则继续优化模型。

③ 计算收益函数，具体方法与损失函数相似，这里不再详述。

Classification Table[a]

			Predicted		
			Q12_Bi		Percentage
	Observed		.00	1.00	Correct
Step 1	Q12_Bi	.00	18	97	15.7
		1.00	8	877	99.1
	Overall Percentage				89.5

a. The cut value is .500

图 6-50　Binary Logistic 模型的预测正确率

第五个表是偏回归系数检验表（见图 6-51），可见 Q11（总体喜欢程度）、Q13_2（对产品名称的了解程度）、Q13_3（对品牌名称的了解程度）、Q13_4（图案表达的口味信息）、Q13_6（背景颜色）对应的系数具有统计学意义。

Variables in the Equation

		B	S.E.	Wald	df	Sig.	Exp(B)	95% C.I.for EXP(B) Lower	Upper
Step 1[a]	Q11	1.140	.147	60.304	1	.000	3.125	2.344	4.167
	Q13_1	.237	.137	3.002	1	.083	1.267	.969	1.657
	Q13_2	.279	.138	4.065	1	.044	1.321	1.008	1.732
	Q13_3	.401	.123	10.690	1	.001	1.494	1.174	1.900
	Q13_4	.312	.145	4.615	1	.032	1.366	1.028	1.817
	Q13_6	.457	.139	10.747	1	.001	1.580	1.202	2.076
	Q13_7	-.161	.139	1.336	1	.248	.851	.648	1.119
	Constant	-8.172	1.000	66.716	1	.000	.000		

a. Variable(s) entered on step 1: Q11, Q13_1, Q13_2, Q13_3, Q13_4, Q13_6, Q13_7.

图 6-51 Binary Logistic 模型的系数结果

因此，我们可以建立预测模型：$\text{Logit}(P)=-8.172+0.279 \times Q13\_2+0.401 \times Q13\_3+0.312 \times Q13\_4+0.457 \times Q13\_6$。

最后，我们对残差进行分析。在图 6-52 中，残差绝对值的最大值为 7.95948，超过了 2，因此数据中存在异常值。进一步可以定位到具体的个案，分析究竟是数据集的问题还是其他问题。如果是数据集自身的问题，则可以将其剔除，在有条件的情况下建议补充一些样本进来。如果不是数据集自身的问题，那么就要小心一点，不能轻易剔除样本，因为异常值可能代表了一种新的模式。

Descriptive Statistics

	N	Minimum	Maximum	Sum	Mean	Std. Deviation
Normalized residual	1000	-7.95948	1.54092	.84490	.0008449	.99159313
Valid N (listwise)	1000					

图 6-52 Binary Logistic 模型对残差的描述统计

再来看残差与预测值的散点图（见图 6-53）。很明显，这些点不是随机分布的。我们据此判断，应该再将一些自变量纳入进来，或者考虑将交互效应纳入模型中进行分析。

我们在前面选择的自变量进入方法是 Enter 法。实际上，自变量进入方法总共有 6 种，其中最可靠的是 Forward:Conditional 和 Backward:Conditional，其次是 Forward:LR 和 Backward:LR 两种。Forward:Wald 和 Backward:Wald 两种方法应慎用。接下来用 Forward:LR 法重新建模，看看与 Enter 法在结果上有没有差异。

模型总共经过了 4 步迭代（见图 6-54）。在第四步中 Model 的 Sig 值为 0.000，说明模型总体上是有意义的。

模型的拟合优度检验结果（见图 6-55）显示，该模型的拟合优度较高，数据中的信息被提取得比较充分。

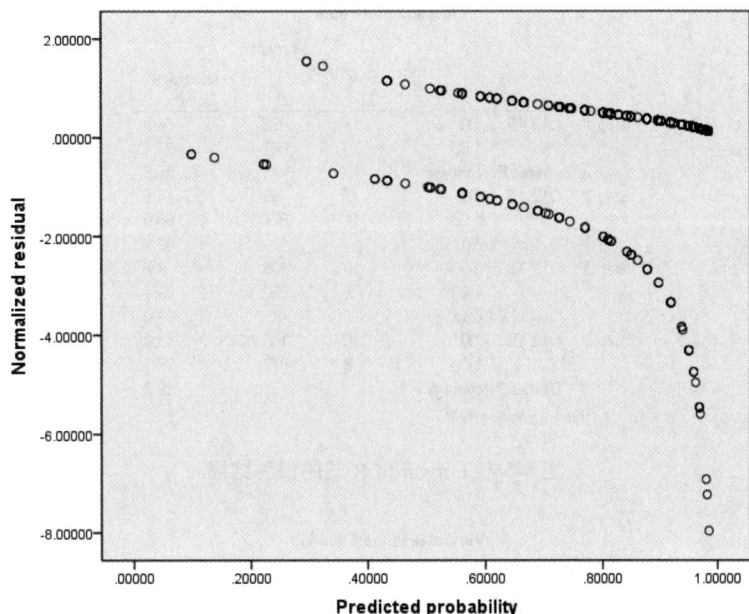

图 6-53　Binary Logistic 模型的残差散点图

Omnibus Tests of Model Coefficients

		Chi-square	df	Sig.
Step 1	Step	92.718	1	.000
	Block	92.718	1	.000
	Model	92.718	1	.000
Step 2	Step	30.892	1	.000
	Block	123.610	2	.000
	Model	123.610	2	.000
Step 3	Step	18.992	1	.000
	Block	142.603	3	.000
	Model	142.603	3	.000
Step 4	Step	8.298	1	.004
	Block	150.901	4	.000
	Model	150.901	4	.000

Model Summary

Step	-2 Log likelihood	Cox & Snell R Square	Nagelkerke R Square
1	620.968[a]	.089	.174
2	590.076[a]	.116	.228
3	571.083[a]	.133	.261
4	562.785[a]	.140	.275

a. Estimation terminated at iteration number 6 because parameter estimates changed by less than .001.

Hosmer and Lemeshow Test

Step	Chi-square	df	Sig.
1	5.949	2	.051
2	10.512	7	.161
3	9.241	8	.322
4	1.746	8	.988

图 6-54　Forward:LR 法的模型检验结果　　　图 6-55　模型摘要与拟合优度检验结果

　　再来看预测效果（见图 6-56 和图 6-57）。在第四步中，总体正确率为 89.2%。被纳入模型的变量有 Q11（总体喜欢程度）、Q13_3（对品牌名称的了解程度）、Q13_4（图案表达的口味信息）和 Q13_6（背景颜色）。与 Enter 法相比，正确率下降了 0.3%。而模型的简洁度比 Enter 法更高，因为模型中少了变量 Q13_2（对产品名称的了解程度）。

　　那么这两个模型孰优孰劣呢？从损失或者收益角度进行比较，损失越小、收益越大的模型越好。抛开损失和收益，遵循奥卡姆剃刀原则，越简单的模型越好。因此，选择模型时也可以遵循奥卡姆剃刀原则，在效能差不多的情况下选择最简单的那个模型。

Classification Table[a]

			Predicted		
			Q12_Bi		Percentage
Observed			.00	1.00	Correct
Step 1	Q12_Bi	.00	17	98	14.8
		1.00	23	862	97.4
	Overall Percentage				87.9
Step 2	Q12_Bi	.00	17	98	14.8
		1.00	11	874	98.8
	Overall Percentage				89.1
Step 3	Q12_Bi	.00	10	105	8.7
		1.00	5	880	99.4
	Overall Percentage				89.0
Step 4	Q12_Bi	.00	15	100	13.0
		1.00	8	877	99.1
	Overall Percentage				89.2

a. The cut value is .500

图 6-56 Forward:LR 法的预测结果

Variables in the Equation

		B	S.E.	Wald	df	Sig.	Exp(B)	95% C.I.for EXP(B)	
								Lower	Upper
Step 1[a]	Q11	1.203	.132	83.639	1	.000	3.330	2.573	4.310
	Constant	-2.495	.480	27.064	1	.000	.082		
Step 2[b]	Q11	1.191	.139	73.376	1	.000	3.291	2.506	4.323
	Q13__6	.714	.130	30.245	1	.000	2.042	1.583	2.633
	Constant	-5.275	.730	52.228	1	.000	.005		
Step 3[c]	Q11	1.183	.144	67.986	1	.000	3.265	2.465	4.326
	Q13__3	.501	.114	19.163	1	.000	1.651	1.319	2.066
	Q13__6	.605	.132	20.994	1	.000	1.831	1.414	2.372
	Constant	-6.736	.840	64.269	1	.000	.001		
Step 4[d]	Q11	1.187	.145	67.246	1	.000	3.278	2.468	4.354
	Q13__3	.462	.116	15.837	1	.000	1.587	1.264	1.992
	Q13__4	.393	.137	8.253	1	.004	1.482	1.133	1.938
	Q13__6	.510	.136	14.067	1	.000	1.666	1.276	2.175
	Constant	-7.763	.934	69.039	1	.000	.000		

a. Variable(s) entered on step 1: Q11.
b. Variable(s) entered on step 2: Q13__6.
c. Variable(s) entered on step 3: Q13__3.
d. Variable(s) entered on step 4: Q13__4.

图 6-57 Forward:LR 法的系数结果

七、对应分析

1. 什么是对应分析

假设有两个分类变量，每个变量都具有多个类别（类别数不小于3）。在分析变量之间有无关联时，我们可以用卡方检验进行分析。但是，如何知道变量下的类别之间有什么样的"偏好"组合？比如，在某汽车调研项目中，如果仅仅回答各省在汽车品牌的选择上有差异，那么这种结论从应用的角度看往往就没有多大价值。像"广东人比较钟爱日系车，山东人比较钟爱德系车"这样的结论才有价值。对应分析就是回答此类问题的一种方法。

对应分析又叫关联分析或 R-Q 分析，是多元统计分析技术中的一种。它通过分析定类变量和定量变量的列联表（交叉表）来揭示变量之间的关系。在品牌定位研究、营销效果研究等方面，对应分析有较多的应用。

2．对应分析的类型

根据研究对象的变量数量、变量类型，可将对应分析分成简单对应分析和多重对应分析两类。

（1）简单对应分析

① 基于卡方值的简单对应分析：仅研究两个多分类变量的关联关系。

② 基于欧氏距离的简单对应分析：研究对象都是定量变量。在 SPSS 中要借助代码完成这种分析。

（2）多重对应分析（研究对象为多个多分类变量）

如果研究对象中既有多分类变量又有定量变量，此时就不能采用对应分析技术，而应采用最优尺度分析技术。

因为市场研究中涉及的变量多为定类变量，故下面只介绍基于卡方值的简单对应分析方法，请大家参考相关材料了解其他方法。

（3）对应分析的一般步骤

① 分析变量之间有无关联。若无关联，则没有做对应分析的必要。

② 设置好参数，运行对应分析程序。

③ 分析变量内的类别差异。

④ 分析变量间的关联性。

第一步，看变量之间有无关联。若有关联，则继续进行分析；若无关联，则没有做对应分析的必要。这一步既可以在"Crosstabs"中实现，也可以在"Correspondence Analysis"中实现。

第二步，设置参数，主要是设置两个分类变量的最小值和最大值。市场研究中经常遇到码号不连续的情况，此时应先进行重编码，修改标签值，使得码号保持连续，再来设置最小值和最大值。"Model""Statistics""Plots"中的参数使用默认值即可。

第三步，分析图形结果。一是分析同一个变量下不同类别间的差异，二是分析两个变量间类别的联系。

3．案例分析

下面结合两份数据介绍如何做对应分析。

第一份数据：S3 表示汽车型号，共有 12 个型号，分别用 1～12 表示；S11 表示城市，共有

5 个城市，分别用 1、2、3、4、8、98 表示。考虑到做对应分析时要设置最小值和最大值，而城市变量 S11 的编码值不连续，故先对它进行重编码。如图 6-58 所示，进入 "Recode into Same Variables: Old and New Values"，选择 S11，在 "Old Value" 栏的 "Value" 文本框中输入 "8"，在 "New Value" 栏的 "Value" 文本框中输入 "5"，单击 "Add" 按钮，然后确认运行即可。98 号编码代表其他城市，参考上述步骤完成重编码。具体参考图 6-58。

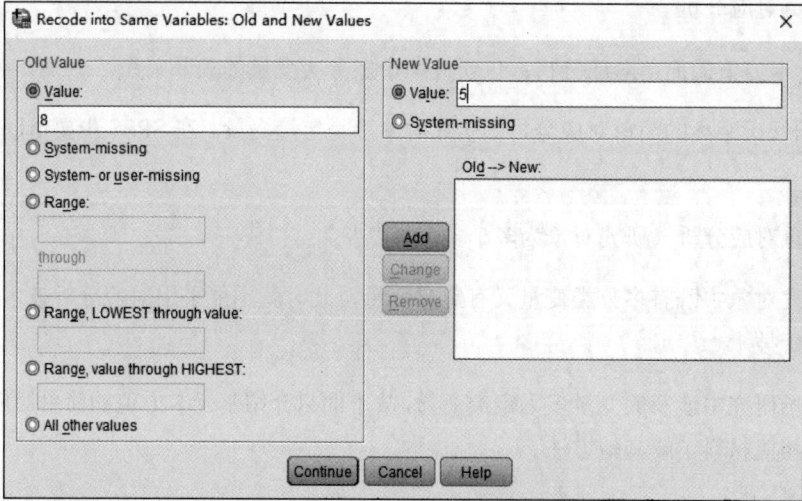

图 6-58　对变量进行重编码

在 "Variable View"（变量视窗）中修改 label 标签。选择 S11 进入相应的 "Value Labels" 对话框，选择 8 号编码，将 Value 值修改为 5，然后单击 "Change" 按钮，如图 6-59 所示；选择 98 号编码，将 Value 值修改为 6，单击 "Change" 按钮。然后单击 "OK" 按钮，完成标签值的修改。

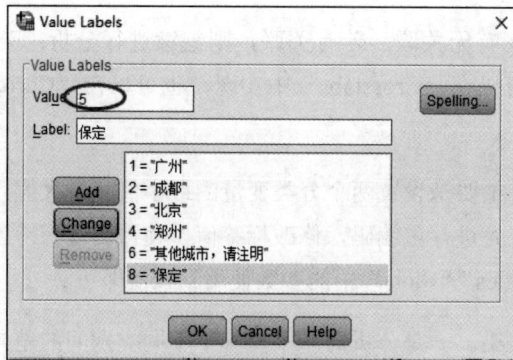

图 6-59　修改变量的标签值

通过 "Crosstabs" 进行卡方检验。第一张表就是一张普通的交叉表（见图 6-60）。从列上看，各个城市的样本量比较均匀；从行上看，各车型的样本量不均匀。第二张表是卡方检验表（见图 6-61）。三种方法的结果均显示 P 值远远大于 0.05，故我们认为两个变量间没有什么关联，不用继续做对应分析了。这里的数据是脱敏数据，结论不代表实际情况。

S3.那这辆车具体是以下哪个车型？（单选）* S11.您目前常住的城市是？（单选） Crosstabulation

Count

		S11.您目前常住的城市是？（单选）					Total
		广州	成都	北京	郑州	保定	
S3.那这辆车具体是以下哪个车型？（单选）	现代·ix35	21	19	18	16	15	89
	日产·奇骏	46	45	49	52	53	245
	丰田·RAV4	53	55	52	48	49	257
	本田·CR-V	50	46	42	45	41	224
	大众·途观L	49	42	48	49	45	233
	别克·昂科威	43	53	51	55	49	251
	日产·逍客	49	52	45	46	41	233
	吉利·博越Pro	37	35	35	28	36	171
	荣威·RX5 MAX	30	28	32	35	35	160
	哈弗·F7	33	37	33	35	32	170
	长安·CS75 Plus	27	34	33	31	25	150
Total		438	446	438	440	421	2183

图 6-60　对应分析中的交叉表

Chi-Square Tests

	Value	df	Asymp. Sig. (2-sided)
Pearson Chi-Square	12.406[a]	40	1.000
Likelihood Ratio	12.539	40	1.000
Linear-by-Linear Association	.021	1	.884
N of Valid Cases	2183		

a. 0 cells (0.0%) have expected count less than 5. The minimum expected count is 17.16.

图 6-61　对应分析中的卡方检验表

第二份数据：Q3 为年龄段变量，Q4 为产品变量，研究不同年龄段对不同产品的偏好情况。

根据案例背景可知，我们可以选择对应分析，操作步骤如下。

① 依次选择"Analyze—Dimension Reduction—Correspondence Analysis"。

② 将产品变量 Q4 拖入"Row"中，定义其最小值和最大值分别为 1 和 6，然后单击"Continue"按钮。

③ 将年龄段变量 Q3 拖入"Column"中，定义其最小值和最大值分别为 1 和 5，然后单击"Continue"按钮。

④ 其余参数（Model、Statistics、Plots）采用默认值。

⑤ 单击"OK"按钮，得到分析结果。

第一份结果其实就是一张交叉表（见图 6-62）。从行上看，结果集中在产品 B、C 上面；从列上看，22 岁以下和 35 岁以上的人因为不是本项目的目标人群而被剔除了，故没有样本。22～26 岁、27～30 岁和 31～35 岁三个年龄段分别有 400 份样本、300 份样本和 300 份样本。

Correspondence Table

Q4.请您选出自己最喜欢的产品：（单选）	Q3年龄					Active Margin
	22岁以下	22-26岁	27-30岁	31-35岁	35岁以上	
产品A	0	0	0	0	0	0
产品B	0	343	220	143	0	706
产品C	0	35	64	127	0	226
产品D	0	21	16	30	0	67
产品E	0	0	0	0	0	0
产品F	0	1	0	0	0	1
Active Margin	0	400	300	300	0	1000

图 6-62 对应分析中的交叉表

第二份结果是摘要表（见图 6-63）。这个表中的信息非常丰富，我们主要关注 Sig 值。这里显示 Sig 值为 0.000，小于 0.05，故拒绝 Q3 与 Q4 无关联的假设。我们认为 Q3 与 Q4 有关联时后面的对应分析才有必要。

Summary

Dimension	Singular Value	Inertia	Chi Square	Sig.	Proportion of Inertia		Confidence Singular Value	
					Accounted for	Cumulative	Standard Deviation	Correlation 2
1	.359	.129			.989	.989	.030	-.058
2	.038	.001			.011	1.000	.024	
Total		.130	129.993	.000[a]	1.000	1.000		

a. 20 degrees of freedom

图 6-63 对应分析中的模型摘要

第三份结果是对应关系图（见图 6-64）。这个图是对应分析中最重要的结果，分析报告多数基于该图。该图经过编辑，添加了两条从零点出发的基线。

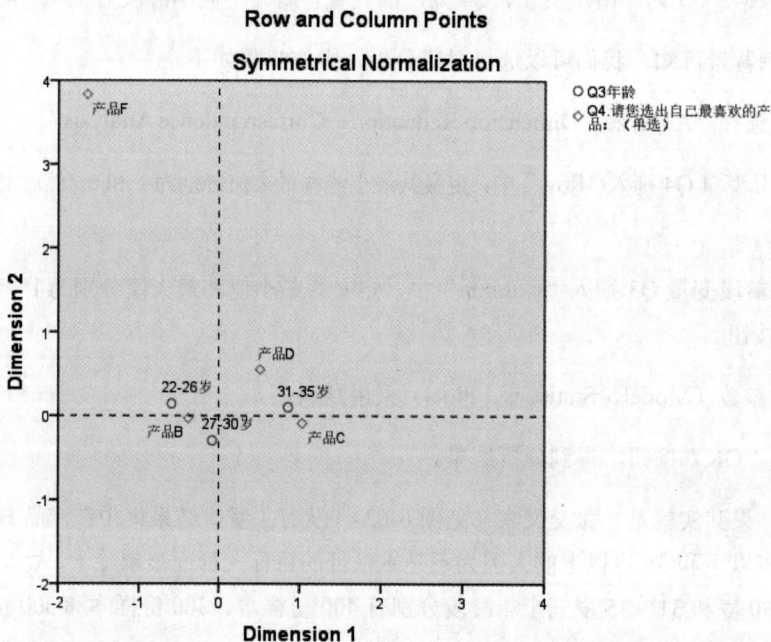

图 6-64 对应分析中的对应关系图

先看产品变量的区分度。产品 B 在第三象限，产品 C 在第四象限，产品 D 在第一象限，产品 F 在第二象限的左上角。从产品角度看，产品 B、C、D、F 之间的区分度比较好。年龄变量与此同理，此处不再赘述。

再来看变量之间的类别的关联情况。产品 B 与 22～26 岁、27～30 岁的距离较近，说明 22～26 岁、27～30 岁的人群更偏好产品 B。31～35 岁与产品 C 的距离最近，与产品 D 的距离也比较近，说明 31～35 岁的人群偏好产品 C 和产品 D。至此，我们基本上完成了对应分析模型的有关分析和解读。

假如你是产品 F 的品牌方，你一定会问："为什么我的品牌没人选择呢？"要回答这个问题，就必须借助其他办法。可以找一些竞品用户做深度访谈，借助定性研究找出问题出在哪里；还可以追加本产品用户的战败研究，以便找出导致竞争失败的关键因素。

对这个案例中的变量意义进行调整，把产品变为用户群，年龄变为产品（见图 6-65），这样就变成市场定位的性质问题了。其他处的分析与上面介绍的内容一致：用户群 B 有产品 B 和产品 C 满足其需求，用户群 C 和用户群 D 有产品 D 满足其需求。但是，没人关注用户群 F。如果我属于用户群 F，那么我该感到悲伤；如果我是品牌方，那么我该感到高兴，因为这里有个空白市场（用户群 F）等着开发！

Row and Column Points

Symmetrical Normalization

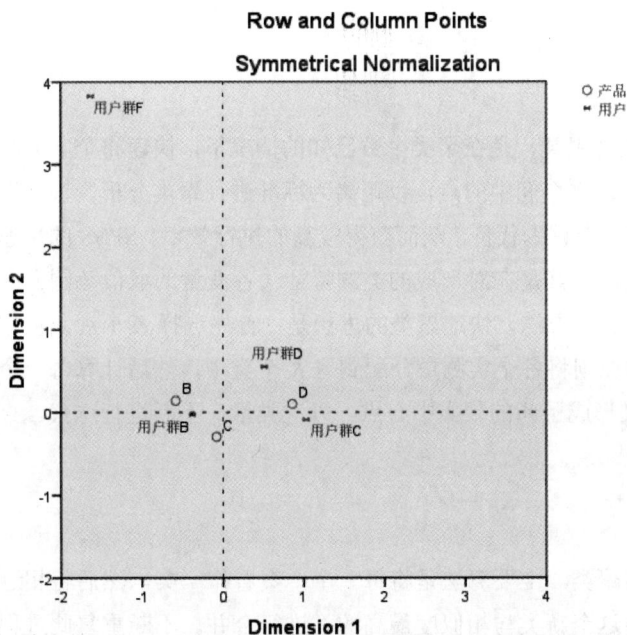

图 6-65　对应分析中的对应关系图

八、聚类分析、决策树和判别分析

聚类也叫分类，是根据研究对象（样本）的特征按照一定标准对研究对象进行分类的一种分析方法。分类使组内的数据对象具有最高的相似度,而组间具有较大的差异。聚类分析可以在没有先验分类的情况下对数据进行分类,下面将对聚类分析的 SPSS 实现过程进行简单的介绍。

按照研究对象的不同,聚类分析一般分为样本聚类和变量聚类。样本聚类就是将特征相近的样本/个案分为一类,把特征差异较大的样本/个案分在不同的类中。变量聚类就是将性质相近的变量分为一类,将性质差异较大的变量分在不同的类中。

按照分析方法的不同,聚类分析一般分为两步聚类、K-均值聚类、系统聚类和决策树。可以根据数据情况(主要看变量类型是定类变量还是定量变量)和业务情况来决定来用哪一种,有时可以运用多种方法,有时只能选一种方法。

1. 两步聚类

两步聚类法可以揭示数据内部的自然分组,它运用信息准则确定最优的分组格式,并依据距离形成聚类特征树。

两步聚类法主要包括以下两步:首先以距离为依据形成相应的聚类特征树结点来构造聚类特征树,然后通过信息准则确定最优分组个数并对各个结点进行分组。两步聚类法具有能够同时处理分类变量和连续变量、自动选择最优分类个数、大样本数据下运算速度快等特点,在分析中有着广泛的应用。

2. K-均值聚类

K-均值聚类也叫快速聚类,是在聚类个数已知的情况下,快速将个案分配到各类的一种聚类方法。它将数据看作 K 维空间中的点,以距离为标准进行聚类分析。快速聚类只能产生指定个数的分类,它以牺牲多个解为代价,从而获得较高的执行效率。SPSS 的快速聚类过程适用于对大样本进行快速聚类,尤其是在对形成的类的特征(各变量的取值范围)有了一定认识时,快速聚类不失为一种优良的方法。快速聚类的思想是:首先选择 K 个观测量作为初始的聚类中心点,根据距离最小的原则将各个实测量分配到这 K 个类中,然后计算每一个类中实测量的平均值,这 K 个平均值又形成了新的聚类中心点。以次类推,不断进行迭代,直到收敛或达到分析者的要求为止。

3. 系统聚类

系统聚类也称分层聚类,主要算法是将每一个个案看作一类,然后将相近程度最高的两类合并成一个新类,再将这个新类与相似度最高的类进行合并。不断重复此过程,直到所有的个体都归为一类。正如样品之间的距离可以有不同的定义方法一样,类与类之间的距离也有各种定义。类与类之间用不同的方法定义距离时,就产生了不同的系统聚类方法。常用的 8 种系统聚类方法是最短距离法、最长距离法、中间距离法、重心法、类平均法、可变类平均法、可变法和离差平方和法。

4．决策树

决策树分析因其输出结果采用树状结构图而得名，在分析群体之间的相关关系和预测方面有着广泛的应用。建立决策树时，将每个观测样本看成 n 维空间中的一个点，决策树的每一个分枝的形成过程就是对 n 维空间的一次区域划分。当决策树建立后，n 维空间便被划分为了若干个区域，区域划分结果采用树状结构图表示。我们可以把决策树应用到一个全新的对照集合上并观察其分类判别正确的比率，用来衡量决策树分析结果的有效程度。

5．判别分析

判别分析是在分类数量已知的情况下，根据已经确定分类的对象的某些观测指标和所属类别来判断未知对象所属类别的一种统计学方法。与聚类分析不同，判别分析首先需要对所研究的对象进行分类，进一步选择若干能够较全面地描述观测对象的变量，然后按照一定的判别准则，建立一个或多个判别函数，利用研究对象的大量资料确定判别函数中的待定系数，并计算判别指标。对于一个未确定类别的个案，只要将其代入判别函数，就可以判断它属于哪一类。

6．案例分析及 SPSS 操作

（1）两步聚类

具体操作方法如下。

① 依次单击"分析""分类""两步聚类"（见图 6-66），系统弹出"两步聚类分析"对话框。

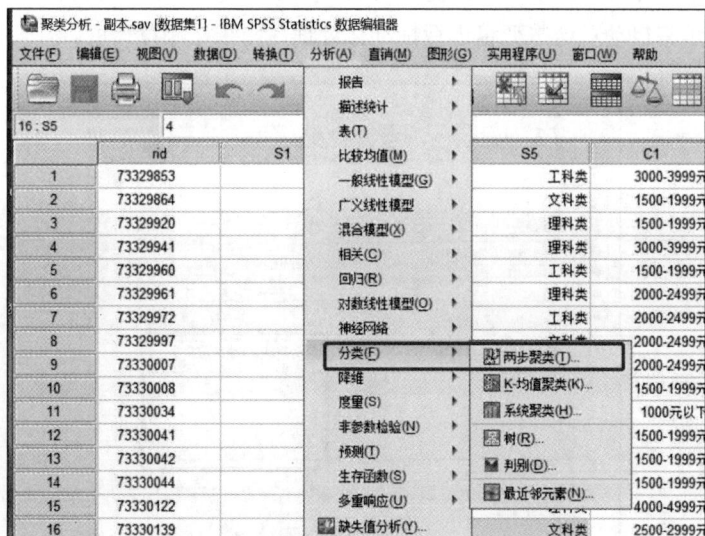

图 6-66　两步聚类入口

② 根据数据类型，把不同类型的变量放入对应的框内，其中分类变量在上面的框内，连续变量在下面的框内，如图 6-67 所示。

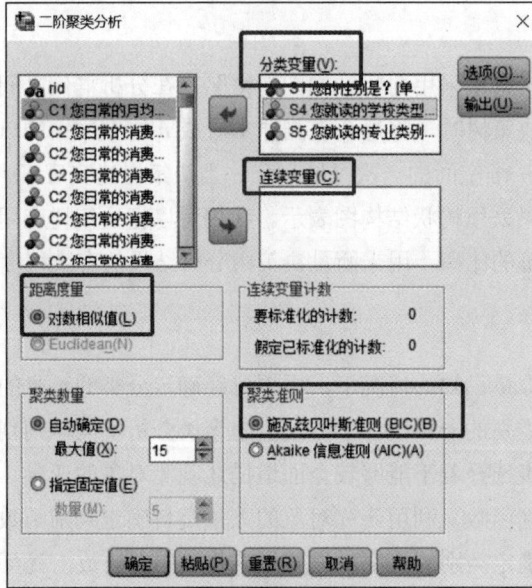

图 6-67 两步聚类相关设置

③ 在"距离测量"选项组中选择"对数相似值",以此作为聚类变量相似度的测量形式;在"聚类准则"选项组中选择"施瓦兹贝叶斯准则",以此作为聚类个数的判断依据。其他选项采用默认设置。

④ 在"选项"设置中,可以选择是否进行噪声处理。模型构建的内存默认分配的最大空间为 64MB。我们主要观察"要标准化的变量"框(见图 6-68)。SPSS 会自动将前面的连续变量放入该框内,表示将自动对这些变量进行标准化处理,以统一测量尺度。

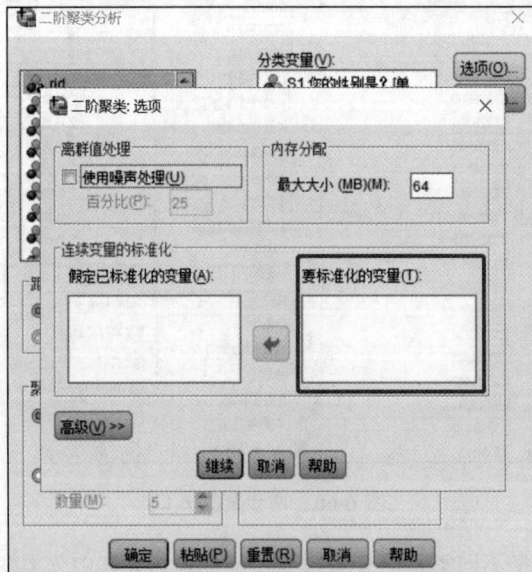

图 6-68 两步聚类法要标准化的变量

⑤ 在"模型浏览器输出"设置组中勾选"图表和表格"（见图 6-69），输出的结果将出现在模型浏览器中。勾选"创建聚类成员变量"，这是整个聚类分析的最终结果，要求软件为每一行记录输出对应的类。

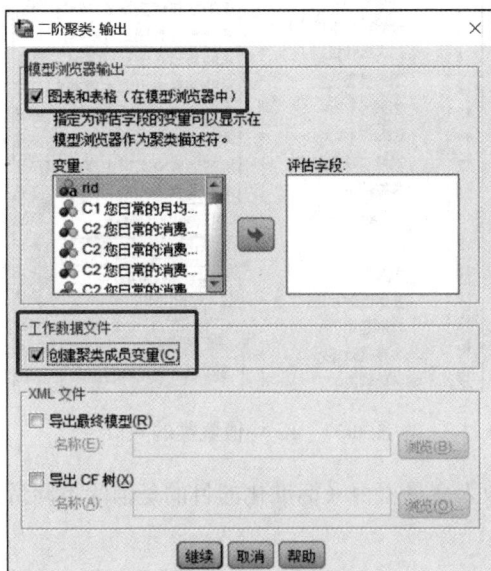

图 6-69 两步聚类创建结果变量

⑥ 回到主面板，单击"确定"按钮。

如图 6-70 所示，基于三个聚类变量进行两步聚类，最终确定的聚类个数为 4。总体上给予本次聚类质量尚可的评价，尚能接受，但未达到良好的程度，有待进一步测试和优化。

模型概要

算法	两步
输入	3
聚类	4

聚类质量

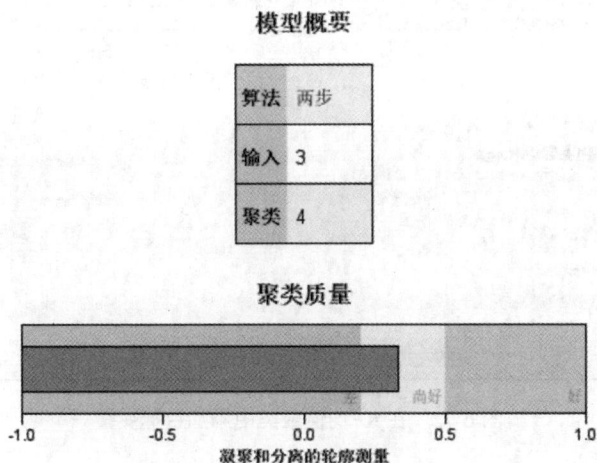

凝聚和分离的轮廓测量

图 6-70 两步聚类最终分类结果

（2）K-均值聚类

① 依次单击"分析""分类""K-均值聚类"（见图 6-71），系统弹出"K-均值聚类"对话框。

图 6-71　K-均值聚类的入口

② 把标准化的变量放入变量框内（标准化的目的是消除不同量纲的影响，使得结果更准确），如图 6-72 所示。

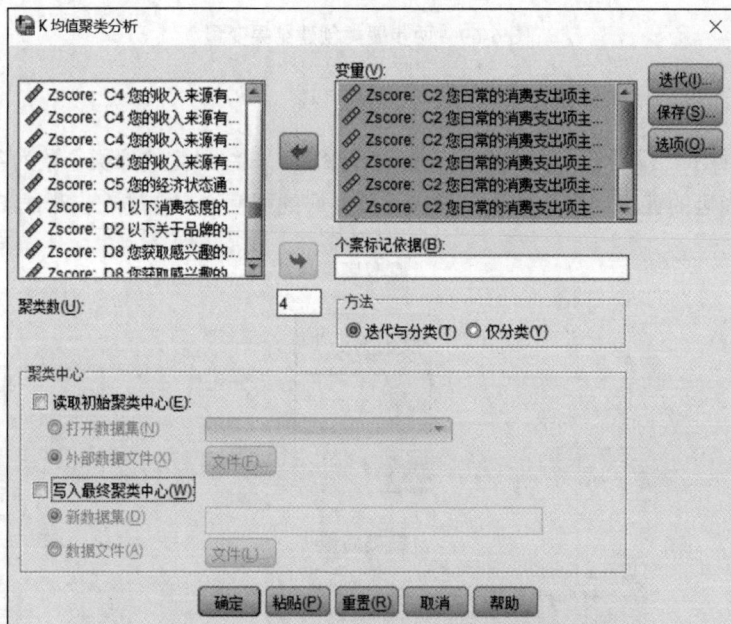

图 6-72　在 K-均值聚类中添加目标变量

③ 在迭代设置中，填写最大迭代次数（见图 6-73），以限制 K-均值算法中的迭代次数。即使尚未满足收敛准则，达到迭代次数之后迭代也会停止。必须在 1 到 999 之间选择最大迭代次数。收敛性标准用于确定迭代何时停止，它表示初始聚类中心之间的最小距离的比例，因此必须大于 0 且小于或等于 1。

④ 在保存设置中，勾选"聚类成员"，创建指示每个个案的最终聚类成员的新变量，如图 6-74 所示。新变量的取值范围是从 1 到聚类数。与聚类中心的距离是指每个个案与其分类中心之间的欧氏距离。

⑤ 在选项设置（见图 6-75）中，初始聚类中心是指每个聚类的变量的平均值的第一个估计值。在默认情况下，从数据中选择与聚类数相等的、分布良好的多个个案。初始聚类中心用于第一轮分类，然后再更新。ANOVA 表包含每个聚类变量的一元 F 检验结果。F 检验结果只是描述性的，不应解释生成的概率。如果所有个案均分配到单独一个聚类中，则 ANOVA 表不显示。每个个案的聚类信息包括最终聚类后每个个案所属的类别以及每个个案与该类别的聚类中心之间的欧氏距离。

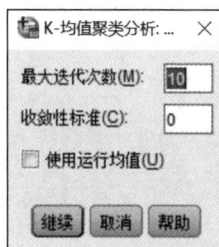

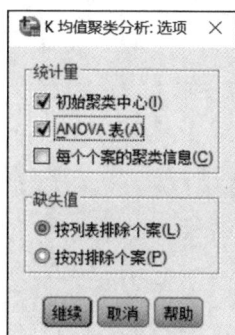

图 6-73　在 K-均值聚类中设置最大迭代次数	图 6-74　K-均值聚类勾选"聚类成员"	图 6-75　在 K-均值聚类中设置有关参数

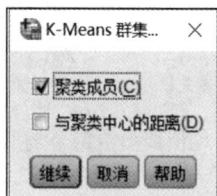

⑥ 回到主面板，单击"确定"按钮。

下面对结果进行解读。

① 最终聚类中心：指各个类的平均值，如图 6-76 所示。如果最终聚类可以接受，那么这个结果就需要保留，用于以后的聚类。

最终聚类中心

	聚类			
	1	2	3	4
Zscore: S1 您的性别是? [单选]	.28069	.37981	-.96546	-.10332
Zscore: S4 您就读的学校类型是? [单选]	.94538	-1.08212	.42082	-.80226
Zscore: S5 您就读的专业类别是?[单选]	.87661	.75488	-1.01126	-1.09520

图 6-76　K-均值聚类的最终聚类中心

② 方差分析结果：按照类别分组进行单因素方差分析，可根据 F 值的大小近似判断哪些变量对聚类有贡献，如图 6-77 所示。重要程度顺序是：专业类别>学校类型>性别。这三个变量对聚类都有显著贡献。

ANOVA

	聚类		误差			
	均方	df	均方	df	F	Sig.
Zscore: S1 您的性别是？[单选]	26.487	3	.807	396	32.825	.000
Zscore: S4 您就读的学校类型是？[单选]	101.722	3	.237	396	429.298	.000
Zscore: S5 您就读的专业类别是?[单选]	119.509	3	.102	396	1169.354	.000

F 检验应仅用于描述性目的，因为选中的聚类将被用来最大化不同聚类中的案例间的差别。观测到的显著性水平并未据此进行更正，因此无法将其解释为是对聚类均值相等这一假设的检验。

图 6-77　K-均值聚类的方差分析结果

③ 每个聚类中的案例数：显示每个类别的案例个数，如图 6-78 所示。案例个数最好均匀分布，如果有极端值产生，最好重新聚类，可以尝试使用多种聚类模型。

每个聚类中的案例数

聚类	1	153.000
	2	71.000
	3	60.000
	4	116.000
有效		400.000
缺失		.000

图 6-78　K-均值聚类中每个类别的案例个数

（3）系统聚类

① 依次单击"分析""分类""系统聚类"（见图 6-79），系统弹出"系统聚类"对话框。

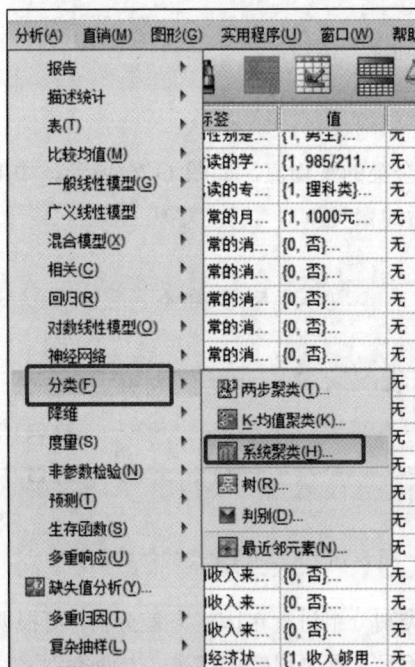

图 6-79　系统聚类的入口

② 把标准化的变量放入变量框内，选择一个字符串类型的变量并将其放入"标注个案"中，如图 6-80 所示。"个案"表示进行 Q 型聚类，"变量"表示进行 R 型聚类，"统计量"表示输出聚类分析的相关统计量，"图"表示输出聚类分析的相关图形。

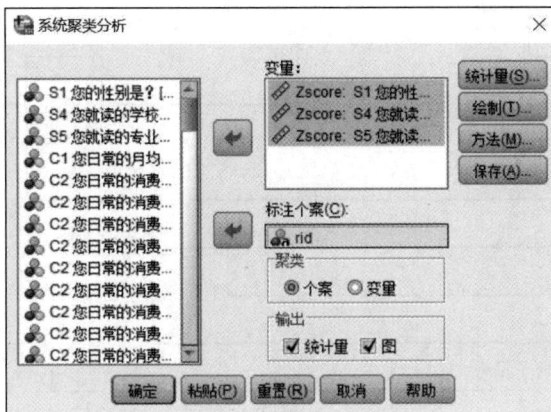

图 6-80　在系统聚类中纳入目标变量

③ 在统计量设置（见图 6-81）中，"合并进程表（A）"表示输出聚类分析的凝聚状态表，"相似性矩阵（P）"表示输出个体间的距离矩阵。在"聚类成员"框中，"无（N）"表示不输出各观测对象所属的类；"单一方案（S）"表示指定输出分成 K 类时各观测对象所属的类，是单一解；"方案范围（R）"表示指定输出分成 $m \sim n$ 类（$m \leqslant n$）时各观测对象所属的类，有多个解。

④ 在绘制设置中，勾选"树状图"，如图 6-82 所示。

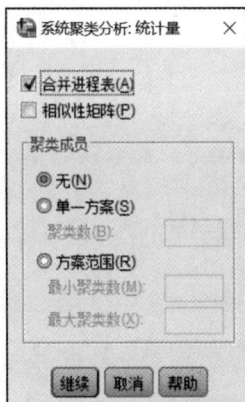

图 6-81　在系统聚类中设置统计量

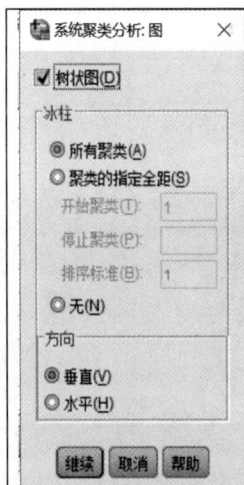

图 6-82　在系统聚类中设置树状图

下面对结果进行解读。

聚类类别不是唯一的，建议单独画一条垂线，然后查看聚类类别被分成了几个，以及每个类别与分析项之间有什么对应关系。在图 6-83 中，聚类类别被分成了两类，其中 ZC1/ZC2_6/ZC2_

7/ZC2_8 是一类，剩下的变量是一类。具体分为几类要由研究者根据实际的数据和需求来确定。

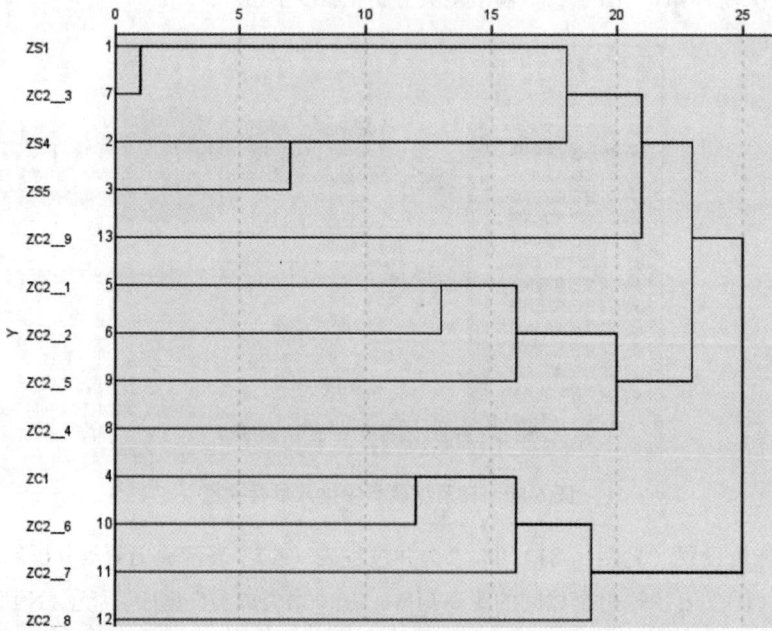

图 6-83 最终聚类结果

第七章

量表题的分析技术

本章主要介绍量表题的问卷设计、重编码和分析方法。

一、量表题的问卷设计

1. 李克特量表

问卷通常由以下几部分组成：引言/指导语/开始语、甄别题/过滤题、主体问卷、背景信息、结束语。

量表题通常用于测量被访者对于事情的态度和看法，常用的是李克特量表。李克特量表是由李克特在 1932 年提出来的，用来测量被访者的态度、想法等，进而将被访者的主观感觉转化为可衡量、可计算的数字形式。李克特量表广泛用于各项研究。

根据选项的数量，可以将量表分为四级量表、五级量表、七级量表和九级量表。其中，五级量表的应用最普遍。例如，"我在购物时喜欢货比三家"这个语句对应的选项有 5 个（"非常不同意""不同意""中立""同意""非常同意"）。在计分规则上，5 个选项分别被赋值 1、2、3、4、5，数值越大，代表该被访者越同意这句话。这是一个典型的五级量表。

2. 量表题的设计原则

① 在大部分情况下，我们选择使用成熟的量表，或者在成熟量表的基础上进行适当的修改，以适应当前的主题。我们一般很少直接编写新量表。如果引用的量表来自国外的文献，则应该着重考虑中外表达习惯的差异，需要提前进行本土化研究，修改语句的表述方式，使其更加适合中国人的习惯。

② 量表题的数量选择：每个变量最好对应 4～7 道题。

③ 量表题设计的表述：切忌语义模棱两可，比如"我也不确定是不是喜欢购物"这句话的含义不明确，我们不建议采用类似的表述。

④ 在所有的量表题中，尽可能采用同一种选项评分方式，要么都是五级量表，要么都是七级量表。这样方便后期重编码和计分。

3．反向题的设计

被访者对问卷的反应存在偏差。常见的反应偏差有两种，即默许偏差与社会赞许偏差。所谓默许偏差是指被访者更倾向于同意所有题目或者做出积极的评价。所谓社会赞许偏差是指被访者倾向于按照社会所期许的方式做出反应。由于反应偏差的存在，通过包含量表题的问卷所收集的数据不能百分之百地反映客观现实。

除此之外，还可能存在一些比较"粗心"的被访者，他们不认真看题目做判断，而是根据某种习惯或倾向进行回答。当问卷设计得比较单调时，被访者持续看到相似度较高的题目，容易感到疲倦，作答时更容易"粗心大意"。因此，在问卷或量表设计中，不少学者建议混合使用正向题和反向题。这样做的好处如下。

① 能够筛选出不认真作答的被访者。如果不论是积极的还是消极的描述，被访者都选择"认同"，那么就有不认真作答的嫌疑。

② 正、反向题混合会消耗被访者更多的认知资源，因此可以让被访者更加专注，减少习惯反应。

③ 对于默认给出好评和默认给出差评的被访者，正、反向题混合都可以降低这种习惯反应的影响。

需要说明的是，反向题的设计和使用以及后续的数据编码处理对统计专业背景的要求较高，在实战中也更适用于专业统计人员和专业调研公司。对于非统计专业的读者，在实战中对于反向题的设计和使用要慎重。

二、量表题的重编码

1．反向题的重编码

若问卷或量表设计中涉及反向题，则反向题需要重新计分，否则测量分数的意义刚好相反。

① 工作让我感觉身心俱疲。

② 下班的时候，我感觉精疲力竭。

③ 早晨起床后不得不去面对一天的工作，我感觉非常累。

④ 整天工作对我来说确实有很大压力。

⑤ 工作让我有很轻松的感觉。（反向题）

情绪衰竭量表采用五点计分方式，5～1分分别代表"非常同意""同意""中立""不同意""非常不同意"。第5题为反向题。为了使情绪衰竭量表中的测量分数代表的意义相同，需要对第5题重新计分，也就是反向计分。如果第5题打1分，那么就将其重编码为5分；如果原来打2分，那么就将其重编码为4分；如果原来打4分，那么就将其重编码为2分；如果原来打

5 分，那么就将其重编码为 1 分；如果原来打 3 分，那么分值就保持不变。

2．总分的重编码

总分的重编码就是把原始分数转换为总分。如果量表只有一个维度，那么它就属于单维量表，最后只有一个总分。比如，王才康等人翻译修订的一般自我效能感量表（GSES）只有 10 个题目，每一个题目均采用四点计分方式。该表为单维量表，只计算总分，总分为所有项目分数之和除以项目数。分数越高代表自我效能感水平越高。

如果一个量表有多个因素，那么就有多个分维度打分。需要注意的是，并不是所有的分维度打分都可以直接进行加减乘除等运算，比如大五人格量表。

特质论认为人格包括 5 个因素，这 5 个人格特质因素可以用来解释、预测个体的行为和心理。以大五人格理论为基础的大五人格量表最初由心理学家科斯塔和麦克雷编制，本书中以中国科学院的心理学家张建新教授修订的中文简版为例向大家具体讲解。该量表共有 60 道题目，采用五点记分方式，属于人格理论中特质流派的人格测试工具。大五人格量表（具体条目参见表 7-1）主要分为 5 个维度：神经质（N）、外倾性（E）、开放性（O）、宜人性（A）和尽责性（C）。因此，大五人格量表最后就有五个细分维度的打分，不能直接把 5 个细分维度的打分加总记为大五人格的总分。怎么计算分维度的总分呢？以神经质（N）为例，首先需要明确哪些条目属于这个维度。在表 7-1 中，1、6、11、16、21、26、31、36、41、46、51、56 这 12 个条目属于神经质维度。其次，需要确定这些条目中是否有反向题。在表 7-1 中，1、16、31、46 这 4 个条目是反向题。这些反向题需要重新反向计分，即 5 分变为 1 分，4 分变为 2 分，2 分变为 4 分，1 分变为 5 分。最后是加总的步骤了，将 1、16、31、46 这 4 个条目反向计分后的分数和 6、11、21、26、36、41、51、56 这 8 个条目的原始分数直接加总，求得的分数就是神经质维度的总分。

表 7-1   大五人格量表简版（60 题）

	项目	非常不同意	有点不同意	不知道	有点同意	非常同意
1	我无忧无虑	1	2	3	4	5
2	我喜欢周围人多	1	2	3	4	5
3	我不喜欢幻想	1	2	3	4	5
4	我尽量有礼貌地对待遇到的每个人	1	2	3	4	5
5	我将自己的物品保持得干净整齐	1	2	3	4	5
6	我常常觉得不如别人	1	2	3	4	5
7	我很容易发笑	1	2	3	4	5
8	我发现哲学争论很无聊	1	2	3	4	5
9	我常常跟家人或同事起争执	1	2	3	4	5
10	我善于安排，以便如期完成工作	1	2	3	4	5

续表

	项目	非常 不同意	有点 不同意	不知道	有点 同意	非常 同意
11	当处于巨大压力之下时,有时我觉得自己快要崩溃了	1	2	3	4	5
12	我并不认为自己的心情非常愉快	1	2	3	4	5
13	艺术及大自然中的各种图案经常让我着迷	1	2	3	4	5
14	有些人认为我自私,以自我为中心	1	2	3	4	5
15	我不是一个做事很有条理的人	1	2	3	4	5
16	我很少觉得孤单和忧郁	1	2	3	4	5
17	我真的很喜欢与人交谈	1	2	3	4	5
18	我相信让学生听有争议性的演讲只会混淆和误导他们	1	2	3	4	5
19	如果选择和他人合作或者竞争,那么我愿意和他人合作	1	2	3	4	5
20	我试图认真地完成别人交代给我的所有工作	1	2	3	4	5
21	我常常觉得紧张或神经过敏	1	2	3	4	5
22	我喜欢付诸行动的过程	1	2	3	4	5
23	诗歌对我没有或极少有影响力	1	2	3	4	5
24	我常常怀疑他人的意图	1	2	3	4	5
25	我有清晰的目标,并以有条理的方式朝它迈进	1	2	3	4	5
26	有时我觉得自己毫无价值	1	2	3	4	5
27	我通常愿意独立做事	1	2	3	4	5
28	我常常尝试新奇的外国事物	1	2	3	4	5
29	我相信如果你允许他人占你的便宜,大多数人就会这么做	1	2	3	4	5
30	我在安定下来做工作前浪费了很多时间	1	2	3	4	5
31	我很少觉得害怕和紧张	1	2	3	4	5
32	我常常觉得自己似乎充满能量	1	2	3	4	5
33	我很少注意到不同环境所引起的气氛或感觉上的差异	1	2	3	4	5
34	我认识的大部分人都喜欢我	1	2	3	4	5
35	我为达到自己的目标不懈努力	1	2	3	4	5
36	我常常为他人对待我的方式生气	1	2	3	4	5

续表

项目		非常 不同意	有点 不同意	不知道	有点 同意	非常 同意
37	我是个快活、精力充沛的人	1	2	3	4	5
38	某些音乐能够引发我无限的想象	1	2	3	4	5
39	有些人认为我很冷漠、精于算计	1	2	3	4	5
40	当开始从事某件事或者承诺做某件事时,我总会坚持把事情做完	1	2	3	4	5
41	当事情出错时,我常觉得沮丧,想要放弃	1	2	3	4	5
42	我不是一个乐观主义者	1	2	3	4	5
43	在阅读诗歌或欣赏艺术作品时,有时我会感到震撼和激动	1	2	3	4	5
44	我任性,不轻易改变自己的态度	1	2	3	4	5
45	有时我不是那么值得信赖或依靠	1	2	3	4	5
46	我很少悲伤或沮丧	1	2	3	4	5
47	我的生活节奏很快	1	2	3	4	5
48	我没什么兴趣思索宇宙或人类的本质	1	2	3	4	5
49	我在一般情况下比较细心,能为他人着想	1	2	3	4	5
50	我是一个办事效率高且总能完成工作的人	1	2	3	4	5
51	我常常觉得无助,并且希望其他人来解决我的问题	1	2	3	4	5
52	我是一个很活跃的人	1	2	3	4	5
53	我有很强烈的求知欲	1	2	3	4	5
54	如果我不喜欢一个人,我就会让他知道	1	2	3	4	5
55	我从不感到自己做事有头绪	1	2	3	4	5
56	我有时感到羞愧,以至于想要躲起来	1	2	3	4	5
57	与其领导他人,我宁可走自己的路	1	2	3	4	5
58	我常常喜欢用理论或抽象的概念	1	2	3	4	5
59	有必要的话,我会利用别人以达到我的目的	1	2	3	4	5
60	对于所做的每件事,我都努力做到最优秀	1	2	3	4	5

以最后的细分维度打分的结果解释如下：神经质是指个体体验消极情绪的倾向，得分越低表示情绪越稳定，得分越高表示情绪越不稳定。外倾性是指个体对外部世界的积极投入程度，得分越高表示性格越外向。开放性是指个体想象力的强弱以及好奇心的大小，得分越高表示性格越开朗，态度开放，容易接受新事物。宜人性是指个体在合作与社会和谐性方面的差异，得分越高表示性格越随和。尽责性是指个体在目标导向行为上的组织能力、毅力和动机，得分越高表示责任心越强。

三、量表题的信度分析

信度是衡量测验结果的一致性、稳定性及可靠性的指标。信度系数越高，表示该测验的结果越一致、稳定与可靠。当数据回收回来之后，我们应先剔除无效的样本，然后进行信度分析，确保回收的数据是可靠的。

信度指标多以相关系数表示，大致可分为三类，即稳定系数（跨时间的一致性）、等值系数（跨形式的一致性）和内在一致性系数（跨项目的一致性）。信度分析的方法主要有以下四种：重测信度法、复本信度法、折半信度法和 α 信度系数法。

重测信度法是用同样的问卷对同一组被调查者间隔一定时间重复施测，计算两次施测结果的相关系数。比如，教师在 9 月份和 12 月份分别对同一批学生进行同样的测试，两次测试成绩之间的相关系数就是重测信度。

复本信度法是指让同一组被调查者一次填写两份问卷复本，计算两份复本的相关系数。如果两份复本几乎是在同一时间内施测的，时间的影响可以忽略不计，则称该相关系数为等值系数；如果两份复本施测的时间有一定间隔，则称该相关系数为等值稳定系数。复本信度法要求两份复本除表述方式不同外，在内容、格式、难度和对应题项的提问方向等方面完全一致，而在实际调查中，很难使调查问卷达到这种要求，因此采用这种方法的人较少。

折半信度法是指将调查项目分为两半，计算两半得分的相关系数，进而估计整个量表的信度。折半信度属于内在一致性系数，测量的是两半题项得分间的一致性。

α 信度系数法评价的是量表中各题项得分间的一致性，属于内在一致性系数。这种方法适用于态度、意见式问卷（量表）的信度分析。α 信度系数法的应用最广。在大五人格量表中，神经质、外倾性、开放性、宜人性和尽责性之间的相关性就可以用 α 信度系数法来计算。

目前信度判断没有统一的标准，而且标准也会因专业、调研精度等不同而稍有不同。在一般情况下，量表的信度系数最好在 0.8 以上，在 0.7 到 0.8 之间也可以接受，而如果低于 0.6，则说明这个量表设计得不太好，需要修改量表以提高信度。需要注意的是，若变量所对应的题目越多，样本量越大，α 信度系数就会越高。所以，当出现信度低的情况时，需要同步关注题目数量和样本量。

四、量表题的效度分析

效度是指问卷测量的有效性，可以反映测量工具或者手段能否测量出所测事物。需要注意的是，当信度不达标的时候，效度肯定也不达标。但是当信度达标的时候，效度不一定达标。量表题中结构效度的测量方法有两种：探索性因子分析（EFA）和验证性因子分析（CFA）。

探索性因子分析是一系列用来发现一组变量的潜在结构的方法，通过寻找一组更小的潜在结构或者隐藏结构来解释已观测到的显式变量间的关系，可以把繁杂的数据划分为多个维度，也可以解释问卷的结构效度。因子分析对变量的类型和数量都有一定的要求。首先，变量应是定量变量，个案数量应是变量数量的 5 倍以上。然后判断数据是否适合进行因子分析，可通过 KMO 值来判断。KMO 值>0.9，说明非常适合做因子分析；0.8<KMO 值≤0.9，说明很适合做因子分析；0.7<KMO≤0.8，适合做因子分析；0.6<KMO≤0.7，勉强可做因子分析；0.5<KMO≤0.6，不太适合做因子分析；KMO≤0.5，不适合做因子分析。

关于能不能做因子分析，除了看 KMO 值，还要看累计方差贡献率。累计方差贡献率越高越好，理想状态是达到 80%～85%，在市场研究中能达到 50%就可以接受了，能达到 70%就很好了。

验证性因子分析需要用 AMOS 或者 LISREL 等结构方程模型软件进行分析。验证性因子分析需要验证的三个方面包括结构效度、聚敛效度（收敛效度）、区分效度。对于结构效度，主要看以下指标。

① 卡方自由度比值（x^2/df）：小于 3 时，适配理想；小于 5 而大于或等于 3 时，可以接受。

② 近似均方根误差（RMSEA）：小于 0.05 时，适配理想；小于 0.08 而大于或等于 0.05 时，可以接受。

③ GFI/CFI/IFI/TLI：大于或等于 0.9 时，说明结果适配良好。

对于聚敛效度，主要看以下指标。

① 因子荷载：应大于 0.5。

② AVE/平方差变异：应大于 0.5。

③ 组合信度：应大于 0.7，越大越好。

对于区分效度，主要看以下指标。

① 相关系数：潜变量之间的相关性要显著。

② AVE 的平方根：应大于相关系数。

如果以上这些指标都比较好，则说明量表的效度比较好。

五、量表题的相关性分析

相关性分析是指分析两个变量或者多个变量之间是否存在相关性，用来衡量变量之间的关系的紧密程度。如果一个变量由很多题目共同表述，那么就需要先算出这个变量的值（比如分析上面说的大五人格量表中的 5 个特质和自我效能感之间是否存在相关性时，首先需要对 5 个特质和自我效能感进行计算），然后对算出来的值进行相关性分析。

相关系数用于表示变量之间的线性相关程度。常见的两种相关系数有皮尔逊相关系数和斯皮尔曼等级相关系数。相关系数的值介于 -1 和 1 之间，如果相关系数大于 0，两者就是正相关，反之就是负相关；如果相关系数是 0，则说明两者之间不存在相关关系。相关系数的值越靠近 1 或者 -1，相关关系越紧密，相关程度越高。一般来说，相关系数为 0.8～1 时表示极强相关，为 0.6～0.8 时表示强相关，为 0.4～0.6 时表示中等程度相关，为 0.2～0.4 时表示弱相关，小于 0.2 时说明相关关系极弱或者不存在相关关系。

比如，从表 7-2 中可以看出，神经质与自我效能感呈显著的负相关；自我效能感与外倾性、尽责性均呈显著的正相关；自我效能感与开放性和宜人性均呈正相关，但是相关性极弱。

表 7-2　　　　　　　　　　大五人格特点与自我效能感的相关关系分析

人格特点	自我效能感
神经质（N）	-0.237
外倾性（E）	0.224
开放性（O）	0.03
宜人性（A）	0.001
尽责性（C）	0.208

第八章

常见的研究主题及相应的分析模型与方法

一、市场细分

1. 什么是市场细分

市场细分（Market Segmentation）的概念是由美国市场学家温德尔·史密斯于 1956 年提出来的。营销者通过市场调研，根据消费者的购买心理、购买习惯、购买行为等方面的差异，把某一产品的市场整体划分为若干不同类型的消费者，这一过程称为市场细分。被划分出的各个用户群体都构成一个细分市场。细分市场具有如下特征。

（1）同一细分市场中的人群具备类似的需求。

（2）不同细分市场中的人群之间的需求与特征存在明显的差异。

2. 市场细分的研究模型

基于用户标签，可对用户进行深入分析，为企业后续制定经营策略提供参考数据。市场细分在本质上细分的是市场中的消费者/用户群体。不论如何划分，都需要评估这些不同的细分群体对市场、品牌和产品的贡献和价值。因此，理论上与市场细分相关的基础研究模型大多围绕市场中的消费者/用户展开，主要有以下几种。

（1）AARRR 用户生命周期模型

AARRR 用户生命周期模型由戴夫·麦克卢尔在 2007 年提出，如图 8-1 所示。该模型解释了实现用户增长的五大指标：获取（Acquisition）、激活（Activation）、留存（Retention）、变现（Revenue）、推荐（Referral）。该模型因其掠夺式的增长方式也被称为海盗模型，可以帮助企业更好地理解获得用户和维护用户的原理。

① 用户获取。新品上市后，首要任务是获取用户。在此阶段，可以通过用户画像进行分析，锁定属于该产品的精准用户，从而帮助企业开展更精准的营销活动。

② 用户激活。锁定用户后，通过对用户的消费行为与消费态度进行分析，找到维持用户消费活跃度的抓手。比如，找到撬动用户购买产品的亮点；找到未来需要避免的用户不能接受的

"亏损点";关注用户体验,优化体验流程……以保证产品具有较旺盛的生命力。

③ 提高留存率。有些产品在提升用户活跃度之后可能会面临一个新的问题:入口处获取的用户多,但流失得也快。维护一位老用户的成本要远远低于获取一个新用户,因此提高留存率,维护老用户尤其重要。为了解决这个问题,可以通过对用户体验流程(用户画像中的消费行为)的定期监控,及时了解用户体验的痛点,帮助企业及时采取相应的措施,防止用户流失。

④ 获得收益。对于企业而言,生产产品的最终目的基本上都是为了获取商业利润,极少纯粹出于兴趣和公益目的。用户基数和用户质量对收益都有着较大的影响。用户基数与流量获取、用户激活率、用户留存率均息息相关。可借助用户画像来识别高质量用户,找到高价值用户,有针对性地运营企业,提高产品的获益能力。

⑤ 自传播。随着自媒体时代的来临,自传播对企业来讲更加重要,它甚至可以使用户数量产生病毒式的疯狂增长。通过用户画像分析,可获取用户的分享/推荐意愿、分享内容、日常接触的媒介渠道等,从而为企业提供自传播媒介和内容参考。

从自传播到再次拉新用户,这就形成了一个螺旋式上升通道。企业应充分利用这个通道,不断实现增长。

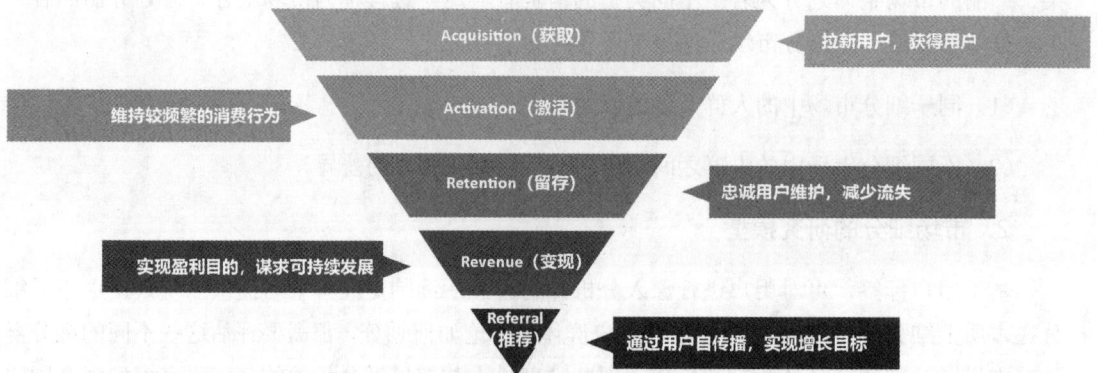

图 8-1 AARRR 用户生命周期模型

(2)RFM 模型(用户价值模型)

根据美国数据库营销研究所阿瑟·休斯的研究,客户数据库具有三个神奇的要素,这三个要素构成了最好的数据分析指标。

R:Recency(最近一次消费),即最近一次消费时间间隔,可代表用户的黏性。

F:Frequency(消费频率),即消费单数,可代表用户的忠诚度。

M:Monetary(消费金额),可代表用户的创收能力。

以上三个指标构成了 RFM 模型(见图 8-2),该模型广泛应用在各个行业的用户画像分析中,用于衡量用户价值和用户盈利能力。

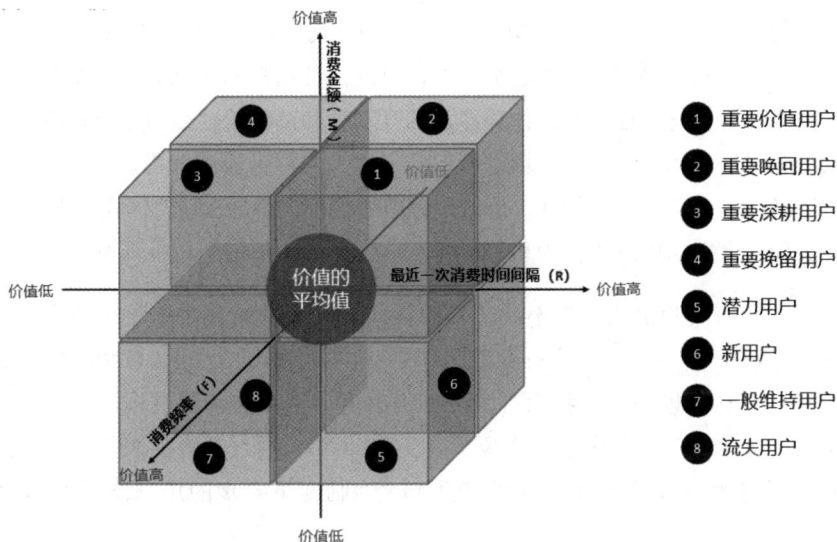

图 8-2　RFM 模型

这三个维度均通过二分法（高于平均值和低于平均值）区分用户。这样，我们可获得 8 组用户。

① 重要价值用户：三个指标均较高，属于优质用户，需保持。

② 重要唤回用户：交易金额大且交易次数多，但最近无交易，需要重新激活。

③ 重要深耕用户：交易金额大且最近有交易，需重点关注。

④ 重要挽留用户：交易次数少，交易金额大，最近无交易，可考虑挽留。

⑤ 潜力用户：交易次数多且近期有交易，但交易金额有限，可继续挖掘。

⑥ 新用户：最近有交易，但交易频次低，可进一步争取。

⑦ 一般维持用户：交易次数多，但最近无交易且交易金额不大，一般维持。

⑧ 流失用户：三个指标均较低，价值不大。

通过用户画像（标签），对这 8 类用户进行描述，找到并锁定高价值用户群体，集中资源做重点运营，以提升产品的盈利能力。

（3）ABC 用户价值模型

RFM 模型主要从行为和消费的角度对用户进行价值细分，但这样意味着只有当用户关于某个品牌/产品的购买行为发生以后才能够对其价值进行评估。那么，当企业希望进入一个新的市场或者想要推出一个新的产品时，实际上还未形成该产品的用户群体，也就是说并没有实际的购买行为发生。此时，该如何衡量潜在用户的价值呢？

此外，用户在消费时，健康、精致、个性等"悦己"的情感诉求不断上升。每个人都在寻求最适合自己的个性化的消费体验。体验经济由此应运而生，它以服务为舞台，以商品为道具，从生活与情境出发，塑造感官体验及思维认同，以此抓住用户的注意力，改变其消费行为，为商品找到新的生存价值与生存空间。体验经济的互动性和高溢价性使得商家们越来越重视用户体验的满意度和对用户体验的管理。由态度促活行为，由行为促进消费，由消费进一步改进态度，建立态度-行为-消费的良性闭环，是体验管理的目标。但是，好的体验（或者说好的态度）又能够在多大程度上影响用户的行为和消费呢？这也是以往的模型较少涉及的方面。

正是基于对传统用户价值模型不足之处的认知，问卷网结合对体验经济的理解，研发了ABC用户价值模型。该模型在很多行业的头部企业中得到了广泛的认可和应用，目前已处于专利申请阶段。在这一模型中，我们对消费者的态度、行为与消费过程进行综合考虑，形成了态度因子、行为因子和消费因子三大要素（见表 8-1），通过三者的表现及其关系的变化，对用户的现有价值和未来价值进行评估和预判，为制定下一步的用户维护及转化举措提供依据。

表 8-1　　　　　　　　　　　　ABC 用户价值模型的指标及其含义

因子名称	指标	含义
态度因子	满意度、喜好度、推荐度等	体现用户/潜在用户的黏性和传播价值
行为因子	使用活跃度及活跃度的变化等	体现用户/潜在用户的成长性和活跃价值
消费因子	购买单价、总价及其变化等	体现用户/潜在用户的盈利价值和增值价值

二、品牌分析

1. 什么是品牌

品牌的经典定义是指一个名称、术语、标记、象征、设计或它们的联合体，用于确定一个卖方或一群卖方的产品或服务，并将其与竞争者的产品或服务区分开来[1]。但今天的品牌早已超越了简单的标识和区隔意义，成为市场经济环境中最重要、最复杂的元素之一。随着技术水平的不断提高和市场竞争的不断加剧，在同一品类的市场中，在技术、设计、产品特性、沟通手段和方式等方面，同质化现象越来越严重。这使得消费者越来越难以有效识别和区分不同企业生产的产品和传播的信息[2]。在这种情况下，品牌作为与竞争对手形成区隔并赢得消费者的认可、信赖乃至忠诚的工具，对企业的生存和发展来说变得尤为重要。

2. 品牌研究的模型

以品牌为核心的研究大体可以分为两种类型。其中，一种类型可以称为宏观性研究或者描

---

[1] David A. Aaker. Managing brand equity: capitalizing on the value of a brand name. The Free Press, 1991.

[2] 陈静. 过度信息市场环境下的竞争策略. 经营与管理. 2009, Issue 3, 65-66.

述性研究。这类研究以描述品牌购买力或品牌价值形成及变化的过程并厘清其中各个环节及因素的相互作用为目的，往往站在较为宏观和系统的角度来看待品牌，将品牌选择和购买仅仅看作品牌价值的最终体现。此类研究以文字性的分析和描述为主，所建立的模型也往往是文字性的逻辑模型，而非数学模型。与此相对应，另一种类型可以称为微观性研究或者模型化研究。此类研究并不追求对品牌形成全局性的认识，而更专注于了解某一个或几个特定元素对品牌选择和购买所产生的影响。此类研究往往以数学模型为基础，以实证为依据。在市场调研中应用的品牌模型往往是二者的结合，即从品牌的宏观模型中摘取有用的关键要素，在此基础上建立一个检测品牌表现的研究模型。

（1）戴维·艾克品牌资产评估系统

20 世纪 90 年代，戴维·艾克提出了品牌资产评估十要素模型（见表 8-2），提出了品牌研究的新理念。

表 8-2　　　　　　　　　　　　　　　品牌资产评估十要素

忠诚度评估	价差效应
	满意度/忠诚度
品质认知/领导性评估	品质认知
	领导性/受欢迎度
联想性/区隔性评估	价值认知
	品牌个性
	企业联想
知名度评估	品牌知名度
市场状况评估	市场占有率
	市场价格、通路覆盖率

该模型具有以下优点。

① 为品牌资产评估提供了更全面、更详细的思路。

② 评估因素以消费者为主，同时也加入了市场业绩的要素。

③ 既可以用于连续性研究，也可以用于专项研究。

④ 所有指标都比较敏感，可以此预测品牌资产的变化。

⑤ 在评估某个品牌时，要对品牌资产十要素做相应的调整，以便更适应该品牌所属行业的特点。

该模型的应用场景如下：需要综合考虑用户忠诚度、品质感知、品牌联想、品牌知名度，结合市场状况评估，才能输出品牌资产结果。同时，这些指标也是进行品牌研究的重要指标。但是，上述品牌资产相关指标未包含品牌形象。

（2）凯勒关于品牌知识的描述

在凯勒建立的基于消费者的品牌资产模型中，品牌知识包括品牌知晓度和品牌形象两部分。该模型把品牌内容分为品牌知晓度和品牌形象两部分。

品牌形象是在消费者与品牌的长期接触中形成的，反映了消费者对品牌的认知、态度和情感，同时也预示着消费者或潜在消费者未来的行为倾向。

品牌联想从总体上体现了品牌形象，决定了品牌在消费者心目中的地位，如图 8-3 所示。

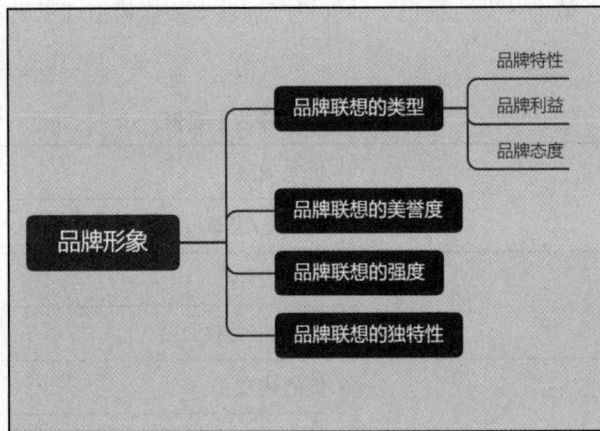

图 8-3　凯勒模型

从联想类型的角度，凯勒将品牌联想分为以下三类。

● 品牌特性：一是与产品有关的特性联想，即消费者寻求的、完成产品或服务功能所必需的产品因素，具体来讲就是决定产品表现水平和特质的物理特征；二是与产品无关的特性联想，包括价格、使用者和使用情境、感觉和体验、品牌个性。

● 品牌利益：是指消费者赋予产品或服务特性的个人价值和内涵。一是功能性利益，即产品或服务的内在优势，通常与产品的特性相关；二是象征性利益，即产品或服务的外在优势，通常与产品无关，而与使用者形象相关；三是体验性利益，即消费产品或服务时的感觉，与产品的两种特性都相关。

● 品牌态度：消费者对品牌的总体评价。

由于聚焦核心品牌指标，该模型被应用于饮料、通信等行业。

（3）品牌漏斗模型

表 8-3 列出了品牌漏斗监测的指标。

表 8-3   品牌漏斗监测的指标

二级	三级	影响因素
品牌漏斗	认知度	宣传及活动：投放数量、投诉渠道
	熟悉度	● 宣传及活动：频率、内容设计 ● 品牌形象定位：辨识度 ● 产品：产品卖点的辨识度 ● 渠道及服务：形象及服务的辨识度
	偏好度	● 品牌形象定位：符合用户诉求 ● 产品及技术：产品卖点的吸引力
	购买度	● 营销策略：价格、促销措施 ● 渠道及服务：数量、位置、形象及软硬件水平 ● 产品及技术：产品的竞争力
	推荐度	● 产品的使用体验 ● 售后服务体验 ● 客户关怀

认知度（包含无提示第一提及率、无提示总提及率、提示后总提及率）是品牌广度的体现，熟悉度、偏好度（或喜好度）是品牌效果的体现，购买度、推荐度是品牌对购买产生的驱动影响。这些指标是品牌漏斗监测的核心指标。

每个品牌漏斗指标代表的含义各不相同。品牌传播的广度监测、营销活动的效果监测、渠道服务的深度监测、产品接受度的程度监测等都在品牌漏斗指标里面有所体现。

在市场调研行业中，也有一些公司对该模型进行了微调，以此来满足客户的需求。例如，有的公司把偏好度转化为喜好度或者美誉度等高关联指标。

除了指标定义外，品牌研究也需要深入和提升，可以通过监测两个指标向邻近的指标的转化率，了解品牌传播中哪个环节出现了问题（见图 8-4）。

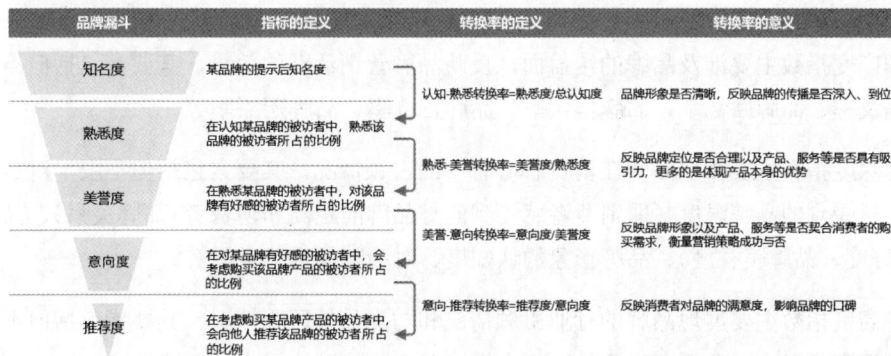

图 8-4 品牌漏斗转化率

（4）品牌势能模型

在互联网时代，品牌发展变化的速度有了明显的提升。这也要求针对品牌研究的频率和结果输出的速度有相应的提升。而现有的品牌力研究模型的指标体系复杂，导致结果输出的过程长，在敏捷反应方面的表现往往不尽如人意。此外，现有的品牌力研究模型对于品牌的行业引导力的关注不足，往往只支持品牌的知名度排名等简单指标。但实际上，由于各品牌的发展路径不同，有的品牌追求在某些细分领域中深耕，而非一味地追求知名度的提升。这些品牌的行业引导作用难以探查清楚。

问卷网的品牌势能模型主要从品牌广度（覆盖群体的广泛性）、品牌深度（心智占领的深入性）和品牌高度（相对于竞品的领先性）三个方面对品牌的表现和影响力进行对比。

该模型一方面将品牌力的指标体系梳理到三大维度中，以指数的形式形成品牌的广度指数、深度指数和高度指数（见表 8-4），并将这三个指数加权形成品牌势能综合指数。这种指数表达方式可以将复杂的品牌表现简洁化，形成可读性更强的结果，有利于进行多维度的品牌表现比较。

表 8-4 品牌势能模型的指标体构成及其含义

指标	覆盖面	含义
品牌广度指数	体现品牌所覆盖的人群范围	反映品牌营销活动的效果
品牌深度指数	体现消费者对于品牌的认知情况	反映品牌对目标人群的心智占领情况
品牌高度指数	体现品牌在市场中的位置	反映品牌对于行业的引领情况和与竞品的区隔情况

品牌势能模型可以形成固定算法并将其植入问卷网的倍市得系统中，实现品牌表现的自动化、即时化输出，大大提升了品牌研究的敏捷度，更贴合互联网时代对品牌研究的要求。

在该模型中，品牌的行业引导力以品牌高度指数体系的形式呈现，对不同发展模式的品牌表现均有所体现。总之，该模型是一种基于消费者视角和互联网时代的品牌力评价机制，更能体现出品牌在现有市场上已经积攒的发展势能，从而展示品牌表现，预测品牌未来的发展动能。

品牌广度指数主要涉及品牌的覆盖面，反映品牌营销活动的效果，其要素包括但不限于品牌第一提及率、品牌回忆率、品牌再认率、品牌首选率、品牌购买率等。

品牌深度指数主要体现品牌在消费者心智中的占领情况，其要素包括但不限于对品牌的了解程度、感受到的品牌温度（即消费者感受到的与品牌的距离和消费者-品牌关系）、品牌偏好（品牌喜好度、品牌美誉度）、品牌形象的认知度、对品牌的推荐意愿等。

品牌高度指数主要展现品牌的行业引领情况和与竞品的区隔情况，其要素包括但不限于知名度和使用率排名、行业重点形象的心智占领排名、品牌溢价能力排名等。

三、需求挖掘

1. 什么是需求挖掘

需求是指人们在某一特定的时期内在各种可能的价格下愿意且能够购买某种具体商品的需要。此外，问题也是一种需求。用户在使用产品时会遇到各种问题，我们需要解决这些问题，从而满足用户的诉求。

在市场研究中，需求挖掘是指通过定量、定性的研究方法，了解消费者的深层次需求。需求挖掘不仅限于产品功能与设计本身，挖掘产品功能和设计需求背后的逻辑（即场景需求、体验需求、心理需求、社会属性需求）更为重要。消费者需求的挖掘能对销售/售后服务、产品设计、营销与渠道的改进起到至关重要的作用。

2. 需求挖掘模型

在做消费者研究时，如果知道消费者的需求，理解消费者产生某种消费行为的动机，则可以制定相应的营销策略，从而有效提升品牌和产品的市场表现。因此，研究消费者的需求和消费动机对于市场营销、品牌经营来说具有重要意义。在分析消费者的需求和消费动机时，以下经典模型和分析方法可供参考。

（1）马斯洛的需求层次理论

美国心理学家马斯洛将人们的需求分为 5 个层次，而生理需求、安全需求、社交需求、尊重需求和自我实现需求，如图 8-5 所示。到了晚年，马斯洛又提出了两个需求（认知需求和审美需求），形成了七层次需求理论，包括生理需求、安全需求、社交需求、尊重需求、认知需求、审美需求和自我实现需求。旧版本流传较广，故提到马斯洛的需求层次理论时，一般指的是五层次需求理论。

图 8-5　马斯洛的五层次需求模型

各层次需求的主要内容如下。

① 生理需求：水、食物、睡眠等。

② 安全需求：生命安全、健康、财产安全、工作、家庭等。

③ 社交需求：亲情、友情、爱情等。

④ 尊重需求：被他人尊重，具有一定的成就和社会地位等。

⑤ 自我实现：实现自我价值、理想等。

马斯洛的需求层次理论在确定研究方法、产品定位、制定营销策略、锁定目标消费者、改进产品以及企业经营管理方面有着比较广泛的应用，下面以产品定位为例进行介绍。假如将月收入在千元以下的群体作为目标消费者，那么产品定位应该侧重于满足他们的生理需求。将月收入在 10 万元以上的群体作为目标消费者时，因为他们已经衣食无忧，我们再强调生理需求的满足显然无济于事，故应侧重于社交、尊重和自我实现等需求。当锁定目标消费者和确定产品定位后，我们需要考虑产品具有什么卖点，信息以什么样的渠道触达消费者，广告形式有哪些。

（2）5W2H 分析法

5W2H 分析法也称为七何分析法，是一套面对问题情境时的思考逻辑。不难看出，这一分析方法是围绕用户旅程和触点展开的。我们先来看看具体的分析思路，再来介绍用户旅程体验。

5W2H 分析法首创于第二次世界大战时的美军兵器修理部，后因简单易行且富有启发性，逐渐流传开来，广泛地应用于管理、决策、执行等活动中，如企业管理、项目执行、活动推广等。

5W 代表了 WHO（何人）、WHEN（何时）、WHERE（何地）、WHAT（何事）、WHY（为何），2H 代表了 HOW（如何）和 HOW MUCH（多少）。在不同的应用场景中，这七个单词又会演变出不同的含义。

在需求分析领域，这种分析方法十分常用。此时，WHO 代表了产生需求的群体（用户、客户），WHEN 和 WHERE 分别代表了需求产生的时间和空间，WHAT 指具体需求是什么，而WHY 指为什么会产生这样的需求，HOW 指通过何种方式满足这一需求，HOW MUCH 指为了满足这一需求而愿意付出的代价。下面将进一步对这七个方面进行阐述。

WHO：产生需求的群体，是我们进行需求分析的对象，可以是任何一个我们想要分析的具有特定特点的人群，比如某一网站的新用户、某一品牌的忠实客户或者某一功能的核心用户。这一部分常常通过用户画像来展现。

WHEN 和 WHERE：需求产生的时间和空间，二者共同构成了场景，也就是用户在何时何地何种情境下产生了需求。这对我们理解用户需求来说是至关重要的。比如，同样是使用手机，部分用户偏好睡前躺在床上在熄灯的情境下玩手机，那么他们的需求可能主要是减少蓝光、护眼、降低屏幕亮度；而另一部分用户由于工作性质，经常需要在白天户外活动的情境下操作手机，他们的需求主要是屏幕亮度高、方便携带、方便单手操作。

WHAT 和 WHY：分别代表了需求是什么和为什么会有这样的需求。这两项有着密切的联系，互为表里。我们关注的重点在于用户的需求是什么（WHAT），但仅仅在 WHAT 的层面上考虑，往往不能准确把握用户的真正需求。我们需要进一步追问用户为什么会产生这样的需求（WHY），也就是思考用户需求背后的动机。

HOW：满足需求的方法。对于一个需求来说，用户往往已经有了一个替代的方案或者预期的方案，但这并不一定是最终的或最完美的方案，所以不可以简单地将已有方案直接当作需求，否则很难真正解决用户的痛点。正确的方法是通过上一阶段对 WHAT 和 WHY 的把握，结合具体的需求情境（WHEN 和 HOW）和用户的特征（WHO），找到一条切实可行、可以更好地满足用户需求的解决方案。

HOW MUCH：用户愿意付出的代价。这里的代价有很多形式，最直接的代价是金钱成本，除此之外还有时间成本、学习成本、行动成本、决策成本和健康成本等。

在市场研究中应用 5W2H 分析法时，通常还会加入价格测试、成本测试等内容。

（3）PSP 分析法

PSP 分析法是 person、scenes、paths 的简写，即"角色-场景-路径"分析法。其中，角色是指需求是针对谁提出来的，回答"他是谁"的问题，需要考虑该需求的潜在受众是一群怎么样的人，他们有什么特征，以及他们的行为和动机是什么。场景是指需求的应用场景，回答"他在哪"的问题。每一个需求都有必要的应用场景。分析场景时需要考虑用户需求产生和得到满足的实际情况。路径是指需求得到满足的完整过程和关键路径，回答"他是如何被满足的"的问题，需要考虑能不能在一条完整的路径上满足潜在用户的需求。

角色分析和场景分析常常一起进行，首先确定角色类型，接着在角色类型的基础上确定每种角色在不同情境下的不同需求，同时需要思考一个需求背后的原因是什么，动机和出发点是什么。其次，可以通过角色场景分析，穷举和梳理所有的应用场景。再次，可以定义角色、场景和优先级。最后，针对不同的角色和场景形成路径和方案。在制定方案时，应考虑到满足用户需求的完整操作路径，记录所有的过程和步骤。路径的起点应为具体的需求场景，经过一系列的过程动作后到达路径的终点，终点即需求的满足。特别需要注意的是，每个角色的每个场景都需要建立一条完整的路径，才能满足用户在该场景下的需求。

下面用一个办公管理应用的会议管理模块帮助大家更好地理解 PSP 分析法。

首先，针对会议管理这一需求，进行角色和场景分析。与会议管理有关的角色有：申请人、审批人以及与会人员。申请人的可能场景有申请会议、修改会议和取消会议，审批人的可能场景有审批会议申请和审批会议修改，与会人员的可能场景有接收会议通知、接收会议变更信息。

根据上述分析，形成表 8-5。

表 8-5 申请会议场景旅程表

角色	场景	路径	优先级
申请人	申请会议	单击"会议申请"→显示全部会议室→填写会议时间段→显示可借用会议室→单击某一会议室→显示申请页→完成申请页填写并单击"确定"按钮→完成申请	……
	取消、修改会议	……	
	查询审批进度	……	
审批人	审批会议申请	……	……
	审批会议修改	……	
与会人员	接收会议通知	……	……
	接收会议变更信息	……	

接下来，我们需要做的是对上述的每一个场景，分析其完成任务的路径。

会议申请人的申请会议场景为：路径的起点是申请人由于某一工作安排而需要预定一个在某一时间段召开的会议；接着，他进入了办公管理 App，并在首页中通过单击进入会议申请页面。会议申请页面显示了全部会议室的关键信息（可容纳人数、门牌、照片等），他根据需要在上方的时间控件中填写了会议的时段，页面上显示符合该时段要求的会议室信息。根据参会人数，他选择了其中一间会议室，系统跳转到预约页面。在预约页面中，他填写了会议主题、与会人员、申请人的联系方式等信息，然后单击"确定"按钮，提交会议申请。系统跳转到申请成功页面，会议申请路径结束。对这一过程进行总结并填写分析表，依次分析其余场景并填写申请。

在市场研究中，完整路径的建立通常需要与用户旅程体验的梳理相结合。在梳理用户旅程的过程中，路径往往逐步清晰。用户旅程体验是非常重要的需求分析与挖掘方法，我们会在下面重点介绍。

四、用户旅程体验的研究模型

1. 什么是用户旅程体验

所谓的用户旅程体验是指从用户角度出发，用讲故事的方式描述用户使用产品或接受服务的全过程的体验情况，从中发现用户在整个体验过程中的行为、想法和感受，认识到整个过程的演变历程，从中寻找用户的痛点和满意点，最后帮助企业挖掘出产品/服务的优化点、设计的机会点或者创新点等。

2. 用户旅程体验的定量指标

在用户旅程体验研究中，需要把企业待解决的问题转化成一系列待调研的问题，分别进行定量调研和定性调研。其中，定量调研方法主要以 CSI（用户满意度）和 NPS（净推荐值）调查为主，定性调研方法主要以座谈会、深访为主。本书提到的用户旅程体验的定量调研方法建立在用户满意度（CSI）和净推荐值（NPS）的基础上。

（1）用户满意度

用户满意度也叫用户满意指数，是服务性行业的用户满意度的简称，是一个相对概念，表示用户期望值与用户体验的匹配程度。换言之，用户满意度就是用户通过对一种产品可感知的效果与其期望值进行比较后得出的指数。

【举例】你对这款吸尘器的外观设计的满意度如何？（用 1～10 分进行评价，1 分表示非常不满意，10 分表示非常满意）。比如，某用户评价为 8 分，那么用户满意度就是 8 分。

另外，有些研究领域会从用户满意度评分的用户占比结构了解用户满意度，即净用户满意度（SSI）。

计算方法：净用户满意度（SSI）=（满意者数量/总样本数）×100%-（不满意者数量/总样本数）×100%。其中，满意者数量为打 9～10 分的人数，不满意者数量为打 0～6 分的人数。

$$净满意度（NSS）= \frac{打9～10分的人数-打0～6分的人数}{评价总人数}$$

比如，评价总人数为 100 人，打 9～10 分的人数为 40 人，打 0～6 分的人数为 20 人，则净满意度为 0.2。当然，净满意度也可能是负值，负值表示用户群体中不满意的用户偏多。

（2）净推荐值

净推荐值（NPS）又称净促进者得分，亦称口碑，是一种计量某个用户将会向其他人推荐某个产品或某种服务的可能性的指数。它是最流行的用户忠诚度分析指标，专注于研究用户口碑如何影响企业成长。通过密切跟踪净推荐值，企业可以让自己更加成功。

【举例】你关于这款吸尘器的外观设计的推荐度如何？（用 1～10 分进行评价，分值越高表示推荐意愿越强烈）。

计算方法：净推荐值（NPS）=（推荐者数量/总样本数）×100%-（贬损者数量/总样本数）×100%。其中，推荐者数量表示打 9～10 分的人数，贬损者数量表示打 0～6 分的人数。

$$净推荐值（NPS）= \frac{打9～10分的人数-打0～6分的人数}{评价总人数}$$

比如，评价总人数为 100 人，打 9～10 分的人数为 40 人，打 0～6 分的人数为 20 人，则净推荐值为 0.2。当然，净推荐值也可能是负值，负值表示用户群体推荐的意愿比较低或者不愿意推荐。

3. 用户旅程体验的研究模型

用户旅程体验研究属于一个相对较新的领域，需要建立一个全面、准确的模型。问卷网研发的 BEST 模型涵盖了全口径用户、线上与线下渠道和核心业务产品线，将用户旅程触点问卷主观数据与运营客观数据相结合，同时还能够整合业务运营数据、系统埋点数据、体验调研数据和用户之声（客诉）数据，实现用户体验的全面研究与分析，从而推动用户旅程重塑和常规产品及服务优化，形成体验监测的闭环。BEST 模型把用户满意度调查中常用的 CSI 和 KANO 模型包含在内，接下来我们以总分结构为例进行介绍。

（1）CSI 模型

CSI（用户满足度）模型是一个被广泛认可并得到应用的模型，能够有效度量用户对产品或服务的满意度以及再次购买的倾向。各个国家和地区都有自己的 CSI 模型，主要包括五大要素，体验指标的设计也是围绕着这 5 个维度展开的。

① 感知服务质量：着重表现用户主观层面的感受。服务质量是指用户接受服务之前的预期与真实感受到的服务之间的差别，其评估要包含服务效果、服务时的交互行为以及用户在这个过程中的感受和体验。一般情况下，感知服务质量可以分解出多个观察变量，观测变量的设置取决于行业的特点和企业运营的特点。

② 感知价值：就用户满意度而言，用户感知价值是构成测量模型的重要部分，也属于内生潜在变量。在通常情况下，感知价值可以分解出两个观察变量，即"给定价格条件下对质量的感受"和"给定质量条件下对价格的感受"。

③ 预期质量：就用户满意度而言，预期质量也是构成测量模型的重要部分，也属于内生潜在变量。影响预期质量的因素通常包含商品消费预期、商品可靠性预期以及商品质量的综合预期。

④ 用户满意度：可表示为实际感知与期望值之比，是用户满意程度的定量表示，表示用户事后的感知效果与事前的预期之间的差异。

⑤ 用户忠诚：一般情况下，用户忠诚可以分解出"重复购买"和"推荐程度"等。

图 8-6 为 CSI 模型的图形展示。

（2）KANO 模型

KANO 模型是由东京理工大学的狩野纪昭教授发明的一种对用户需求进行分类和优先排序的有用工具，以分析用户需求对用户满意度的影响为基础，体现了产品性能和用户满意度之间的非线性关系，如图 8-7 所示。

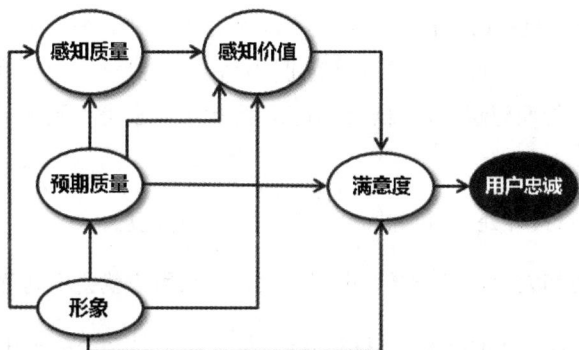

图 8-6 CSI 模型

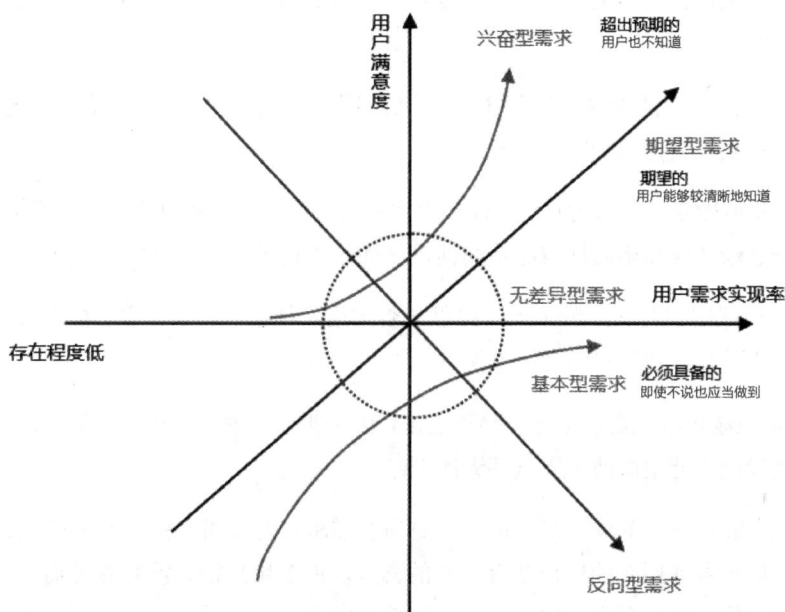

图 8-7 KANO 模型

根据不同类型的质量特性与用户满意度之间的关系，狩野纪昭教授将产品服务的质量特性分为以下 5 类。

① 基本型需求（M，Must-be）：也称为必备型需求、理所当然型需求，是用户对企业提供的产品或服务因素的基本要求，是用户认为产品"必须有"的属性或功能。当产品的特性不充足（未满足用户需求）时，用户很不满意；当其特性充足（满足用户需求）时，用户也可能不会因此表示满意。

【举例】夏天家里使用空调器，如果空调器正常运行，用户不会因此而对空调器的质量感到满意；反之，一旦空调器出现问题，无法制冷，那么用户对该品牌空调器的满意度就会明显下降，投诉、抱怨随之而来。

对于一部手机来说，通话是必备功能。如果手机不能用来打电话，那么用户就会不满意。

② 期望型需求（O, One-dimensional）：也称为意愿型需求，是指用户的满意状况与需求的满足程度成比例关系的需求，此类需求得到满足的话，用户满意度会显著提高。企业提供的产品和服务水平超出用户的期望越多，用户越满意。当此类需求得不到满足的话，用户的不满也会显著增加。

【举例】企业对质量投诉处理得越圆满，那么用户就越满意。

如果手机的续航时间太短，每天要充电好几次，那么用户就会不满意。

③ 兴奋型需求（A, Attractive）：也称为魅力型需求，是指不会被用户过分期望的需求。对于魅力型需求，随着用户的期望得到满足的程度增大，用户满意度也会急剧上升，但用户期望一旦得到完全满足，用户表现出的满意度也是非常高的。当用户的期望得不到满足时，用户会表现出明显的不满。

【举例】一些著名品牌能够定时进行产品质量跟踪和回访，发布最新的产品信息和促销内容，并为顾客提供最便捷的购物方式。

以前用手机听歌是一个魅力属性，能让用户眼前一亮。随着时间的推移和手机功能的完善，魅力属性可能逐渐变成期望属性或必备属性，例如用手机听歌已经变成必备属性了。

④ 无差异型需求（I, Indifferent）：提供与否对用户体验无影响。这里指质量中既不好也不坏的方面，它们不会导致客户满意或不满意。

【举例】用微波炉听歌是一个无差异型需求，因为担心辐射和使用时间短，很少有人用微波炉来听歌，所以能不能用微波炉听歌都无所谓。

⑤ 反向型需求（R, Reverse）：也称为逆向型需求，是指引起强烈不满或导致低水平满意的质量特性，因为并非所有的用户都有相似的喜好。许多用户根本没有这种需求，提供后用户满意度反而会下降，而且提供的程度与用户满意度成反比。

【举例】一些用户喜欢高科技产品，而另一些人更喜欢普通产品，过多的额外功能会引起用户不满。

手机上的一些低级广告出现得越多，一般用户就越讨厌。

在实际应用过程中，KANO 模型的问卷设计比较复杂，需要从正面和反面设计问题，而且用户回答也比较难以界定正反两类问题的尺度。所以，KANO 模型多为满意度指标体系的分析和评判提供方向，如图 8-8 所示。

（3）BEST 模型

CSI 模型和 KANO 模型只关注"体验"，而缺乏对"旅程"的展示。因此，它们更适合被叫作"满意度模型"而非"旅程体验模型"。BEST 模型（见图 8-9）是问卷网专门针对用户旅程体验管理体系研发的研究模型，目前已经进入专利申请阶段。该模型主要由 B（Behavior，旅程行为梳理）、E（Experience，体验指标搭建）、S（Sound，驱动因素识别）、T（Target，改进目标设定）四部分组成。这四个部分整合了行为、态度、需求和目标角色等多维度的数据信息，形成了用户旅程体验管理的流程。因此，它既是一个研究模型，也是一个用户旅程体验管理体系的顶层架构。

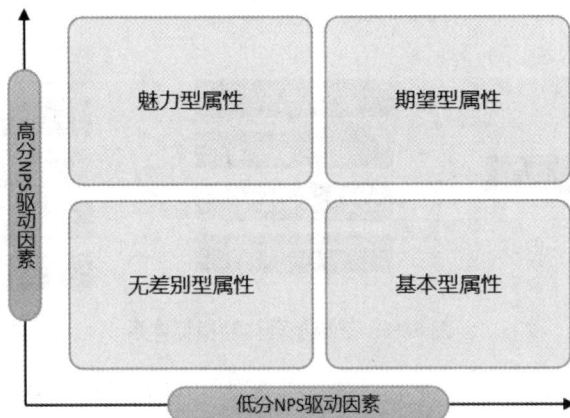

图 8-8　KANO 模型的四个象限

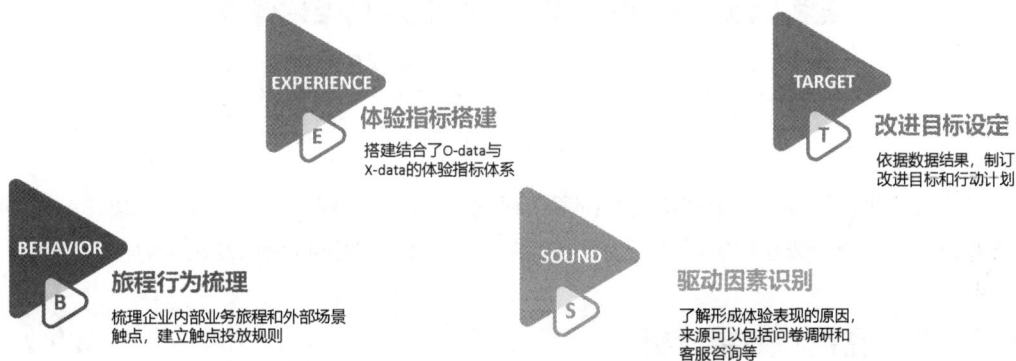

图 8-9　BEST 模型

　　首先，梳理旅程行为。梳理企业内部业务旅程和外部场景触点，即对用户旅程的关键环节和关键场景进行梳理或埋点监测，依据环节的便利性与必要性形成关键触点地图，如图 8-10 所示。比如，可以从信息获取、决策使用、贷款办理、产品使用、口碑传播、用户反馈等环节设计体验指标体系。

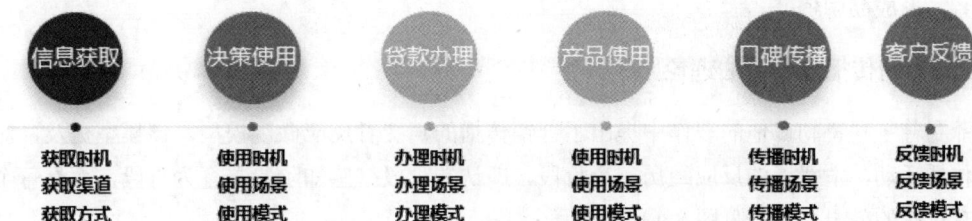

图 8-10　旅程阶段的关键触点

其次，建立体验指标体系。以 NPS 和体验满意度为核心搭建指标体系，对用户旅程的关键触点的体验满意度进行监测，比如信息获取满意度、购买体验满意度、使用体验满意度等。在 BEST 模型的设计中，把用于用户满意度研究的 CSI 模型作为 E 部分指标体系的设定来源，如图 8-11 所示。

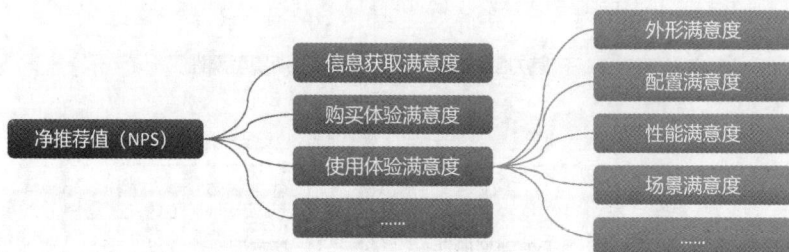

图 8-11　三级旅程体验指标体系

再次，识别驱动因素。从用户心声、驱动因素和阻碍因素中提取关键信息，挖掘用户旅程和用户体验形成的原因，形成心声体系，如图 8-12 所示。

图 8-12　心声指标体系

最后，改进目标设定。依据前三个阶段的研究，了解用户体验发生在哪些阶段，触点还存在哪些短板，以及形成这些短板的原因。在此基础上，制订改进目标以及相应的行动计划。

五、传播（营销）效果分析

1. 什么是营销传播

美国营销大师菲利普·科特勒在《市场管理》一书中提到，营销传播是公司直接或间接通知、说服和提醒消费者，使消费者了解该公司的品牌或出售的产品的方法。

营销传播一般由广告、社交媒体、公关、促销活动、事件营销、代言人等因素组成。营销传播最主要的目的是让消费者知道、了解进而购买产品或服务，同时能让消费者与品牌之间建立关系，形成品牌资产。

2. 营销传播效果评估理论

菲利普·科特勒在他的著作中提出了营销传播的消费者反应微观模型。该模型提及，对于营销传播活动，消费者的反应经历三个阶段，即认知阶段、感知阶段与行为阶段，而且每个阶段都有对应的效果层次，见图 8-13。

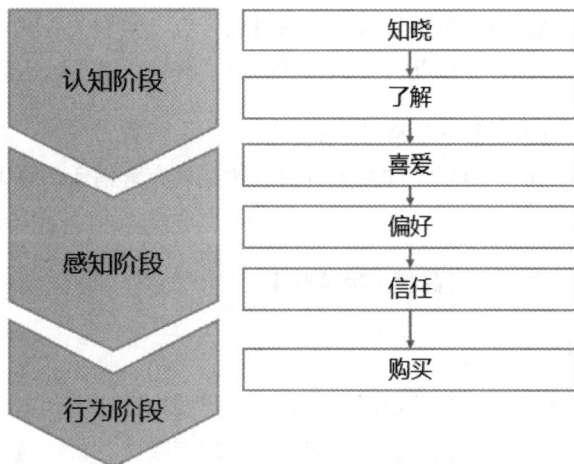

图 8-13　效果层次模型

该理论认为，认知阶段的主要效果是知晓与了解，感知阶段则由喜爱、偏好与信任组成，行为阶段主要体现在购买行为上。

3．问卷网的传播效果评估模型

结合菲利普·科特勒的效果层次模型，问卷网根据多个行业的研究经验，建立了传播效果评估模型，如图 8-14 所示。

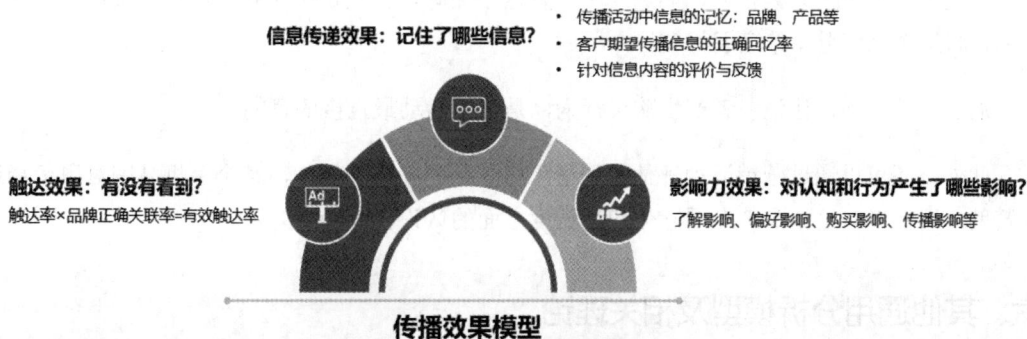

图 8-14　问卷网的传播效果模型

该模型认为，营销传播效果需要从触达效果、信息传递效果与影响力效果三个方面进行评估，从而为营销传播策略的调整提供建议。

问卷网的传播效果评估模型既参考了效果层次模型的理论基础，也具备实战价值。效果层次模型中的认知阶段可以通过触达效果来展现，感知阶段由信息传递效果去体现，行为阶段则由影响力效果去评估。

（1）触达效果

营销传播的首要目标就是要让消费者看到和听到，即触达。如果消费者不知道这个营销活动，就谈不上销售了。品牌方可能通过很多渠道投放广告，他们关心究竟哪些渠道触达了消费者，哪些渠道到达不了消费者。因此，营销传播需要了解触达率与触达渠道。

营销传播触达消费者并不意味着触达真正有效。如果消费者接触了营销活动之后认为这个营销活动是其他品牌开展的，这就不能算是有效触达。只有营销活动正确关联了品牌之后，才算是有效触达。

因此，有效触达率=触达率×品牌正确关联率。

（2）信息传递效果

除了消费者听说过或者看到过营销活动，我们还需要知道这个营销活动在消费者的心中留下的记忆。消费者回忆起了哪些内容，其中印象深刻的有哪些？营销活动信息记忆度越高，越可能使消费者产生进一步的偏好。

信息传递内容可以从容易理解的程度、可信度以及新颖性三个方面进行评估。

对于品牌代言人，我们还需要了解消费者对代言人的认知度、喜好度、代言人形象与品牌形象的匹配度等相关内容，从而验证代言人选择的准确性。

（3）影响力效果

如果营销活动触达消费者并正确关联了品牌，同时消费者还能回忆起该营销活动的相关信息，他就可能会产生系列行为，如进一步了解这个品牌，喜欢这个品牌，计划购买这个品牌的产品，将这个品牌分享给亲朋好友。

通过营销活动，让消费者产生购买行为，是营销活动最直接的目的。

此外，还可以通过营销活动评估品牌形象所受到的影响。例如，某个手机品牌对奥运会进行赞助，消费者对这个品牌在国际化和活跃度方面的认识会有所提升。

六、其他通用分析模型及相关理论

下面主要介绍市场分析中常用的几个分析模型和相关理论，其中包括 SWOT 模型、PEST 模型、4P 营销理论、4C 组合模型和矩阵分析法。对数据分析人员来讲，了解此类模型有助于系统思考问题，梳理分析思路和分析框架。

1. SWOT 模型

（1）SWOT 分析方法

SWOT 分析即态势分析，是指通过调查将与研究对象相关的内部优势、劣势、机会和威胁等列举出来，并依照矩阵形式进行排列，然后利用系统分析的思路，把各种因素相互匹配起来加以分析，从中得到一系列带有决策性的结论。

SWOT 是四个英文单词首字母的组合，其包含 Strengths（优势）、Weaknesses（劣势）、Opportunities（机会）、Threats（威胁）。这一思维模型主要用来协助分析者分析特定对象的内部与外部环境，分别对上述四个方面加以考量，分析利弊得失，并用来分析企业的内外部环境与自身战略是否匹配，从而找出问题的根源，设计出相应的对策。

SWOT 分析需要回答以下四个问题：如何运用内部优势去最大限度地发掘外部机会，如何运用内部优势来应对或规避外部威胁，新的机会产生于内部的哪些劣势，企业的劣势是什么，如何应对外部威胁。

（2）SWOT 模型的应用步骤

① 找出影响企业经营的最重要的因素有哪些，明确下一阶段需要解决的经营问题。

② 分析宏观和微观环境，明确机会和威胁。

③ 分析企业的经营情况，明确优势和劣势。

④ 以四象限表格的形式列出有价值的机会和较重要的威胁，并将企业的优劣势分析结果简明扼要地表示出来。这个表格称作 SWOT 矩阵。

（3）案例分析

我们以某烟草企业准备进军电子烟行业作为背景，进行初步的 SWOT 分析，整理相关资料得到 SWOT 矩阵，见表 8-6。

表 8-6 　　　　　　　　　　　　　　　某烟草企业的 SWOT 矩阵

优势（S）： ① 属于传统烟草企业，品牌知名度高； ② 欧美电子烟市场的见证； ③ 资金雄厚	劣势（W）： ① 国外产品更加成熟； ② 相对于国外和国内其他品牌，起步比较晚； ③ 团队刚刚组建，经验不足，能力不强
机会（O）： ① 国内烟民有 3.5 亿人； ② 目前国内电子烟用户在烟民中所占的比例不到 10%，市场巨大； ③ 美国市场已超过 20 亿美元； ④ 中国电子烟消费人群正在扩大	威胁（T）： ① 国内电子烟行业鱼龙混杂； ② 烟民的吸烟习惯不容易改变； ③ 电子烟的普及率低

以表 8-6 为出发点，我们试着回答两个问题。

① 综合分析机会、威胁、优势和劣势，重点考虑企业的机会在哪里，找到应对策略。

② 根据 SWOT 模型，确定所要解决的问题以及应该采取的战略，并对相关战略选项按优先级进行排序，以协助决策者推动战略的执行和落地。

首先，看看优势和机会。针对目前国内电子烟市场开发不足以及烟民群体巨大的特点，该公司作为经济实力雄厚、品牌知名度高的传统烟草公司，可以利用既有品牌的忠诚用户以及用户对该品牌的较高认知，加大对该品牌电子烟的宣传投入，将本品牌和其他品牌的传统烟草用户转化为电子烟用户，从而开拓本品牌的电子烟市场。

其次，分析优势和威胁。利用该公司自有资金以及品牌的优势，针对电子烟普及率低的现状，可以考虑针对传统烟草消费人群推行试用策略，让更多的人认识和接触电子烟。针对国内电子烟品牌繁多且质量不一的特点，可发挥自身品牌知名度高的优势，在宣传中突出自身品牌电子烟产品高品质的特点，占领消费者心智。

再次，分析劣势和机会。电子烟在国外已经发展多年，我们可以借鉴国外品牌的经验。对该公司来说，虽然电子烟业务起步较晚和团队年轻是劣势，但是从另外一方面看，这代表着活力和创新。我们可以利用初创的冲劲和品牌的新鲜度，着力开发年轻用户和新用户。

最后，分析劣势和威胁。若国外品牌强势进入，直击该公司软肋，这个时候最好的策略应该是以防御为主，少暴露自身劣势，也可以在市场上适当收缩，对内进行变革，对外寻找其他机会，以化解危机。

2. PEST 模型

（1）PEST 分析方法

PEST 分析法是一种针对宏观环境的分析方法。宏观环境又称一般环境，是指一切影响行业和企业发展的宏观因素。在分析宏观因素时，不同的行业和企业应考虑自身特点和经营需要，分析的具体内容会有差异，但一般都应对政治法律、经济、社会文化和技术这四大类影响企业经营的主要外部因素进行分析。

① 政治法律环境（Political）。政治环境主要包括政治制度与体制、政局、政府的态度等；法律环境主要包括政府制定的法律、法规。

② 经济环境（Economic）。构成经济环境的关键战略要素有 GDP、利率水平、财政货币政策、通货膨胀、失业率、居民可支配收入、汇率、能源供给成本、市场机制和市场需求等。

③ 社会文化环境（Social）。影响最大的是人口环境和文化背景。人口环境主要包括人口规模、年龄结构、人口分布、种族结构以及收入分布等因素。

④ 技术环境（Technological）。技术环境不仅包括发明，而且包括与企业所涉及的市场有关的新技术、新工艺、新材料的出现、发展趋势以及应用背景。

进行 PEST 分析时，通常采用矩阵式方法，就是将宏观环境分成四个象限。比如，以政治法律环境和经济环境作为坐标轴，在政治法律环境和经济环境都好的情况下，就应该发展业务；在政治法律环境和经济环境都不理想的情况下，就不能发展业务；一个环境好而另一个环境不太好时，就要慎重考虑，既可以发展业务也可以不发展业务。PEST 分析方法通常用于企业外部环境分析。

（2）案例分析

我们以某传统烟草企业准备进入电子烟市场作为背景，简单介绍一下 PEST 分析方法的应用。

① 政治法律环境分析。国家烟草专卖局于 2019 年 10 月发布通告，电子烟线上禁售令正式生效，各电商平台在当年 11 月将全部电子烟产品下架。2020 年 11 月，国家烟草专卖局进一步发布通告，禁止所有企业和个人开设电子烟互联网销售网站和客户端。2021 年 3 月，工业和信息化部公开征求对《关于修改〈中华人民共和国烟草专卖法实施条例〉的决定（征求意见稿）》的意见。该意见征求稿在《中华人民共和国烟草专卖法实施条例》的附则中增加了一条作为第六十五条。该条规定："电子烟等新型烟草制品参照本条例中关于卷烟的有关规定执行。"因此，政策对电子烟销售渠道做出限制，不允许网络平台销售电子烟，消费者购买电子烟的便利性减弱，这势必影响电子烟的销售。

② 经济环境分析。因疫情的影响，国际经济形势不太乐观，国内经济增长放缓。企业在电子烟市场的进入时机以及产品研发和营销等方面应该更加谨慎，我们结合当前情况建议分批、分段投入。

③ 社会文化环境分析。目前国内电子烟市场还比较小，有关资料表明国内电子烟消费者占烟民的比例不到 10%，而我国有 3.5 亿左右的烟民。一方面国内消费者对电子烟的接受度还不高，另一方面电子烟的可发展空间巨大。另外，研究发现非烟民对使用电子烟的容忍度和接受度要远高于对吸食传统烟草的容忍度和接受度。

④ 技术环境分析。以某品牌为代表的国内电子烟企业在可换烟弹型电子烟技术上的领先优势明显，无论是烟杆、烟弹、电池以及外观造型都取得了不错的口碑，已经不弱于国外品牌；而国内企业生产加热不燃烧型电子烟的技术明显不如国外品牌。企业可以考虑研发加热不燃烧型电子烟，占领细分市场。

3．4P 营销理论

PEST 分析主要针对企业如何应对外部环境，而下面介绍的 4P 营销理论是针对企业内部环境的一种分析思路。

首先，我们要讲清楚什么是 4P 营销理论。4P 营销理论从产品（Product）、价格（Price）、渠道（Place）和促销（Promotion）四个维度去分析本企业的营销状况，以达到扩大销售和增加营收的目的。

① 产品：主要是指企业向目标市场提供有形的产品和无形的服务来实现其营销目标，其中包括与产品有关的品种、规格、式样、质量、包装、特色、商标、品牌以及各种服务措施等可控因素的组合和运用。

② 价格：主要是指企业通过按照市场规律制定价格和变动价格等方式来实现其营销目标，

其中包括对与定价有关的基本价格和折扣价格、津贴、付款期限、商业信用以及各种定价方法和定价技巧等可控因素的组合和运用。

③ 渠道：企业通过合理的分销渠道使自己的产品实现流通以实现其目标，其中包括对与分销有关的渠道覆盖面、商品流转环节、中间商、网点设置以及储存运输等可控因素的组合和运用。

④ 促销：通俗一点讲，这就是做广告，主要是指企业利用各种信息传播手段刺激消费者的购买欲望，促进产品销售，以实现其营销目标，其中包括对与促销有关的广告、人员推销、营业推广、公共关系等可控因素的组合和运用。

简单来讲，4P 营销理论就是从产品、价格、渠道和促销四个维度进行内部和外部环境的分析与对比，找到更合适的营销组合模型，以达到营销目的。

4．4C 组合模型

4C 组合模型也称 4C 营销理论，与传统 4P 组合模型相对应。它是由美国营销专家劳特朋教授提出的。4P 组合模型从产品的各个形态以及营销环节出发，更多地是以企业自身为中心。而 4C 组合模型则以用户的需求为导向，重新设定了市场营销的四个基本要素：即用户（Consumer）、成本（Cost）、便利（Convenience）和沟通（Communication）。它强调企业首先应该把追求用户满意放在第一位；其次是努力降低用户的购买成本；再次要充分注意到用户购买过程中的便利性，而不是从企业的角度来制定销售策略；最后还应以用户为中心实施有效的营销沟通。

（1）用户（对应于 4P 营销理论中的产品）

这里不是从产品本身开始分析，关注的焦点只是用户真正想购买的产品和服务。这意味着营销人员需要花时间深入了解用户的欲望和需求，这一点非常重要。只有理解用户才能卖给用户他们真正想要的产品。

营销活动的核心是产品本身，这是营销人员需要解开的一个谜。产品必须是用户想得到且在某个方面很独特的东西，是竞争对手不能提供的。要做到这一点，最有效的方法是首先发现没被占领的市场，然后开发符合这个市场的产品，而不是把一个已经做好的产品塞到市场上去。对产品规格和用户需求的测试是关键点。对产品的理解（产品可以给予的价值）需要从用户角度和制造商角度同时进行。

（2）成本（对应于 4P 营销理论中的价格）

成本会比价格提供更多的用户信息。价格是用户取得某个产品或者某项服务需要支付的金额，是所有生产要素的价格的总和，包括土地、劳动、资金和企业成立的费用。

在"满意的成本"这个概念之下，价格只是众多因素之一，其他因素包括取得商品的时间成本、使用商品时了解商品的精力成本、购买和使用产品的全生命周期成本、更换品牌的成本和不选择其他替代品的成本。

营销人员常常有一种误解，认为销售价格是影响用户购买产品的主要因素。销售价格低在最初阶段可能有利于销售产品，但从长远来看，它起的作用越来越小。如果销售价格低于成本，用低价取得市场，企业将不能生存。如果在没有理解产品对于用户的价值之前以高价销售该产品，那么用户就不可能购买该产品。

将注意力放到用户满意的成本上，意味着除了销售价格之外，还有更多重要的信息需要考虑。采用对企业利润的影响最小的措施，将提高产品价格，同时降低用户因为满意而愿意支付的成本。

（3）沟通（对应于 4P 营销理论中的促销）

促销只是由售卖者来操纵的因素。交流沟通更利于合作，也更利于用户参与。传统的营销组合模型以促销作为手段将产品信息放到用户的面前。促销手段和方法需要不断更新，细分市场营销对需求的关注会更多一些。交流将建立售卖者与用户之间更加有意义的关系，关注用户的需要和工作方式。这种方式比广告更能让营销人员理解他们的市场，从而增加销量，提高用户的忠诚度。

（4）便利（对应于 4P 营销理论中的渠道）

网络卖场、电子支付、电商产品目录和移动手机为用户提供了一种全新的购买方式。用户不一定要去实际的地点购物，而网上有无数的地方可以这样做。这意味着营销人员需要了解某个特定的用户群如何进行采购，以方便他们购买。4P 组合模型中的渠道只适用于传统价值链。将产品交付给用户时，便利变量要考虑的内容就更多。

通过关注用户，可将 4C 组合模型和传统的 4P 组合模型区分开来。在大规模营销中（面对大众市场），企业按照用户无区别的理念进行销售，对用户使用产品的真实需求缺乏深刻的理解。4C 组合模型为适应细分市场而采用不同的方式，在细分市场中的交流更倾向于"一对一"的方式，这样更容易了解用户的情况和他们的真实需求。在细分市场营销中，需要进行详细的市场研究。当这样的市场被划定和了解以后，4C 组合模型就会发挥作用。

5. 矩阵分析法

什么是矩阵分析法呢？我们给它下的定义是：按照一定标准（0 点、平均值等）将由两个指标所构成的平面切割为四个象限，根据研究对象所在的区域或象限来分析其特征，这样的方法可称为矩阵分析法。

为什么会用到矩阵分析法呢？实际生活中，当在有些情况下仅用一个指标对一组研究对象进行排名或者分类时，要么结果的区分度不够，要么欠缺对其他重要指标的考虑，因此就有必要使用多个评价指标。为什么不用三个评价指标？因为从三维开始，分析的难度更高，而且三维图也不直观。

讲到矩阵分析法就绕不开波士顿矩阵。下面先介绍波士顿矩阵，然后介绍市场研究中常见的矩阵指标。

（1）波士顿矩阵

波士顿矩阵又称市场增长率-相对市场份额矩阵、波士顿咨询集团法、四象限分析法、产品系列结构管理法等。它由两个指标构成，即市场增长率和相对市场份额。一般以市场增长率为纵轴，相对市场份额为横轴，这两个指标构成坐标平面。划分四个象限的标准为：市场增长率以 10%区分高低，相对市场份额以 20%区分高低。有时用绝对市场份额代替相对市场份额。

市场增长率=［比较期市场销售量（额）-前期市场销售量（额）］÷
前期市场销售量（额）×100%

某产品的绝对市场占有率=该产品的销售量/该类产品的市场销售总量

某产品的相对市场占有率=该产品的市场占有率/该类产品市场
占有率最大者（或特定的竞争对手）的市场占有率

图 8-15 概括了四类产品的特点。

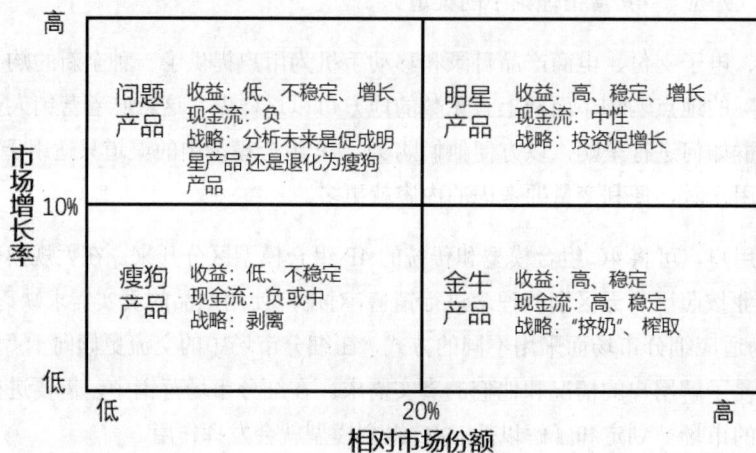

图 8-15　波士顿矩阵

波士顿矩阵具有固有的局限性。比如，它主张将瘦狗产品剥离，但是瘦狗产品与明星产品、金牛产品的关系往往紧密，甚至形成互补关系。如果将瘦狗产品剥离，那么明星产品和金牛产品也将受到影响。

对比波士顿矩阵与对应分析中的点图，容易发现它们有共同之处——对事物进行分类。分类思想是工作、生活中的重要哲学思想。比如，在时间管理中将工作按轻重缓急划分，优先处理既重要又紧急的事务。这是分类思想的有效应用。再如，在投资中购买哪个股票而不购买哪个股票，需要你根据自己对它们未来的涨跌预判来决定，那么涨和跌也是一种分类。分类思想在数据分析中的体现也很生动，多元统计分析技术中的判别分析、聚类分析、Logistic 模型、RFM 模型、市场细分技术等都是对某些事物进行分类，然后对不同的类别进行不同的处理。

（2）其他常用矩阵分析方法的指标组合

除了波士顿矩阵，还有以下几种常见矩阵。

① 满意度-重要度矩阵：满意度研究。

② NPS-满意度矩阵：NPS 研究。

③ 渗透率-市占率矩阵：品牌资产研究。

④ 关注因素-购买因素/放弃因素矩阵：消费行为研究。

在满意度-重要度矩阵中，分割线一般是平均值，如图 8-16 所示。在产品研究中，重要且满意的属性是优势属性；对于重要而不满意的属性，要优先找到不满意的原因并加以改进；不重要且不满意的属性可以考虑剔除；不重要而满意的属性是所谓的锦上添花属性。

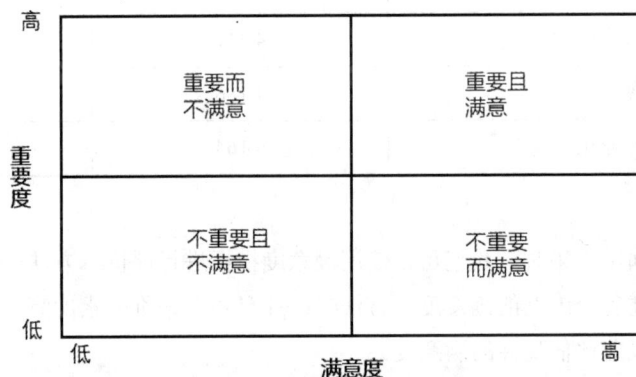

图 8-16　重要度-满意度矩阵

其他矩阵的分析模式与此相似，这里不再赘述。

矩阵分析的一般步骤如下。

① 计算各产品/公司的两个指标值。

② 制作散点图，并编辑分割线。

③ 分析各个象限中的产品/公司/属性的特点。

（3）案例分析

案例：某晚会结束后，主办方向现场的观众发放了电子问卷（其中涉及 13 个因素的满意度与重要度指标）来评价晚会的演出效果，并欲了解如何更好地举办下一场晚会。表 8-7 是根据调查数据整理得到的汇总数据表。

表 8-7   **重要度与满意度数据表**

评价因素	重要度	满意度
漂亮程度	4.100	0.728
内涵	4.268	0.496
风格的多样性	4.293	0.548
综合素质	4.321	0.504
语言表达/现场反应	4.354	0.484
主持风格与技巧	4.468	0.632
舞台设计	4.068	0.452
现场音乐搭配	4.096	0.544
整体设计的紧凑性	4.321	0.508
笑点的丰富程度	4.279	0.484
情节设计	4.111	0.46
爆点	4.186	0.484
专家的专业化程度	4.164	0.492

在评价晚会的演出效果时，我们可以使用满意度指标进行评价。方法一：直接从各个细分维度出发，分别描述各个维度的满意度。方法二：计算各个评价因素的满意度的平均值，得到综合满意度指标，以此评估晚会的满意度。

关于如何改进晚会的演出效果，自然而然的思路是利用重要度-满意度矩阵，先将上述汇总数据表导入 SPSS，然后制作散点图。制图步骤如下。

① 依次选择 "Graphs–Legacy Dialogs–Scatter/Dot–Simple Scatter"。

② 在图 8-17 所示的页面中，"Y Axis" 选择重要度，"X Axis" 选择满意度，"Label Cases by" 选择评价因素。

③ 双击图形，分别增加 X 轴和 Y 轴的辅助线，辅助线的位置为均值。

④ 用右键单击任意散点，选中所有散点，再双击散点，设置颜色为红色。

⑤ 关闭图形编辑窗口，即可得到编辑好的重要度-满意度矩阵，如图 8-18 所示。

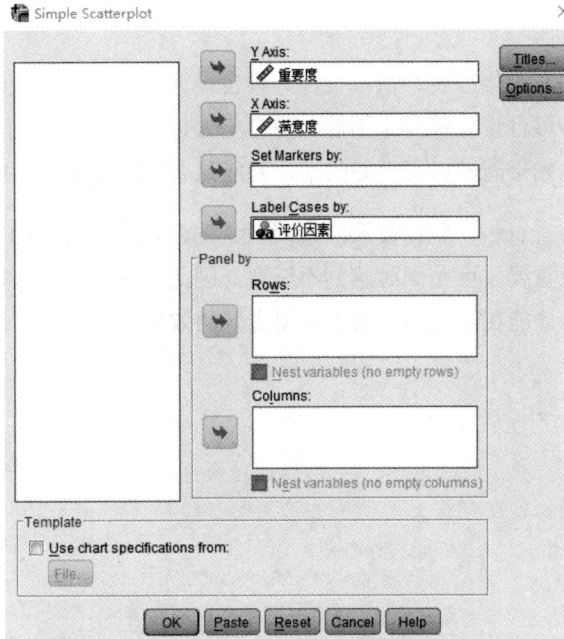

图 8-17　制图设置

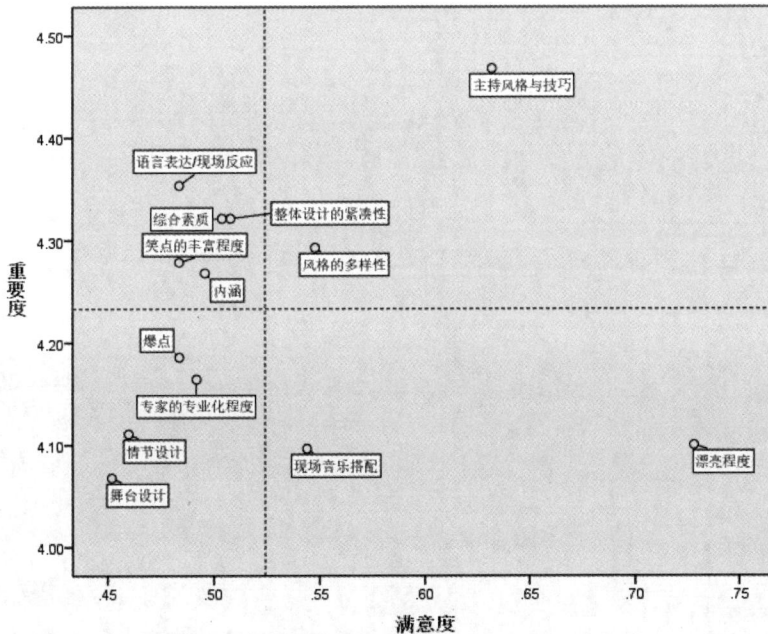

图 8-18　各因素在重要度–满意度矩阵中的分布

结果分析如下。

主持风格与技巧、风格的多样性两个因素处于优势区域，下一场晚会可继续保持。

对于现场音乐搭配、漂亮程度两个因素，观众的满意度较高，但二者的重要度较低，建议下一场继续保持即可。

　　对于爆点、专家的专业化程度、情节设计、舞台设计等因素，观众的反应是它们既不重要也不让人满意。显然，舞台设计和专家不能从晚会中去掉，否则晚会就不完整了。所以，这几个因素我们建议保持，如果能够做得更好的话，就能显著提高观众的满意度。

　　最后，观众认为语言表达、整体设计的紧凑性、综合素质、笑点的丰富程度、内涵这些因素对于这场晚会来说很重要，可是同时感到不满意。因此，这几个因素需要优先改进。只有改进了这几方面的表现，才能在下一场演出中获得更好的效果。

第四篇　常见调研主题实战

第九章

市场细分与用户画像

一、市场细分的实际研究意义

1．市场细分的目的

由于企业自身资源的限制，不可能提供能够满足市场上所有用户需求的产品或服务，也不可能以同一种营销方式来吸引市场上的所有用户。

市场上的用户数量众多，他们的需求、心理、购买动机也不尽相同，企业在不同细分市场中的营销能力也有差异，这就需要企业把某些方面类似的用户细分出来，选择最有利可图的细分市场，集中资源去开发新产品或新服务。

通过这样做，企业可以更好地对产品和服务进行定位，制定营销策略，以满足每个细分市场的需求。

2．市场细分的方式

企业为了更加有效地向目标市场提供最匹配的产品或服务，需要将市场中的用户划分为几个具备共同特征的群体。我们接下来介绍几种最常见的划分细分市场的方式。

（1）地理细分

地理细分是指按照地区、城市等级、人口密度、气候、国家等因素，对市场进行细分。用户的偏好和兴趣会因地理状况的不同而存在一定的差异。按地理状况划分的细分市场可以像国家或地区一样宽泛，也可以像社区或街道一样细致。比如，按照行政区，我国可以分为华东、华南、东北、华北、西南等地区；按照城市等级，可以细分为一线城市、新一线城市、二线城市、三线城市等。不同地区的用户对产品与服务的需求也是不一样的。比如，东北地区的用户对暖气片等的需求要比华南地区的用户大得多。再如，北方人民比较喜欢面食，南方人民比较偏爱大米。

（2）人口统计细分

人口统计细分是指根据用户的年龄、世代、家庭规模、生命周期阶段、性别、职业、收入、受教育程度等特征划分市场。由于人口统计信息比其他细分维度（比如心理细分）更具体，而且适用范围广，所以人口统计细分是最简单、最可靠、使用最广泛的市场细分方式。用户使用哪些产品和服务，用户如何使用，以及用户愿意花多少钱，通常都基于人口这一统计因素。

每一代人都深受他们成长中所处时代的影响，比如中国的 80 后、90 后、00 后在行为特征和消费习惯上有很大区别。这也是目前市场上最常用的细分方式。Z 世代（95 后）是未来消费市场上的主力人群，他们正在日益成为大多数行业希望深入研究的热门人群。

不同年龄段对服装、药品、食品、日用品等的需求不同。很多服装、食品、护肤品经营企业经常按年龄这一统计因素来细分市场。比如，某品牌牙膏针对儿童、成年人和老年人提供不同类型的产品；在保健品消费方面，老年人市场所占的比例比较高；在玩具消费方面，未成年市场所占的比例最高。

不同性别对服装、化妆品、杂志等的需求不同，男性用户和女性用户在购买行为和购买动机等方面存在很大的差异。比如，女性喜欢鲜花、花木、花果等，而男性喜爱树木、皮革、烟草等。

不同收入群体对产品和服务质量的要求不同。比如，某高端奢侈品牌酒店主要针对高收入人群，其每晚价格一般在 4000 元左右；某中等品牌商务酒店主要针对中等收入人群，其每晚价格一般在 1000 元左右；某连锁酒店主要针对低收入人群，其每晚价格一般在 200 元左右。

不同规模的家庭有着不同的生活方式，他们自然对产品和服务有着不同的需求。比如，房地产、居家用品、汽车行业一般将用户群体分为单身家庭、二人家庭、三人家庭、多人家庭等。家庭人口数量不同时，他们对住房面积、家具样式、汽车型号乃至日常消费品的选择都会有所不同。

教育背景不同的用户在看待事物的方式、文化素养和生活方式等方面存在较大的差异。所以，这也是影响用户购买行为的一个重要因素。

不同职业的用户因为自身知识水平、所处环境和生活方式等的不同，其消费需求会存在比较大的差异。比如，金融行业的从业者比较注重服装和美容等方面的需求，教师比较注重书籍和报刊等方面的需求，互联网行业的从业者比较注重与电子产品相关的需求。因此，职业也可作为细分市场的一个因素。

（3）心理细分

心理细分是指根据用户的生活方式、性格特征、价值观、信仰和兴趣等对市场进行细分。同一个人口细分、地理细分或行为细分的用户群体可能具备不同的心理特征。

根据生活方式的差异，可以将用户划分为简朴型、实用型和奢侈型等。简朴型用户在选购商品的过程中可能更关注价格，实用型用户更关注产品的功能，而奢侈型用户则可能更注重产品是否具有独特性以及能否彰显经济实力等。

心理细分比地理细分和人口细分更困难，因为心理细分更抽象，这就需要进行大量的用户研究，充分掌握用户的心理状态。

（4）行为细分

行为细分是指根据市场中用户对某一款产品的使用情况、了解程度、购买模式、忠诚程度等进行市场细分。行为细分类似于心理细分，因为它不像人口细分和地理细分那样具体，同样需要进行大量的用户研究。

根据购买模式，可将用户划分为深入了解再购买型和冲动消费型。按购买行为，可将用户划分为网购群体、实体店购买群体等。了解购买模式有助于开发有针对性的营销渠道。

根据使用频率，可将用户划分为轻度用户、中度用户、重度用户，为如何提升重度用户的比例提供分析角度。

根据使用情况，可将用户划分为潜在用户、新用户、老用户、流失用户等，进而为转化潜在用户、黏住新用户、保留老用户、激活流失用户制定策略。

也可根据产品利益进行市场细分。比如，载货的用户需要货车，日常出行的用户需要购买普通轿车，希望彰显个人身份的用户对豪华轿车或跑车感兴趣。企业需要有针对性地研发产品和制定营销策略。

还可根据用户忠诚度进行市场细分，如可将用户划分为单品牌忠诚者、多品牌忠诚者和无品牌偏好者。通过分析用户对品牌的忠诚度，可以获得相关信息。比如，通过研究多品牌忠诚者，企业可以了解哪些品牌对其具有威胁，找到品牌转换的原因，改进产品和营销手段。

（5）多维度市场细分

以上介绍了市场细分的四种主要方式，另外还有很多其他细分方式，但这些类型的细分方式基本上都是由上述四种细分方式衍生出来的。

企业不会只按照一两种方式来进行市场细分。单从一两个维度细分出的市场难以真实反映用户需求的共性和差异，细分出来的市场中的用户的需求仍可能千差万别。以上海的一家餐饮店为例，如果将上海按照地理位置划分为南方城市，从而认为上海人的口味符合南方人的口味，就会高估了该城市的市场容量，因为上海还有大量的外来流动人口。

因此，企业往往会采用多维度的细分标准来进行市场细分。多维度细分市场的本质就是给市场中的用户贴上多个具有代表性和特定属性的标签（比如性别、地理位置、工作、收入等），每个标签都描述了用户某一方面的信息，多个维度标签的组合就构成了一个用户的整体描述。这就是初步的用户画像，可为企业提供充足的用户信息，不但有利于企业有针对性地研发产品和制定营销策略（比如广告的精准投放），还能够帮助产品研发团队站在用户角度思考问题。

图9-1为市场细分常用标签体系，共包含五大类。

人口特征	兴趣爱好	价值观	消费行为	消费心理
• 所在城市 • 性别 • 年龄 • 婚姻状况 • 学历 • 职业 • 收入 • 车辆拥有情况 • 房屋拥有情况 ……	• **休闲娱乐偏好** 　• 打游戏 　• 追剧 　• 健身 　• 旅行 　…… • **媒介接触偏好** 　• 常用信息渠道 　• 常用App 　• 偏好信息内容 • **品牌偏好** 　• 品牌所属品类 　• 偏好品牌 　…… ……	• **文化信仰** 　• 崇尚国潮 　• 二次元爱好者 　• 圈层文化 　…… • **生活方式** 　• 追求品质 　• 追求方便快捷 　• 追求潮流 　• 追求个性 • **消费观念** 　• 品质优先 　• 品牌优先 　• 性价比优先 　……	• 购前信息搜索 • 挑选对比 • 购买渠道 • 购买频次 • 购买金额 • 使用体验 • 用后分享 ……	• **购买动机** 　• 追逐潮流 　• 方便生活 　• 好奇尝鲜 • **购前考虑因素** 　• 品牌 　• 口碑推荐 　• KOL（意见领袖）影响 　• 明星效应 • **最终购买决策因素** 　• 产品品质 　• 产品功能 　• 价格 　• 导购推荐

图 9-1　市场细分常用标签体系

3．市场细分的意义

市场细分受到很多企业的推崇，被认为是具有创造性的营销概念，在企业发展过程中具有重要的意义。

① 有利于选择目标市场。没有进行细分市场，企业就不知道研发什么产品并卖给谁。细分后的市场比较具体，企业可以根据用户需求的差异和自身情况确定自己的目标市场。

② 制定差异化的营销策略。企业可以更有针对性地对细分市场中的需求进行分析，并从产品、价格、区域、促销等方面制定与目标市场更匹配的市场营销策略，而不再是针对市场上的所有用户提供标准化的产品或服务。

③ 对市场机会和威胁做出快速反应。若企业在业务上更加聚焦，就能更准确地了解目标市场的动向。这类企业能比聚焦于大众市场的企业更早地觉察到细分市场中新出现的机会和威胁，并迅速调整策略，以应对市场的变化，提升自身的竞争力。

④ 减少浪费，提升收益。企业通过市场细分可以使资源分配与目标市场更加匹配，如生产计划与预期销量相匹配，市场营销策略与用户的属性相匹配等。企业不再为无效的用户（非目标用户）浪费资源。

二、实战案例

本案例中的数据均经过了脱敏处理，数据结论不代表真实情况。

1．案例背景

我们来看一个实际的应用案例。下面是国内的一家手机配件生产商目前面临的问题和调研需求。

国内某家手机配件生产商的市场主要在海外，其旗下的耳机品牌在国外有一定的影响力。鉴于目前国内 TWS（True Wireless Stereo，意思是真无线立体声）耳机市场具有巨大的增长潜力，该企业希望为自己的耳机品牌开拓国内市场。

在进入国内市场之前，该企业可以通过市场细分，将未来的目标用户具象化，将单维度的文字表述变成多维度、立体化的用户画像，让产品设计团队可以更好地理解用户需求，从而在产品设计过程中针对用户需求进行开发，避免最终设计出来的产品与用户需求不对应而失去市场。

通过市场细分，发现对 TWS 耳机感兴趣的用户具有以下特征，未来可根据这些特征制定产品、价格、渠道及营销策略。

（1）对 TWS 耳机感兴趣的用户画像特征

科技爱好者的特征如下。

① 认为高科技即潮流。

② 容易被"黑科技"激发出购买冲动。

③ 愿意为此付出较高的溢价价格。

TWS 耳机重度依赖者的特征如下。

① 看重 TWS 耳机的便利性和广泛的适用性。

② 拥有的耳机数量不多，在各场合使用的都是 TWS 耳机。

③ 对 TWS 耳机有着较综合的需求（降噪、音质、颜值等）。

④ 智能化调节需求高，希望在不同场景下都能有"定制化"般的好表现。

精致生活人群的特征如下。

① 对产品的外观、体积、质感的要求高，凡事不"凑合"。

② 为了有品质的产品，愿意多花一些钱。

有一点点"崇洋"者的特征如下。

① 认为国外市场的标准更严格。

② 更信赖经过国外市场或者国外厂家检验的产品。

（2）指导产品开发

根据目标用户的需求，指导产品开发。

① 目标用户对 TWS 耳机的依赖程度高，因此在设计产品时要充分考虑长时间佩戴的舒适性，以提升用户体验。

② 用户对耳机的降噪、音质、颜值等方面都有较高的要求。因此，在设计产品时，具有高颜值、高音质（沉浸感）和丰富的智能化互动功能等的耳机具有更大的市场。

③ 另外，还要考虑用户的心理需求，如他们是"科技爱好者"。因此，在设计产品时，好看（外观时尚）、好用（佩戴稳固）、可以拿来秀一秀的高科技潮品更容易打开目标用户的心扉。

（3）产品定价

分析目标用户画像，发现他们是精致生活的追求者，容易被"黑科技"激发出购买冲动，愿意为此付出较高的溢价价格。因此，我们有理由相信，只要设计的产品可以满足用户的功能和情感需求，那么产品定价高于市场平均价格时，用户也可以接受。但具体高出市场价格多少，可以进行具体的价格测试，如采用 PSM 模型进行价格测试。

（4）销售渠道

根据用户的消费行为，指导未来的产品铺货渠道。

经市场调查发现，目标用户更偏好通过线上电商平台和线下品牌专卖店等渠道获取电子产品的相关信息和购买产品。因此，这些渠道也更容易成为他们的"种草点"和购买转化平台，在这些平台铺货上更容易达成交易提升销量。

（5）宣传推广

分析用户购买前的决策流程，为未来制定宣传推广策略提供依据。

经分析可知，目标用户会从多个渠道获取关于 TWS 耳机的信息，但主要以购物平台为主。他们关注的信息主要是音质、佩戴的舒适性、材质和降噪能力等。因此，宣传时应注意多渠道投放推广信息，但主要以购物平台为主。在宣传内容上，突出人声清晰、无杂质、层次感强、音色好等关键卖点，突出丰富的智能化功能，以达到吸睛的效果。

2. 研究思路与问卷设计

（1）研究思路

一份调研方案是设计问卷和撰写报告的基础。市场细分调研方案通常包含以下几部分：研究背景、研究目的、研究内容、研究思路（研究方法设计）和研究模型。其中，企业更加关心的是如何做这类项目，具体怎样设计，等等。以下是对研究思路的梳理。

① 明确城市的选择。

在城市的选择上，一般采用的标准有以下几个：一是代表性，所选城市必须能代表该类城市，一般选择高级别城市，如华东地区一般选择直辖市或省会城市；二是全面性，所选城市必须能覆盖尽可能多的目标市场区域，比如某个项目未来打算在全国进行推广，那么研究区域需要包含每个区域的代表性城市；三是目的性，所选城市要么是产品未来的主打区域，要么是本品或竞品的主打区域，研究这部分区域的人群特征才有意义。

在确定研究的城市时，有以下几种方法：一是根据研究目的进行选择，有的市场调研中的研究目标中包含城市选择，如一线城市中女性购物者的特征、小镇青年人群画像等，由此可以确定相关的城市；二是根据产品未来投放的区域进行选择，如果打算先在一线城市铺开产品，那么就可以先以一线城市为主要研究目标；三是根据主要发展区域进行选择，比如高端奶茶在一二线城市发展得比较好，中低端奶茶在三四线城市中发展得比较好，因此应根据每类产品的主要优势区域研究相关的城市。

② 明确人群的选择范围及标准。除非有特别说明（如研究对象是中小学生），一般情况下研究的人群限定在18～60岁，这样能保证产品的购买者和使用者是同一个人群，也能保证问卷的填写质量。

当然，不可能研究18～60岁的所有人群。到底选择哪些人群？一般按照以下方法来选择：一是根据当前使用人群和主打人群进行选择，如婴幼儿产品的购买者一般是女性，奶茶的消费者一般是大学生和年轻白领，电子产品的购买者以男性为主；二是根据未来的主打用户进行选择，如果现在产品的主打人群是30～40岁人群，未来想研究年轻人的特征和需求，那么研究人群就需要下探至18～30岁人群；三是根据百度指数进行选择，根据百度指数的人群画像可以看到购买某产品的主要人群的年龄和性别特征。

③ 明确对标调研竞品。

选择竞品时，一般有以下几种方法：一是市场占有率优先，选择市场上排名靠前的几个产品作为主要对标产品；二是性能类似，即和本产品的功能比较类似；三是人群类似，即和本产品的主打人群的特征比较类似；四是价格类似，即和本产品的售价比较接近。

④ 明确调研方法。

一般会采用定性和定量两大类调研方法，常见类型与选择依据可以参考第四章。市场细分和用户画像类型的调研常用以下三种方法。

小组访谈和一对一深访：这是两种最普遍的定性研究方法。小组访谈通常是指邀请潜在用户到指定的地点参加集体讨论。潜在用户一般由调研公司和客户共同讨论决定，然后根据条件筛选合适的人。讨论的议题和框架是由调研公司预先设定的，讨论的目的是了解用户对目标产品的认知，从而了解用户的需求和痛点等。

一对一深访：采用一对一访问的形式，对单一潜在人群进行深度研究。与小组访谈类似，受访者也需要满足一定条件。

定量调研：根据在定性调研中提出的假设编制问卷，对于问卷的回答应是量化的、可测量的。发放问卷的样本也需要从以前设定的细分人群中寻找。一般来说，问卷发放量越大，得到的结论就越准确，越有代表性。制约问卷发放的因素只有时间和财力。收集完数据后，通过统计分析，可以验证以前的假设。

（2）问卷设计

常规的市场细分调研问卷一般包含四大部分：指导语、甄别问卷、主体问卷和背景资料。

指导语位于问卷的开头，旨在向受访用户说明本次调研的意图、时长并表示感谢，示例如下。

尊敬的用户：

很荣幸邀请您接受我们关于××产品的调查。本次调研答题的时长约为20分钟。为了感谢您的支持，在调研的最后您可以参与抽奖。问卷经审核通过后，我们将向您发放奖品。

奖品设置如下：

……

您的意见对我们来说非常重要，请让我们听到您的声音！

我们真诚感谢您的支持！

甄别问卷用于筛选出符合本次调研要求的用户，一般包括与配额相关（如男性、女性样本数量等）的用户基本信息题目、与用户行为相关的题目等。以前面提到的 TWS 耳机为例，甄别问卷主要包含以下几个内容。

Q1. 请问您目前居住的城市是_____（单选）

Q2. 请问您的性别是_____（单选）

Q3. 请问您的出生年份是_____（单选）

Q4. 请问您的婚姻状况是_____（单选）

Q5. 请问您的家庭平均月收入是_____（单选）

Q6. 在以下类型的耳机产品中，您现在拥有哪些？（多选，选项顺序随机）

Q7. 请问您的 TWS 耳机的价格是_____（单选）

……

在实际调研过程中，可根据具体项目的特点补充相关选项供用户选择。比如，Q6 可以按以下形式进行设计。

Q6. 在以下类型的耳机产品中，您现在拥有哪些？（多选，选项顺序随机）

1. 有线塞耳式耳机

2. 有线头戴式耳机

3. 有线蓝牙耳机（挂脖）

4. 头戴式蓝牙耳机

5. 无线蓝牙耳机（单耳佩戴）

6. 杆状 TWS 耳机

7. 其他，请注明_____

8. 以上皆无

为了防止用户对不同产品的名称有不同的理解，也可在选项中展示相关图片。问卷网支持图片、视频等的上传。另外，选项"其他，请注明_____"为多选题的标配，供受访者填写其他选项中不包含的内容。

主体问卷为调研的重点。由于项目不同，主体问卷涵盖的内容有所不同，但用户画像研究基本上都包括购前选择、购买过程、使用行为、用后评价等几部分。以下为相关题目列表，供参考。

购前选择

Q8. 您当初为什么想购买一副耳机？（多选，选项顺序随机）

Q9. 购买之前，您对即将购买的耳机有哪些设想？（多选，选项顺序随机）

Q10. 最近一次购买前，您主要通过哪些渠道获取相关信息？（多选，最多选择 5 项）

Q11. 您对比了哪些品牌？（最多选*个）

Q12. 购买时考虑哪些因素？（最多选*个）

……

购买过程

Q13. 您最终购买这款耳机的渠道是什么？（单选）

Q14. 为什么会选择这个渠道？（多选，选项顺序随机）

Q15. 购买体验的满意度如何？（打分）

Q16. 对购买渠道满意或不满意的原因是什么？（多选，选项顺序随机）

……

使用行为

Q17. 请问您使用 TWS 耳机的频率是多少？（单选）

Q18. 请问您通常在以下哪些场景中使用耳机？（多选，选项顺序随机）

Q19. 在以下场景中，您每次连续使用 TWS 耳机的时长是多少？（单选）

Q20. 在以下场景中，您经常使用 TWS 耳机做哪些事情？（多选，选项顺序随机）

……

用后评价

Q21. 您对这款耳机的综合使用体验有何评价？（打分）

Q22. 哪些是您满意的地方？（多选，选项顺序随机）

Q23. 哪些是您不满意的地方？（多选，选项顺序随机）

Q24. 您期待的耳机是什么样的？（多选，或开放题）

Q25. 使用后，您是否愿意将该产品推荐给他人，推荐意愿如何？（打分）

……

为了丰富用户画像，可对受访者的人口特征、生活方式、价值观等进行更深入的调查。以下题目供参考。

Q26. 若有小孩，请问您的孩子的年龄是多大？（单选）

Q27. 请问您的职业是什么？（单选）

Q28. 请问您的最高学历是什么？（单选）

Q29. 请问您平时的兴趣爱好是什么？（单选）

Q30. 以下描述与您的身份是否符合？（打分，如性价比、生活品质、与产品的外观/功能需求相关的描述等）

……

三、案例介绍

接下来向大家介绍问卷网如何帮助××品牌完成 TWS 耳机用户细分调研工作。

1. 了解项目背景，明确需求

在正式进行商业调研之前，客户会提供项目需求书，简单介绍本项目的目的以及希望重点解决的问题等（具体可参考第三章）。研究设计和执行需要围绕以下两个方面进行：一是搜集与项目相关的背景信息，以便对整个行业有一些基础性的了解；二是对项目需求进行拆解。

项目背景主要聚焦于耳机的发展状况。以××品牌的耳机用户研究为例，研究人员在网上收集信息资料时，发现 TWS 耳机的特点非常突出，"网红"潜质高。这种耳机的优点是携带方便，左右声道分离；主要痛点与不足涉及连接、音质的稳定性、有效降噪能力、续航能力等方面。从产品投放市场来看，国内 TWS 耳机市场的增长潜力巨大，市场规模持续扩大，市面上 TWS 耳机不断增多。 这意味着××品牌处于机遇与挑战共存的阶段。对于未进入国内市场的品牌来说，做好用户画像是首要工作。

在此背景下，本项目的主要需求是探索国内 TWS 耳机的目标用户，刻画目标用户的特征，进一步挖掘目标用户的需求，找到 TWS 耳机的痛点和亮点，了解用户对 TWS 耳机的认知、使用习惯与使用体验，从而为××品牌 TWS 耳机的产品设计和营销策略的制定提出针对性建议。

在深入了解项目背景和项目需求之后，就需要进一步确定研究目的和研究内容。

2．确定研究目的和研究内容

根据项目背景，将项目需求转化为清晰、明确的目标，并细化成以下两个小问题。

① 产品卖给谁？为了回答这个问题，我们需要确定目标用户。可以把产品卖给哪些用户？这些用户具有哪些特点？该用户市场是否有产生利润的潜力？如何识别这些用户？用户对产品有什么样的反馈？他们有哪些需求？产品需要具备哪些功能和特质才能满足这类用户的需求？这些问题将成为产品设计的基础。

② 产品怎么卖？换句话说，企业如何让用户感知他们的产品？产品留给用户的印象应该是什么？是性价比高还是功能炫酷？在产品同质化现象日益严重的大环境下，企业应该如何进行宣传才能让他们的产品具有较高的辨识度，并且在同类产品中脱颖而出？这些是客户非常关注的问题，也是商业调研需要重点解答的问题。

为了回答以上两个问题，研究人员先从用户画像切入，刻画目标用户群体的特征，然后全面研究用户的购买和体验旅程，了解用户在各个阶段的行为模式和偏好，挖掘用户需求和痛点。那么想要研究的用户是如何被挑选出来的呢？需要获取多少样本？我们将在项目设计部分向大家介绍。

3．项目设计

在明确研究目的后，可以着手进行项目设计。项目设计具体包括以下方面。

首先，确定目标城市。选定原则是目标用户聚集的城市，需要综合考虑目标城市的经济发展水平、文化状况、耳机销量等。在××品牌的耳机用户研究中，无线降噪耳机属于高科技产品，一二线城市中的用户较多，因此我们建议选择一线和新一线城市，以及对新科技接受度较高的其他城市。

其次，选择目标人群。目标人群的选择原则是尽可能覆盖所调研产品的主要受众群体，被访人群的特征比例应接近主流受众的特征比例，从而保证所选取样本的代表性。当不太了解目标群体时，我们可以通过搜索百度指数或者微信指数的关键词来了解一些基本情况。在××品牌的耳机用户研究中，我们利用百度指数，搜索"无线耳机"和"降噪耳机"两个关键词，发现无线耳机和降噪耳机的主要用户的年龄集中在 20～40 岁，其中以男性为主，并且年轻人与稍轻熟用户所考虑的因素具有较大差异，如图 9-2 和图 9-3 所示。因此，可将目标人群分为 20～29 岁和 30～39 岁两组，男性占比在 60%左右。

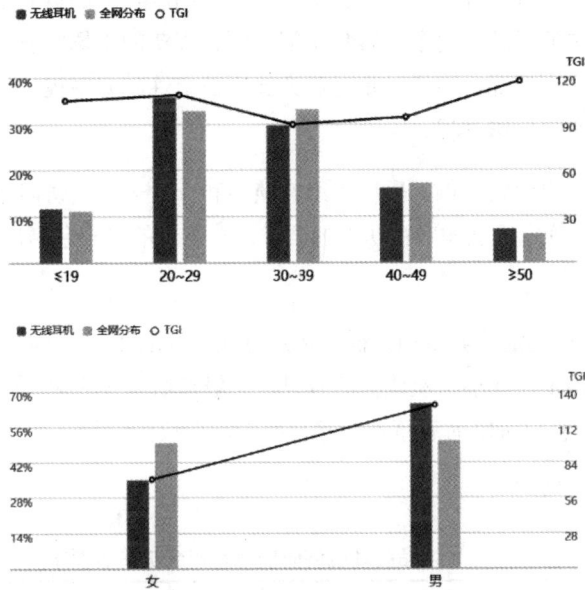

图 9-2　"无线耳机"百度指数

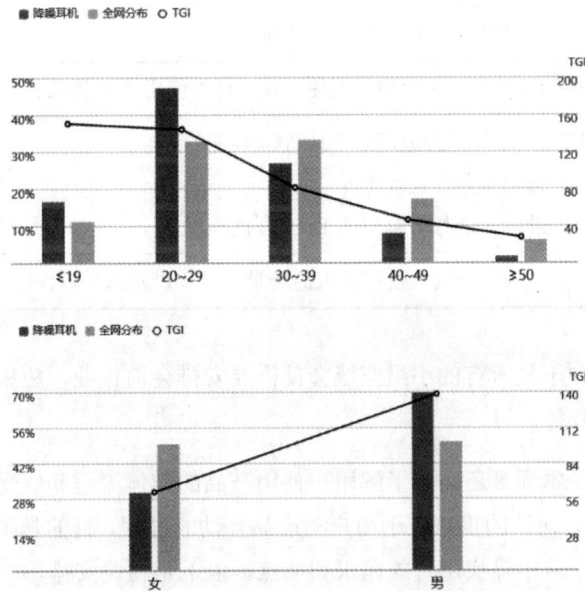

图 9-3　"降噪耳机"百度指数

再次，选定需要调研的具体产品。在多数商业调研中，除了本品外，还需要调研竞品，以了解目前市场的基本状况。一般通过本品的价格来确定对标的竞品，即以客户主推的特定价格段的产品为基础，寻找价格相近的其他品牌的产品进行对比。

最后，选择合适的研究方法。选择研究方法时需要考虑客户对于市场的了解程度。如果客户对市场已经有了一定的认知，就可以采用定量方法；如果客户对市场没有基本的了解，就需要结合定性和定量的方式进行深入挖掘。例如，在××品牌耳机的调研中，客户对国内耳机消费市场的情况缺乏基本的了解。为了让客户了解全面、真实的市场状况，我们建议客户先通过定性研究获取市场的基本情况，再通过定量研究验证在定性研究中提出的假设。下面向大家介绍这两种研究方法的实际操作过程。

以××品牌耳机用户调研为例，采用小组座谈会和一对一深度访问这两种细分定性研究方法。在小组座谈会中，确定组别与对被访者的要求。被访者的要求包括所在城市、性别、年龄、产品使用情况等。

① 组数设计：根据选定的城市和人群，选定有代表性的 1～2 个城市，在每个城市中根据目标人群设置两组。为了保证小组座谈会的效果，一般每组安排 8 名被访者，其中 6 名为参会者，2 名为备份，防止被访者临时有事不来参会而影响会议的进程。

② 被访者要求：见表 9-1。

表 9-1　　　　　　　　　　　　　　××品牌耳机调研项目座谈会被访者要求

组别	① G1：年轻组	② G2：轻熟组
年龄	③ 20～29 岁	④ 30～39 岁
性别	⑤ 每组尽量保证有 2～3 名女性	
产品使用情况	⑥ TWS 耳机用户和重度使用者（每周使用 5 次及以上）	
其他要求	⑦ TWS 耳机为最近 6 个月新购/换购的 ⑧ 排除专业行业敏感者 ⑨ 最近 6 个月未参与过 TWS 耳机项目	
会前作业	⑩ 记录其一周内使用耳机的场景、时长以及感受，作为现场座谈的补充资料	

需要注意的是，并不是所有的小组座谈会都需要安排会前作业，应根据具体情况而定。作业的形式有日记、图片等。

除小组座谈会外，本项目还需要了解用户使用产品的具体流程和感受，因此一对一深访可以定义为"陪同体验"，访谈的重点在于用户与产品互动的过程，目的是了解在该情景下用户与产品互动的完整流程，从中寻找用户的需求和痛点。以下是相关安排。

① 人数设计：每个城市约 2 名被访者，建议男女均分，年龄均分。

② 被访者要求：见表 9-2。

表 9-2 ××品牌耳机调研项目一对一深访被访者要求

年龄	⑪ 20～39 岁，尽量均分
性别	⑫ 男女尽量均分
产品使用情况	⑬ TWS 耳机用户和重度使用者
其他要求	⑭ TWS 耳机为最近 6 个月新购/换购的 ⑮ 耳机的重点用途尽量分散，如运动、音乐、游戏、日常等 ⑯ 排除专业行业敏感者 ⑰ 最近 6 个月未参与过 TWS 耳机项目
会前作业	⑱ 记录其一周内使用耳机的场景、时长以及感受，作为现场访谈的补充资料

在定性研究之后，定量调研需要根据定性调研中提出的若干假设设计问卷。通过定性研究，了解用户希望产品具备的特征、用户的需求以及用户期望产品具有的功能等。在此基础上，客户还需要了解不同功能和特征组合后，哪个产品最具有普适性，它在推出后能够满足多少用户的需求。为了回答这两个问题，需要开展一定规模的定量调研。在定量调研中，选取多少样本和调研对象是谁将是需要回答的问题。样本需要覆盖更多的用户，能够代表用户的整体水平。以下为样本选择过程。

① 确定选择多少样本。本项目计划收集 3200 份合格样本。依据统计学原理，在 95% 的置信区间下，抽样误差为 5% 左右时，适合进行数据分析的样本量为 400 份，见表 9-3。因此，在每个城市中获取 400 份样本。根据城市的级别、区域不同，样本量可以有一定的差异。

表 9-3 抽样误差与样本规模对照表

抽样误差	1%	2%	3%	4%	5%	6%	7%
样本规模（份）	10000	2500	1100	625	400	377	204

② 确定城市。尽量覆盖定性调研中涉及的城市，在此基础上扩大城市覆盖范围。根据所研究产品的性质，调研一线城市、新一线城市和发达省会城市，主要选择北京、上海、广州、深圳、成都、重庆、武汉和杭州。

③ 确定被访者要求，见表 9-4。

表 9-4 ××品牌耳机调研项目定量调查被访者要求

年龄	① 20～39 岁，其中 20～29 岁占比 50%，30～39 岁占比 50%
性别	② 男性的比例略高一些，建议不低于 60%
用户特征	③ 现有用户：最近 6 个月购买过蓝牙耳机 ④ 潜在用户：未来 3 个月内计划购买蓝牙耳机，对产品已经有所了解和对比

其他要求	⑤ 不排斥 TWS 耳机
	⑥ 排除专业行业敏感者
	⑦ 最近 6 个月未参与过相关的耳机项目

④ 确定样本分布。根据以上要求，样本分布可按照表 9-5 进行安排。

表 9-5 　　　　　　　　　　××品牌耳机调研项目定量样本分布

城市	一线城市				其他发达城市				合计
	北京	上海	广州	深圳	成都	重庆	武汉	杭州	
样本量（份）	400	400	400	400	400	400	400	400	3200
合计	1600				1600				3200

以上就是一个完整的项目设计方案，通过把客户的需求和目的逐步细化，既确定了研究内容，也找到了合适的研究方法，从而为后期的问卷设计和报告撰写提供基础。

4. 报告撰写

在项目设计完成后，可以进行问卷设计，通过问卷网收集数据，并进行最后的结果呈现，即撰写报告。

一份商业调研报告通常分为四部分，即项目回顾、研究发现、研究结论及建议、附录。下面以某品牌 TWS 耳机调研为例，向大家具体介绍商业调研报告的基本撰写流程以及注意事项。

（1）项目回顾

项目回顾部分需要概述研究项目的背景、目的以及基本执行情况，包括项目背景和项目执行方案两部分。

项目背景重点介绍公司的基本情况、当前面临的问题和本次调研的目的，可以分为行业背景、公司背景和项目背景三个层次。

行业背景：主要呈现所调研产品所在行业的一些基本情况，增加对行业内基本情况的了解，以便更好地理解整个项目的基本背景。

公司背景：主要介绍客户的一些基本情况，例如客户的公司类型、目前所处的发展阶段、在整个市场中的竞争地位、未来会面临的困境或者机遇。公司背景是项目开展的出发点，有助于理解项目背景和研究目的。

项目背景：聚焦于本次调研需要解决的主要问题。公司在不同的发展阶段会制定不同的发展战略，同时也面临着不同的发展机遇与挑战。项目背景需要结合公司背景和发展阶段进行撰写。

需要注意的是，只有公司背景与项目背景是所有商业调研报告所必备的，行业背景需要根据具体情况进行添加。以某品牌 TWS 耳机项目为例，此处重点介绍公司背景，而对行业背景的描述较少。

××科技股份有限公司成立于 20××年，是国内营收规模最大的消费类电子产品品牌企业之一，专注于智能配件和智能硬件的设计、研发和销售。

随着国内 TWS 耳机市场的蓬勃发展，××品牌希望开拓国内市场。为此，需要首先分析国内用户需求，获取用户在使用耳机时的痛点和爽点，了解用户对产品的认知与使用习惯，从而调整该公司的产品设计和营销策略。

在介绍完项目背景后，项目执行方案是本部分的重点，它是前面提到的项目设计的具体实施情况。项目设计重在介绍如何做，项目执行方案重在介绍实际上怎么操作，主要包括以下几个方面。

① 采用了哪些研究方法。从大的研究方法来看，主要是定性研究与定量研究。在定性研究中，常用的细分研究方法是小组座谈会、一对一深访、观察法等。在定量研究中，常用的细分研究方法是线下拦截访问和网络调研两种。

② 采集了多少份样本。如果是小组座谈会，则需要说明开了多少组座谈会，座谈会的规模是 6 个人还是 8 个人。如果是一对一深访，则需要说明访谈了多少用户。如果是定量研究，则直接说明总样本量即可。

③ 覆盖了多少个城市。如果是少数几个城市的话，则直接列出即可；如果覆盖的城市较多，则需要列出城市列表及相应的样本量。

④ 对被访者的要求有哪些。主要包括两个方面：一是被访者的基本特征，如年龄、性别、职业、家庭结构、家庭收入等；二是市场调研行业的规避性原则要求，如最近 6 个月内没有接受过市场调研活动、本人/家人不在市场调研/广告/媒体等相关行业工作。

项目背景和项目执行方案是商业调研报告的"前言"，告诉大家此次调研的目的是什么以及具体如何执行。这部分内容在正式收集数据前即可撰写，与数据结果无关，而执行的结果如何以及从中发现了哪些"亮点"需要在研究发现模块中介绍。

（2）研究发现

研究发现是整个商业调研报告的核心内容。在撰写这一部分内容之前，大家需要"整理数据"和"看数据"，以便为核心内容的撰写做好准备。

首先，如何整理数据？

数据整理过程是初步分析数据的过程。除了整体的数据结果，还需要确定比较哪些交叉维度下的数据。常规的交叉维度即人口统计学特征维度，即年龄、性别、学历、所在城市、职业、教育水平、家庭收入等。另外，也包括初步聚类分析结果，当不同群体对某一个问题的看法产生较大的差别时，往往就有可能提炼出对客户来说比较有意义的结论。

其次，如何看数据？

第一，看用户的基本特征，对用户有一个基本的画像认知。数据维度包括所在城市、年龄、性别、职业、职位、教育水平、婚姻状况、家庭收入、平时的兴趣爱好等，具体以设计问卷时的维度为主。

第二，看能够对整体用户进行细分的特定题目数据。此类数据一般来自打分题，应看看总体的数据呈现结果如何。如果要进行人群细分，则应看看可以分成几类，哪种聚类方法更加合理。这一部分的数据尤为重要，也是用户画像的"灵魂所在"。

第三，看用户的具体消费特征数据，包括从产生购买动机到最终下单的整个流程数据（具体流程可参阅研究模型部分中的 5W2H 模型）。此部分的数据需要与用户聚类分析结果相对应，我们需要比较不同类型用户之间是否存在明显的差异，如果差异较小，就需要考虑重新聚类，再次进行用户细分。

第四，看用户的概念反馈数据。对于新品牌，需要了解用户对品牌介绍的兴趣以及购买意愿。此部分并不是必选数据，需要根据具体情况进行删减。

在看完数据后，大家可以根据数据分析结果来撰写商业调研报告中的研究发现模块。此部分和看数据模块较为类似。看数据是为了解基本情况，写报告是为了将在数据中发现的亮点一一呈现出来。整个研究发现模块应包括如下内容。

第一部分为用户整体画像及细分画像。

① 用户的基本特征。用户是谁？他们具备哪些特征？大家可以从所在城市、年龄、性别、职业、职位、教育水平、婚姻状况、家庭收入、平时的兴趣爱好等多个角度进行描绘。对于不同的研究对象和研究主题，用户画像的维度可以多样化，具体以大家需要突出的特征为主。以××品牌耳机的用户研究为例，通过各个维度的分析，发现用户更偏向于高知白领的形象。

以下是该品牌耳机用户特征分析，见图 9-4。

- 以年轻人为主，90 后占比最高；已婚用户占比高，单身群体也是消费人群。

- 以高学历用户为主，本科学历占比最高。

- 一般职员居多，技术人员和管理人员也有一定的占比。

- 家庭月收入基本上在 15000 元以上，其中 2 万～3 万元居多。

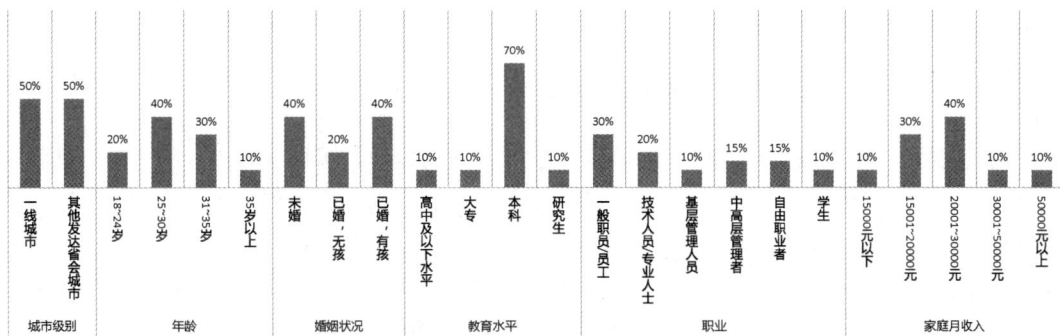

图 9-4　耳机用户特征分析

② 用户画像细分的结果。根据特定问题进行细分，看看可以将整体用户细分为哪几类，其中高价值的用户是哪些。此处根据上一步"看数据"的结果进行呈现即可。以××品牌耳机用户研究为例，根据用户对电子产品的消费态度、日常使用耳机的场景、消费行为习惯等，将整体用户细分为科技爱好者、TWS 耳机重度依赖者、精致生活人群和有一点点"崇洋"的群体。

找到这些群体以后，首先需要对这些群体进行"定义"。例如，TWS 耳机重度依赖者指的是那些每天都会用到 TWS 耳机且单日使用时间达到一定要求的人群。其次，要对这些群体的人口特征进行描述。一般情况下，被细分的群体往往具有比较鲜明的人群特征，只有这样才方便企业有针对性地进行产品研发和推广。例如，TWS 耳机重度依赖者的特征包括偏女性、较年轻等。最后，在了解了群体特征之后，可以计算出这些人群的规模，形成规模化认知。

第二部分为耳机用户的整体购物及使用体验。

根据用户体验旅程的 5W2H 模型，梳理出耳机用户的整个购买旅程，如图 9-5 所示。

图 9-5　耳机用户的购买旅程

在这个模块中，既要介绍整体用户的消费行为特征，又需要洞察不同群体间的行为差异，为客户制定不同的营销策略提供数据支撑，以便进一步研发定制化新产品，丰富产品线。

① 用户为什么会买，即用户的购买动机是什么？

此处洞察的是购买驱动力，根据前期得到的数据结果进行亮点挖掘，为制定营销策略提供数据支持。例如在××品牌耳机用户调研中，易携带、活动方便、佩戴舒适是用户考虑的主要因素。对于产品设计来说，满足这些要求至关重要。除了普适性的驱动因素外，对不同类型的消费者的购买动机进行分析有利于后续提出有针对性的建议。例如，随大流用户多因为身边的人在用 TWS 耳机而想要购买，实用主义者多因追求降噪效果而购买，精致主义者多为了追求新潮流而购买。

② 产生购买动机后，用户会通过哪些渠道收集信息，收集哪些信息？

通过对用户获取信息的渠道和所收集信息的类型进行汇总，可以了解用户的主要信息获取渠道和想要了解的内容，以此为基础进行有针对性的宣传。对于高价值的用户群体，可以通过细分群体与总体的比较来选择差异化的宣传渠道。以××品牌耳机用户调研为例，音质、佩戴的舒适性、材质和降噪能力是用户选购耳机时考虑的重要因素。但不同的细分群体关注的重点存在差异，如随大流用户和实用主义者多考虑产品的牢固性，精致主义者、潮流达人、颜控用户多考虑价格和品牌。

③ 决定购买之后，用户会去哪里购买，每次花费的金额是多少？

研究这些问题将为品牌铺设销售渠道、制定营销策略提供数据支撑。以××品牌耳机的用户调研为例，用户在购买 TWS 耳机时会通过线上和线下渠道进行购买，而且线下渠道的购买率略高。在比较不同类型的用户购买渠道的差异时发现，随大流用户多从淘宝、天猫上购买 TWS 耳机，实用主义者多通过品牌官网和国美购买，精致主义者多通过淘宝、天猫、品牌官网或国美购买，潮流达人多通过淘宝、天猫或国美购买。这些差异化的信息都可以为客户制定产品价格和促销方案提供数据支撑。我们在把握整体用户的特点时，也要关注一些差异化的信息。

④ 用户最终购买了哪些品牌的产品？

这和预先调研的品牌有关，主要了解此类产品的市场竞争情况，为品牌方选择对标竞品或赶超目标竞品提供依据。以××品牌耳机的用户调研为例，研究人员分析了不同品牌的市场占有率，考察了不同类型的用户最终购买的耳机的品牌和种类。研究人员发现华为、苹果和索尼的市场占有率为 53%。在不同类型的客户中，他们购买的产品品牌之间存在差异。比如，随大流用户多购买老牌电子产品，如三星、索尼、漫步者；实用主义者和颜控用户更愿意购买华为的产品；精致主义者选择的品牌更多，他们聚焦在高端品牌，如苹果、索尼、BOSE。

⑤ 在购买到产品后，用户会如何使用，并且对产品的使用体验有何评价？

用户行为习惯特征包括使用频率、使用场景、使用地点、使用功能等，同时也会包含一些细分特征。以××品牌耳机的市场调研为例，研究人员发现耳机属于高使用率产品，七成以上的受访者每天都会使用，一般在多个场景下使用耳机，其中办公、上课、运动为主要使用场景。听音乐是各场景下的主流应用。那么对于耳机品牌来说，佩戴的舒适度、稳定性和音质等因素对用户来说较为重要。

通常采用满意度和推荐度的打分题来衡量用户的使用体验，比较不同类型的用户在不同的使用场景下以及使用不同品牌的产品时的体验，进一步分析影响使用体验的主要因素，了解现有产品的痛点和亮点。以××品牌耳机的市场调研为例，现有用户在使用耳机时，居家休闲场景下的满意度最高，其次是在交通工具上使用时。而在各种使用场景下，佩戴的舒适性差是主要痛点，那么这个痛点将是客户在后期需要重点解决的问题。

总体来说，可以先进行用户画像，再根据不同的细分用户对比分析来描绘整体的消费旅程。以××品牌耳机的市场调研为例，首先在用户画像时呈现用户特征，根据其态度、观念将用户细分为几类，接着以认知-购买-使用体验的历程作为后续所撰写报告的框架，在此基础上分模块（购买意愿、信息获取和决策、购买渠道、购买结果和使用体验）撰写，并在每个模块中对不同类型的用户进行对比分析，在各个模块的衔接处进行总结。

另外，在撰写报告的时候，必须考虑数据结果的呈现。在呈现方式上，按照题型，一般可分为单选题分析和多选题分析。单选题分析多采用饼图、环形图、条形图、柱状图、折线图、散点图等呈现方式。如果需要查看不同用户在总体中的占比，饼图和环形图较为合适；如果需要比较各个选项的得分情况，条形图和柱状图比较合适。具体采用哪种呈现方式需要根据所要呈现的效果来确定。对于多选题，考虑到总比例并不是100%，所以折线图、柱状图、条形图更加合适。

对于一些更为复杂的交叉图表，也可根据实际需要采用一些组合图表，如柱状图和折线图的组合、堆积条形图等。

（3）研究结论及建议

研究结论及建议是对本项目需要解决的问题的回答，以及针对这些问题提供的解决方案或者建议。这些建议尽量有针对性，不能脱离实际情况。以××品牌耳机的市场调研为例，该项目的最终目的是找出高价值用户，所以最后的建议会聚焦在用户画像上。

表9-6给出了针对精致主义者的有关研究结论和建议。

表 9-6	精致主义者
占比达 12.7%，价值排名第二	
25～35 岁，中高层管理者	
关注产品音质、品牌、佩戴的舒适性、降噪能力、价格	
对产品的要求高且全面，即高颜值、高音质和智能化	
智能化的舒适性耳机	

（4）附　录

附录主要包括一些与主题研究的逻辑相关性低而对客户有一定参考价值的调研结果。例如，小组座谈会会涉及被访者的一些基本信息（需要注意的是，这些信息需要进行匿名处理，保护用户的稳私）。

在报告的撰写过程中，还需要注意以下几点。

① 除与数字相关的图表外，其他图表都需要进行排序处理，以便客户能够清晰地看到各个选项的选择情况。

② 注意报告整体的美观性，例如统一色系、字体等。

③ 对于相关性高的题目，可以考虑同页展示，使得每一页的结论更加丰满。

④ 关联性高的定性、定量结论可以一起陈述，以提升调研报告的可读性，增强逻辑性。

品牌研究

一、品牌研究的实际意义

1. 为什么要做品牌研究

用户往往无法清晰地区分各类产品或者服务，在购买时往往根据自己所能联想到的局部信息做出决定。因此，若某种产品或者服务能够在潜在用户的心目中确定一个清晰的位置，则能将用户的购买决策与该产品或者服务进行有效连接，从而实现企业的营销目标。因此，品牌定位尤为重要。

品牌定位是企业确定自己的品牌的特定形象与个性，向用户传递选择该品牌的理由，使用户倾向于偏爱自己的品牌，最终占据有效细分市场的一种战略思想和活动。品牌定位最核心的部分是在目标用户的心里为自己的产品占据一个有利的位置。品牌定位是一个分析竞争态势、确定传播信息和做出决策的过程。

品牌定位就是要在目标用户的心中确定一个有别于竞争品牌的有利位置，因此，差异化是至关重要的。如何在品类丰富的市场上把企业的品牌以一定的形象准确地植入潜在用户的心中，建立有别于竞争品牌的清晰的差异化形象，需要通过市场调研来完成。

2. 品牌研究可以解决哪些问题

第一，通过品牌研究，可以精准地把握品牌在用户心中的形象是正面的或负面的，用户的认知情况如何，他们喜不喜欢这个品牌，用户的基层感知或体验是怎样的，等等。

第二，通过追踪品牌在用户心目中的重要指标（认知度、熟悉度、偏好度、购买度、推荐度等），可以判断品牌的发展阶段（进入期、成长期、成熟期、衰退期）。根据品牌所处的阶段，导入对应的品牌策略，比如是塑造形象提升品牌的广度还是结合产品的优势塑造品牌的内涵，核心品牌形象能否跟上发展需求，是否需要对品牌内涵重新进行梳理，是否需要强化核心品牌形象以及如何强化，等等。

第三，通过品牌形象的变化，了解哪些形象在强化，哪些形象在提升，核心形象有没有得到强化，是否能够支撑品牌内涵，品牌形象是否和竞争对手形成明显的区隔，是否有利于品牌在市场竞争中保持优势。

第四，了解厂家营销活动的投放是否对品牌指标的提升起到正向驱动作用。比如，大规模、广渠道的营销广告投入能否促进认知度的提升？正面的营销活动是否提升了产品或服务品牌的美誉度，消费者对品牌的喜好度有无提升？最终能否对消费者的购买驱动产生积极的影响？营销活动的效果是否良好？

第五，了解品牌的发展是否健康，品牌健康度有哪些衡量指标（熟悉度、相关性、独特性、流行度、质量），哪些指标的表现较好，整体品牌健康度如何，等等。

第六，了解品牌的价值。在同竞争品牌的对比中，自身品牌的价值体验（品牌溢价）如何，有无竞争力？品牌附加值的表现如何？能否为品牌带来高附加价值？品牌影响力有多大？

二、汽车行业里的品牌研究思路

本案例中的数据均经过了脱敏处理，结论不代表真实情况。

1. 品牌漏斗指标监测

汽车行业中品牌研究指标体系的差异较大，需根据各个汽车厂商的发展阶段、需求、延续性等因素来确定，但是大体上都涵盖以下核心指标（见图10-1）。

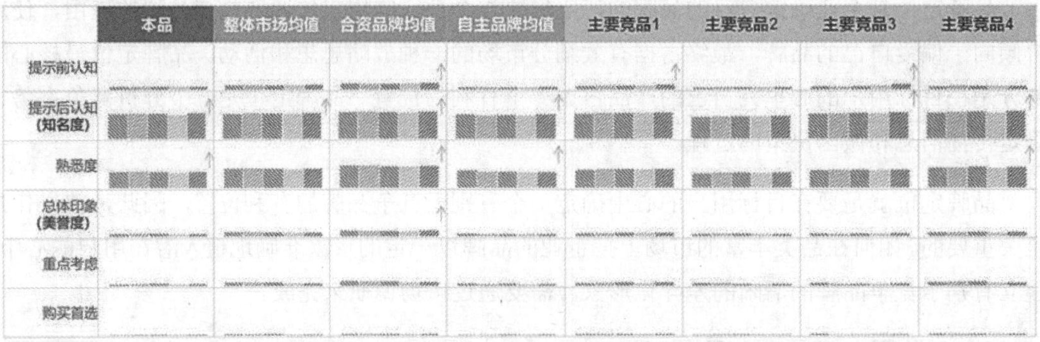

图10-1 品牌漏斗指标示意图

通过最近几期的品牌指标监测，了解××品牌的重点指标的变化趋势（是变得更好还是更差）。通过与竞争品牌的对比，了解××品牌是优于竞品还是弱于竞品。通过和整体市场对比，了解××品牌在行业内的位置。

2. 品牌形象监测

通过对形象指标的多期监测，了解××品牌在某个方面的变化趋势（是强化还是变弱），或者通过显著性测试，确定变化是显著性的还是非显著性的。同时，通过弱化形象的表现，找出品牌形象出现的问题。

此外，了解××品牌的内涵（品牌想要传达的优势形象）是否在用户端得到明确体现，智能互联等汽车行业的发展趋势能否在××品牌上得到体现，如图 10-2 所示。

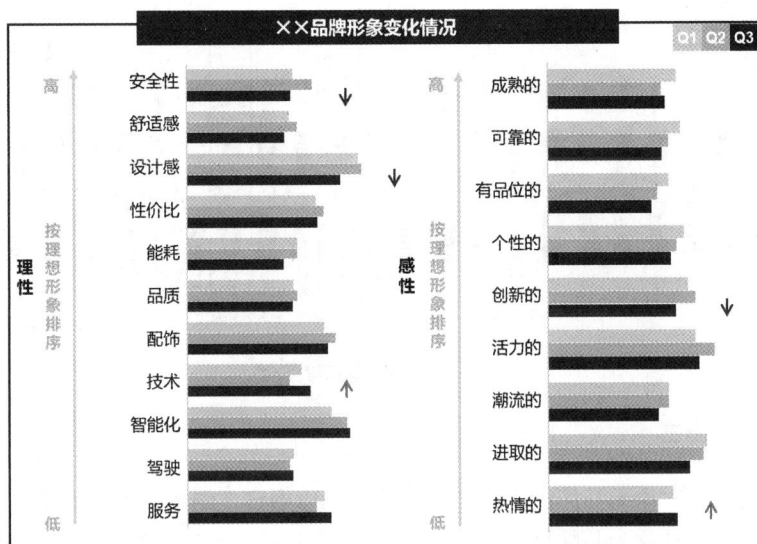

图 10-2　　××品牌形象变化情况

可以通过和行业的对比，看出哪些形象指标是优势指标，哪些是弱势指标，以及传统优势指标是否得到保持。

3．品牌溢价测试

通过品牌档次测试，可以看出品牌在行业内的位置。同时，也可以判断档次和溢价是否正相关。在新产品上市时，也需要考虑品牌溢价的因素，分析本品牌与竞争品牌的溢价差距是否合理（见图 10-3），从而和价格测试结果相互印证。

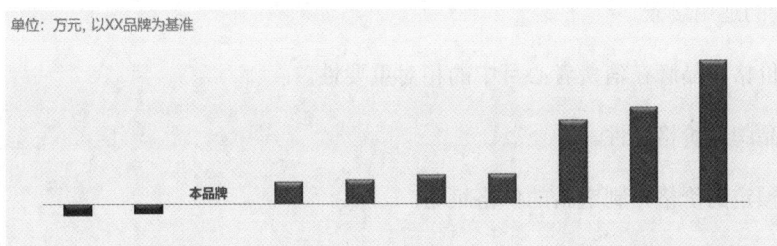

图 10-3　品牌溢价测试

4．品牌推荐度测试

结合品牌推荐度，还可以测试用户对某些品牌的忠诚度（见图 10-4），然后根据再购态度、再购行为等指标对品牌进行监测。通过对比，了解用户忠诚度的差异，比如哪些用户的忠诚度更高，哪些用户的忠诚度不高，他们不忠诚的原因是什么。对于一个销量高的成熟汽车品牌来讲，品牌推荐度是重要的忠诚度指标。

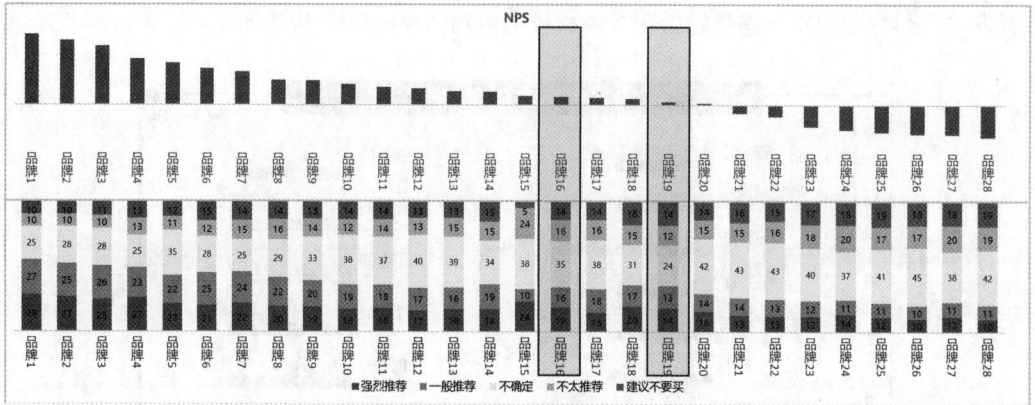

图 10-4 品牌推荐度测试

5. 品牌抵补模型

品牌资产是指相对于无品牌的同类产品或竞争品牌而言，消费者愿意为某一品牌付出的额外费用。有一种方法被称为品牌抵补模型（Brand and Price Trade Off，BPTO），目前在汽车行业中的应用较多。

该模型不仅考虑所测试品牌的价格变化，还考虑竞争品牌的价格变化，是一个价格互动模型。在测试时通常需要收集被测试产品及主要竞争对手的产品，最终结果是建立所研究品牌与竞争品牌的动态关联。

（1）模型的适用范围

该模型主要适用于重复消费产品（如糖果、啤酒、香烟）以及假设条件下的重复选择机会测试（如汽车）。

（2）模型的适用场景

① 了解价格和品牌在消费者心目中的相对重要性。

② 测量品牌的价格弹性。

③ 测试预定的价格，制定新的价格策略。

④ 确定最优价格和价格极限。

⑤ 在市场份额、收入和利润之间寻找平衡点。

⑥ 模拟价格战。

（3）模型的适用条件

① 在通常情况下，样本量越大，结果越精确。

② 总体样本量至少为 200 份。

③ 有多组样本时，每一组至少包括 100 份样本。

④ 所考察的每个群体至少有 50 份样本。

（4）数据采集分析方法

① 向被访者展示被测试品牌和竞争品牌，计算在任何一种价格条件下被访者选择被测试品牌和竞争品牌的次数。

② 对于每个品牌，计算被访者所能选择的边际价格。开始时的价格应能够反映目前市场上各品牌间的差异，询问被访者在这些价格下会选择哪个品牌。当被选择的品牌加价或降价一个价格段时，重复问同样的问题。再找一个会被选择的品牌，对该品牌进行加价/降价处理，直到最后。

（5）BPTO 的局限性

BPTO 在消费品、耐用品和服务的定价策略中应用得较多，但在使用过程也存在一定的局限性。加价/降价模式让被访者感到好像是在玩游戏而非关系到价格决策的大事，易使被访者觉得乏味、不真实，不愿意认真对待。

（6）BPTO 的拓展应用

① 基于计算机数据分析的 BPTO 极大地扩展了预测能力。

② 模拟实际的竞争环境，允许多个竞争品牌和被测试品牌共同参与测试。

③ 运用联合分析技术（见图 10-5），可以对数据进行更深入的诊断性分析。

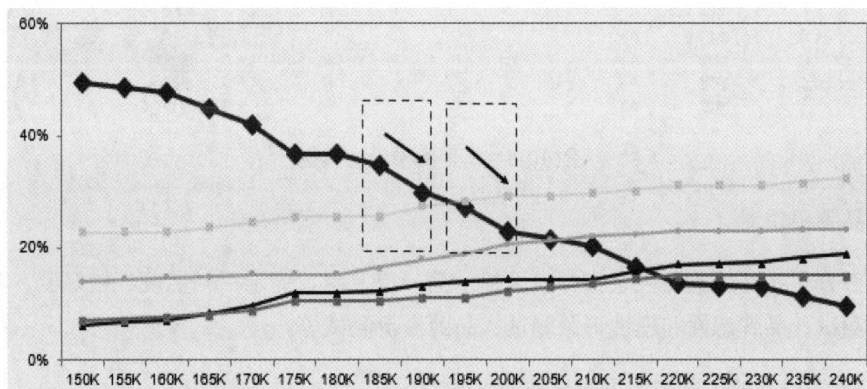

图 10-5　BPTO 联合分析

④ 预测价格战的结果。

⑤ 可以将被访者的使用习惯和品牌能力纳入预测模型，从而使预测结果更加可靠。

⑥ 汽车行业的 BPTO 通过对消费者在品牌与价格上的权衡模拟，实现对不同价格状态下的购买者份额的预测，发现价格变动导致的品牌购买者份额增加或流失的数量以及来源和去向，

从而找到价格敏感点，以及在不同价格状态下最具有竞争力的品牌和直接对手。

三、汽车行业里的品牌调查问卷

1. 品牌调查问卷的基本结构

通常的品牌调查问卷一般包含甄别问卷、品牌模块、车型模块、补充主题模块和背景五大部分。

（1）甄别问卷

需要确定被访者是现有车主还是潜在用户，了解动力类型、车型定位、主要购买者与决策者、购买动机与原因、车价或预购车价、家庭年收入、首购增购换购类型等信息。

图 10-6 为车型配额设计实例。

S3　单选　**您目前的车是哪款车型?**
【程序：根据上一题所选品牌显示相应品牌车型，每品牌车型页面均加"其他车型"，选中即跳问W4】

序号	品牌	车型	所属级别（后台归类）	序号	品牌	车型	所属级别（后台归类）
1	奔腾	T33（去除）	SSUV	61	日产	蓝鸟	A+
2	本田	CR-V	CSUV	62	日产	奇骏	CSUV / MLSUV
3	本田	XR-V	SSUV	63	日产	途达（去除）	MLSUV
4	本田	缤智	SSUV	64	日产	逍客	SSUV
5	本田	凌派	A+	65	日产	新轩逸	A+
6	本田	思域	A+	66	日产	轩逸经典	A / A+
7	比亚迪	宋/宋PRO	CSUV	67	荣威	i5	A
8	标致	5008（去除）	MLSUV	68	荣威	i6 Plus	A+
9	别克	昂科拉	SSUV	69	荣威	RX3	SSUV
10	别克	昂科旗	MLSUV	70	荣威	RX5	CSUV
11	别克	威朗	A+	71	荣威	RX5 Max	CSUV
12	别克	英朗	A	72	荣威	RX8	MLSUV
13	一汽大众	高尔夫	A+	73	三菱	欧蓝德（去除）	MLSUV
14	上汽大众	朗逸	A+	74	上汽大众	途昂X	MLSUV
15	上汽大众	凌渡	A+	75	上汽大众	途观L	MLSUV
16	一汽大众	速腾	A+	76	上汽大众	途铠T-Cross	SSUV

图 10-6　车型配额设计实例

（2）品牌模块

这一部分包括品牌漏斗五大指标（无提示第一提及率、提示后知名度、偏好度、购买度、推荐度）测试、品牌感性和理性形象测试、品牌溢价测试等。

图 10-7 为提示前关联知名度测试实例。

（3）车型模块

这一部分包括车型漏斗五大指标（无提示第一提及率、提示后知名度、偏好度、购买度、推荐度）测试、车型感性和理性形象测试、车型溢价测试等。

图 10-8 为车型形象测试实例。

B1	填空	一提到汽车品牌，您都能**想到**哪些品牌？ 我们这里指非豪华汽车品牌

请输入汽车品牌的名称，而不是具体车型或生产厂家的名称。
方框内：在此输入汽车品牌，并点选匹配的提示项。

【不提示，根据输入自动归码】

1	奔腾	18	起亚
2	本田	19	日产
3	比亚迪	20	荣威
4	标致（删除）	22	上汽大众
5	别克	23	斯柯达
8	丰田	24	魏WEY
9	福特	25	现代
10	传祺	26	雪佛兰
11	哈弗	28	一汽大众
12	吉利	29	长安
13	捷达	30	红旗
14	领克	31	宝骏
15	马自达	32	上汽大通
16	名爵MG	33	五菱
17	奇瑞		
97	其他品牌【后台记录】		

图 10-7　提示前关联知名度测试实例

M12	多选	每个人在买车时的关注点可能不同。	最多选5个

在您这次买车时，您**最注重**以下哪些方面？
【出示理性形象一级指标】

1	外观设计好
2	内饰感观好
3	产品品质高
4	安全性高
5	驾驶性能卓越
6	乘坐舒适
7	技术先进
8	节油高效
9	人性化设计
10	智能互联
11	健康环保
12	性价比高
13	动力强劲

图 10-8　车型形象测试实例

（4）补充主题模块

由于品牌和车型的漏斗表现和营销活动高度关联，所以部分客户在调研时会把营销活动也放入到品牌测试中，以此来判断市场 KPI 的表现是否和营销活动的投放力度一致。

图 10-9 为广告效果测试实例。

A#	问题和选项
单选	您是否看到过以下广告宣传信息？
1	看到过
2	没有看到过
XX品牌【广告】	
1	超宽体
2	超强动力设计
3	XX明星代言的超级座驾
4	国潮骄傲

图 10-9　广告效果测试实例

（5）背景模块

这一部分包括年龄、性别、婚姻、学历、职业、收入等个人属性标签和社会属性标签的记录。图 10-10 为背景问题测试实例。

D2	D1b	单选	您的属相：		选项随机
			12生肖	如匹配则继续 如不匹配 -> 提示：“年龄与生肖不符” 出生年份和属相匹配（允许有1年误差）	
D3	D2	单选	您的性别		
		1	男性		
		2	女性		
D4	D3	单选	您的婚姻家庭状况？		
		1	单身未婚	D6不能选3-6	20岁以内不能选4-9，25岁以内不能选5、6、8、9。
		2	未婚但有男/女朋友	D6不能选3-6	
		3	已婚，没有孩子	D6不能选3-6	
		4	已婚，有1个孩子，孩子0-6岁	D6不能选5-6	
		5	已婚，有1个孩子，孩子7-18岁	D6不能选3、4、6	
		6	已婚，有1个孩子，孩子成年	D6不能选3-5	
		7	已婚，有2个及以上孩子，大孩0-6岁	D6不能选5-6	
		8	已婚，有2个及以上孩子，大孩7-18岁	D6不能选6	
		9	已婚，有2个及以上孩子，大孩成年		
		10	其他		

图 10-10 背景问题测试实例

2. 问卷设计原则

（1）逻辑性

品牌研究需要覆盖现有用户、潜在用户、性别（男、女）、级别市场（A00 级轿车、A0 级轿车、A 级轿车、B 级轿车、A00 级 SUV、A0 级 SUV、A 级 SUV、B 级 SUV、MPV 等细分市场）、城市级别（一线、二线、三线、四线、五线及以下）、省份等维度，而如果没有涉及某些细分市场或组群，或者只针对部分细分市场、部分人群或某一类特定用户，就需要设置终止或跳转答题功能。在逻辑有交叉的情况下，需要具有很强的逻辑处理能力。

（2）明确性

某些特定组群有很明确的界定，需要从题目上进行设置，以便获得精准的样本。例如，汽车行业的现有用户通常界定为过去一年内购买相应车型的用户，潜在用户通常界定为未来 6 个月或一年内预备购买特定车型的人。因此，在对被访者的购车时间进行甄别时，需要明确具体的时段，如图 10-11 所示。

单选	您当前这辆车购买了多长时间了？	
1	半年以内	
2	半年到1年	
3	1-2年	跳转到W4
4	2-3年	跳转到W4
5	3-4年	跳转到W4
6	4-5年	跳转到W4
7	5年以上	跳转到W4

图 10-11 购车时间甄别实例

只有符合要求的被访者才能答下一题。

（3）非诱导性

在汽车品牌调研中，为了更好地了解被访者对品牌的真实感知情况，不能让被访者意识到（或猜到）这是一个关于品牌的调研，以免造成对部分品牌的评判不客观。所以，在甄别部分对车型的主题调研要慢慢展开，如图 10-12 所示。

S0a	多选	您最近是否有过以下想法?	手机一屏出示
	1	买房/换房/造房	
	2	买新车/换新车	->未选2，跳转到S1
	3	买/换台新笔记本电脑	
	4	买/换个新手机	
	5	以上都没有	选项与其他互斥，选中跳问S1
S0b	矩阵	您预计多长时间内买下列商品?	手机一屏出示
		横向表头为商品	
	1	房屋	
	2	汽车	
	3	电脑	
	4	手机	

图 10-12 干扰选项设置实例

在设计选项的时候，需要设置几个与汽车无关的选项，以减少被访者的主观臆断。

（4）便利性

某些调研测试的细项较多，每个细项下的选项也较多。如果此时再测试多个汽车品牌，被访者就会感到烦躁，答题时就不认真。比如，在进行品牌形象测试时，有时需要设置很多个形象指标，为每个形象指标设置多个选项，如图 10-13 所示。

B18	矩阵题	每个人对品牌的感知不同，您认为相对于其他同类/同价品牌。 XX品牌在以下形象方面： 【说明：1~5分，1分表示是特长，2分表示有优势，3分表示一般，4分表示是弱项，5分表示不清楚】	
	1	设计	
	2	质量	
	3	舒适	
	4	智能	
	5	自动驾驶	
	6	音乐	
	7	安全	
	8	省油	
	9	运动性能	
	10	定制/改装	
	11	保值	
	12	性价比	
	13	服务	
	14	售后保障	
	15	网点多	
	16	科技领先	
	17	新能源技术	
	18	广告多	
	19	实力雄厚	

图 10-13 品牌形象测试实例

这样做的效果就不是很好，被访者的体验非常差，当然访问质量也不会好。

（5）一般性

对于某些调研方式，由于渠道的属性，所以答题时间不宜过长。我们通过多年的研究发现，在线调研的答题时长最好控制在 15 分钟以内，超过这个时间时答题效果就会很差。

（6）完整性

当涉及多个细分市场或车型时，量表一定要覆盖全部市场（见图 10-14），这样就不会出现某些合格的被访者无法答题的情况。

纯电高价	纯电低价	插电SUV	插电轿车	纯电10万以下
小鹏_G3	北汽_EU 5	MG eHS	MG_eMG6	小蚂蚁
蔚来_ES6	比亚迪_元EV	MG 领航PHEV	吉利_博瑞GE	宝骏E100
特斯拉_Model3	吉利_帝豪GSe	领克_01 PHEV	比亚迪_秦Pro	宝骏E200
广汽_Aion LX	比亚迪_宋Plus EV	比亚迪_宋 DM	丰田_卡罗拉	宏光Mini
比亚迪_宋PRO EV	广汽_Aion S	比亚迪_唐 DM	丰田_雷凌	奔奔
北汽_EX5	比亚迪_秦Pro	大众_途观L PHEV	大众_帕萨特	哪吒V
Marvel R	比亚迪_秦EV	比亚迪_宋PRO DM	吉利_帝豪GL PHEV	
小鹏P7	比亚迪_e2	丰田 RAV4 PHEV	比亚迪_秦 PLUS DM-i	
ARCFOX αs	ID.4X	吉利_缤越		
比亚迪_汉EV	ID.4Crozz	长安_CS75 PHEV		
	欧拉白猫			

图 10-14 细分市场车辆量表实例

问卷设计人员（研究人员）一定要更新车型配额量表。

四、汽车行业里的品牌研究数据分析

1. 数据的合理性

在汽车品牌研究项目中，因为很多品牌的发展已经趋于成熟，在正常情况下某些指标的变化较小（除非受品牌大事件或广告投放的影响较大），所以，品牌 KPI 指标一旦出现较大的波动，就需要了解波动的原因是什么，能否合理解释。如果不能合理解释，则需要思考调研方法和取样是否合理。

2. 数据分析方法

（1）多期纵向对比

通过多期对比，可以发现一个品牌的某些指标得到了强化，某些指标有弱化趋势，如图 10-15 所示。

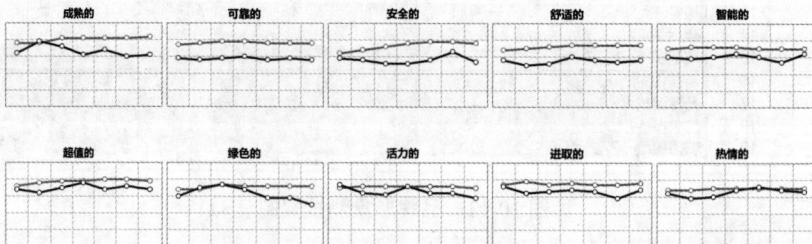

图 10-15 多期纵向对比实例

（2）漏斗指标转化率

通过漏斗转化率，可以判断品牌营销的广度和深度表现，最终判断品牌是否健康。通过本品品牌与竞品品牌对比，可以找出本品品牌的劣势指标，如图 10-16 所示。

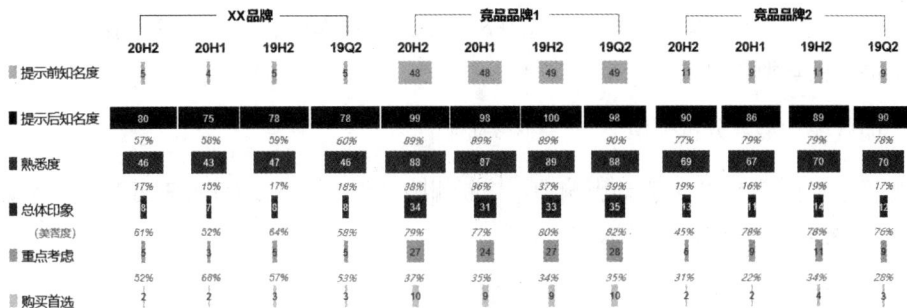

	XX品牌				竞品品牌1				竞品品牌2			
	20H2	20H1	19H2	19Q2	20H2	20H1	19H2	19Q2	20H2	20H1	19H2	19Q2
提示前知名度	5	5	5	5	48	48	49	49	11	9	11	9
提示后知名度	80	75	78	78	99	98	100	98	90	86	89	90
	57%	58%	59%	60%	89%	89%	89%	90%	77%	79%	79%	78%
熟悉度	46	43	47	46	88	87	89	88	69	67	70	70
	17%	15%	17%	18%	38%	36%	37%	39%	19%	16%	19%	17%
总体印象（美誉度）					34	31	33	35				
	61%	52%	64%	58%	79%	77%	80%	82%	45%	78%	78%	76%
重点考虑					27	24	27	28				
	52%	68%	57%	53%	37%	35%	34%	35%	31%	22%	34%	28%
购买首选	2	2	3	3	10	9	9	10	2	2	4	3

图 10-16 漏斗指标转化率分析实例

（3）Graveyard 模型（基于品牌认知度）

提示前认知率代表了用户对品牌的记忆程度，提示后认知率代表品牌的知名度，Graveyard 模型通过描述二者的内在关系，可以解读品牌的市场地位，如图 10-17 所示。

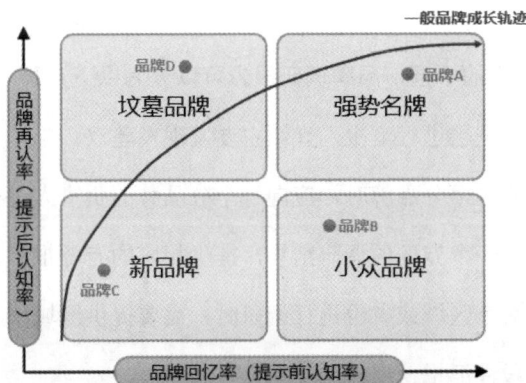

图 10-17 Graveyard 模型应用实例

强势名牌：靠近一般品牌成长轨迹，品牌回忆率和品牌再认率均较高，说明知道该品牌的人多，在脑海中留下较深印象的人也多。占据市场领先地位的强势名牌通常具备这样的品牌知名度特征。

小众品牌：位于一般品牌成长轨迹的右下方，提示前知名度远高于提示后知名度，虽然品牌再认率不高，但品牌回忆率较高，意味着虽然知道这个品牌的人不是很多，但是知道的人大多会对这个品牌留下深刻印象。这样的品牌的用户群一般不大，但用户的忠诚度高，是能够高度迎合少数人需求的小众品牌的典型表现。

坟墓品牌：位于一般品牌成长轨迹的左上方，品牌再认率远高于品牌回忆率，意味着用户看到品牌后都知道，但少有人能想起。这类品牌就像"熟悉的陌生人"，虽然知名度不低，但并未形成强心智占领，也就无法产生购买转化。这样的品牌的活力和影响力正在逐渐丧失，就像一个人逐渐失去生命力走入"坟墓"一般。一些品牌上市已久，消费者已经失去了新鲜感，而品牌不能与时俱进。被认为"过时"的"老"品牌可能具有这样的表现。

新品牌：位于一般品牌成长轨迹的左下方，品牌回忆率和品牌再认率都很低。这是刚上市不久的新品牌的典型表现。

（4）品牌驱动形象分析模型

根据形象指标对 NPS 的驱动影响力，判断哪些形象指标可以对 NPS 组群产生驱动作用，然后有针对性地提升这些形象指标。

五、汽车行业里的品牌研究报告

1．品牌研究报告的特征

（1）真实性

保证所有的数据真实是客户的基本要求。需要分析对 KPI 造成影响的可能因素，确认哪些因素确实对 KPI 产生了影响。

（2）针对性

根据汇报对象和关注点的不同，品牌调研报告可以分为以下几种。

① 摘要报告：面向管理层进行汇报，介绍主要发现及建议。

② 分品牌报告：当有多个分品牌时，应向每个分品牌的负责人进行汇报。

③ 专题报告：根据某一个专题的调研结果，提供相应的专题报告。

④ 区域报告：针对某个区域或省份进行调研时，需要提供区域报告。

⑤ 综合报告：供阶段性汇报使用。

（3）科学性

在样本设计阶段，需要根据车型销量占比分配配额，这样后期调研结果反映的才是真实市场结构，品牌漏斗 KPI、品牌形象、品牌推荐度在细分市场或人群中的表现才能够反映市场的实际情况。

（4）典型性

在竞品的选取过程中，应根据品牌发展阶段、品牌在细分市场上的分布以及销量等因素，选取核心竞品。这些竞品需要具有一定的典型性，突出各自的优势，而且和本品品牌具有强竞争关系。

2．品牌研究报告的结构

根据客户需求的不同，应在报告中简单介绍项目设计，把核心发现及建议放到第二个模块中。这样，客户可以在第一时间看到结果。

如果需要按照传统燃料和新能源动力分模块展示，则应在章节中加以体现，如图 10-18 所示。另外，品牌漏斗、品牌形象、品牌溢价等重点模块需要单独分章节进行分析。

1	研究设计
2	核心发现
3	传统车漏斗表现
4	结合传播与终端分析
5	传统车形象表现
6	传统车品牌溢价
7	新能源品牌表现
8	XX品牌新能源和传统车市场对比
9	新能源车型表现
10	附录

图 10-18　品牌调研报告结构模板

对于细分市场或人群的补充分析需要在附录中体现，区域和专题研究结果也可以在综合报告的附录中进行展示。

3．建议输出

（1）品牌成长分析模型

根据多期上下漏斗转化率，可以看出品牌转化率的高低。如图 10-19 所示，如果品牌成长轨迹为从左下角到右上角，则它是一个健康的、正常的品牌；反之，品牌处于衰退状态。

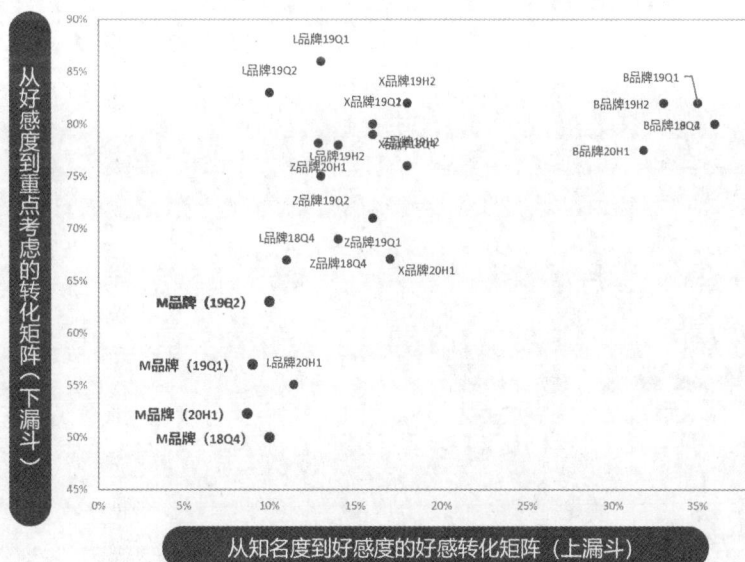

图 10-19　品牌成长分析实例

通过该模型可以明确看出哪些品牌在健康成长，哪些品牌处于衰退期，从而及早发现品牌的发展趋势，有针对性地给出解决方案。

（2）系列 TGI 对比

TGI（Target Group Index）反映目标群体在特定研究范围（如地理区域、人口统计领域、媒体受众、用户）内的强势或弱势水平，可以表示为目标群体中具有某一特征的群体所占比例除以总体中具有相同特征的群体所占比例。

理想形象 TGI：通过该指标，可以对比分群体/市场中的理想形象和总体理想形象的差距并进行重点研究分析。

品牌形象 TGI：可以用于对比品牌现有形象和理想形象的差距，所采用的数据为品牌的实际和理想形象被提及的频率，主要考虑品牌的实际形象指标与理想形象之间的差距。通过该指标，可以测试品牌的内涵是否得到了准确表达。

车型形象 TGI：可以用于对比车型的实际形象和品牌的实际形象的差距，所采用的数据为品牌的实际形象和车型的实际形象被提及的频率，主要考虑哪些车型形象与品牌形象的感知相同或存在差异。通过该指标可以输出车型传达的形象和品牌传达的形象是否一致，能否形成合力以对品牌形象形成强支撑，品牌内涵在车型上是否得到了突出表达，品牌力是否对该车型的销量形成强驱动。

◀ 第十一章 ▶

需求挖掘

一、需求挖掘的实际意义

1. "看不见的需求"才是需求挖掘的重点

需求如冰山一样，除了明确的需求（即"看得见的需求"）以外，有很大一部分信息埋藏在海平面以下。这部分"看不见的需求"才是需求挖掘的重点。

在用户需求挖掘中，"看得见的需求"通常来自用户的直接体验，即用户在使用产品或服务的过程中产生的不满与期待。例如，汽车用户对于车辆外观老气、内饰不够奢华、故障多、价格过高的不满就属于"看得见的需求"。

"看不见的需求"则是用户无意识的需求或超出用户对产品的固有认知的潜在期待。无意识的需求是指用户在实际使用场景中没有实际体验到的或体验后无法明确归纳的需求。例如，用户对于汽车驾驶体验的要求是"很好开"，但具体怎样衡量"很好开"并不能说清。这时，我们需要进行体验拆分，将汽车驾驶体验拆分为平顺性、动力性能、通过性、功能易操作性、乘坐舒适性等多个维度进行挖掘。需求挖掘不仅体现在功能需求层面，在心理诉求和社会性诉求方面也可以通过拆分体验、追寻情感逻辑的方式，解读用户的真实需求。

2. 如何挖掘需求

需求挖掘与两个因素息息相关，首先是人群，其次是场景。对于用户来讲，不分人群进行需求挖掘很难具有针对性，而具有普适性的需求多数为"看得见的需求"，并不是需求挖掘的难点。所以，大部分的需求挖掘可以人群作为分类维度，分别进行研究。往往由于人群特征的不同，用户对于产品、服务的体验角度和关注程度也不同，继而对产品、服务产生不同的理解，导致不同类型的用户的使用场景与需求有所不同。

场景是需求的载体，脱离场景的需求是苍白的，也是不符合逻辑的。需求并不是一成不变的，当用户经历不同的使用场景时，相应的需求也不同，但只有符合场景的需求才是用户的真实需求。

当我们将人群、场景和需求三者结合到一起时，所得到的认知就是立体的，符合研究标准。

比如，部分汽车用户对车辆的动力性能"有需求"，这样的需求挖掘非常片面且无用，因为我们既不了解"部分用户"是谁，也不了解"车辆的动力性能"是什么，还不了解为什么会产生这种需求。若我们得到的信息是"追求速度和动力的男性年轻车主在购车时更关注车辆的动力性能，他们主要希望在城市道路上起步时快于别人，在行车并线时动力充足，超车时不拖泥带水"，那么调研结果的准确性就不可同日而语了。

此外，在研究过程中，不仅要挖掘用户的需求点，同时要挖掘用户需求点背后的心理因素与逻辑。在获得需求之后，多"挖掘"用户为什么需要这种功能/体验以及获得这种功能/体验后有什么感受，为用户的需求"完善逻辑""贴标签"。这样，挖掘出来的需求不仅是一种现象，而且形成了认知。

3．如何梳理需求

从需求的层级上看，马斯洛的需求理论可以作为用户需求挖掘的重要理论基础。我们可以根据需求的层级，判断用户的需求属于基础需求（缺失需求）或高层级需求（成长性需求）。

另外，可以借助 KANO 模型的理论基础，梳理用户需求的优先级（基本型需求、期望型需求、魅力型需求、无差异型需求以及逆向型需求）。

当为需求划分好层级和主次后，所提供的结论和建议对于产品和服务水平的提升才有指导作用。

二、需求挖掘的研究思路

本案例中的数据均经过了脱敏处理，数据结论不代表真实情况。

在做一项调查或解决一个商业问题时，我们首先要确定本次调研的目标，搞清楚我们力求解决的问题有哪些。进行需求挖掘时，我们更希望了解的目标是我们的调查对象是谁，他们有哪些需求，他们的需求是否得到满足，他们的痛点有哪些，我们最终可以用哪些方法把我们需要的数据梳理出来。我们先来了解某游乐园项目的背景。

某游乐园汇集了众多刺激有趣的娱乐项目，是一个让人惊心动魄的主题公园。客户计划在游乐园外修建规模较大的宴会厅，希望探查该宴会厅未来的市场机会，从而为后续制定面向 C 端（消费者端）的营销策略提供数据支撑。

1．解析项目目标，形成项目方案

在了解客户的需求后，需要对客户的商业目标进行分析，将其转化为调研目标。同时，根据调研目标，提供一套可实施的解决方案。

（1）研究目标的梳理

在本案例中，客户希望探查宴会厅未来的市场机会，也就是希望了解消费者是否有宴请的需求，目前酒店的规模和场地能否满足他们的需求，他们还有哪些未被满足的需求。具体调研目标如下。

① 了解核心用户在宴会场所选择方面的态度和行为。

② 了解核心用户在用餐方面的需求与痛点。

③ 开展宴会厅概念测试，探查可能的市场机会。

（2）研究模型的选择

为了达到本次调研的目标，需要选择合适的研究模型。本次调研采用的研究模型有 5W2H 模型和 KANO 模型。

WHO：目标消费者的特征是什么？

WHY：宴请的动机是什么？

WHAT：关注酒店的哪些细节？考虑哪些因素？

WHEN：在什么时候进行宴请？需要提前多久预定？

WHERE：去哪里宴请？不同宴席类型的选择差异是什么？

HOW：宴请模式是什么？是小型宴会还是大规模宴请？

HOW MUCH：消费能力如何？愿意支付的费用是多少？

（3）研究方法的选择

在进行需求挖掘时，通常选择定性和定量相结合的方法。在定量调研前，我们选择有代表性的个体进行定性研究，可以采取小组座谈会或一对一深访等方式。本次调研选择的是小组座谈会的方式，了解消费者个人宴请的体验、消费行为、需求、痛点等信息。这些定性研究的重要发现会被补充到定量问卷中，在后续的定量调研中进行验证。

2. 项目实施

（1）定性研究

本次调研采用的是小组座谈会的方式，通过线上招募的方式招募合适的受访者。对于受访者的选择也有一定的限制，最重要的是受访者要有宴请的经验。同时，还要根据受访者的婚姻状况将其分为未婚组和已婚组，因为不同类型的消费者举办宴会的目的有很大的差异。受访者的招募条件如下。

① 年龄为 25～35 岁，性别为女性。

② 未来 6 个月内准备举办宴会，是筹办宴会的主要决策者。

③ 未婚者以婚宴为主，已婚者以宝宝宴为主。

④ 已经预订或准备预订宴会，单桌价格在 5000 元以上（仅为菜品，不含酒水和婚庆/宝宝宴布置等费用）。

⑤ 预订桌数不少于 20 桌。

⑥ 每组内至少有两人在过去两年内去过主题游乐园酒店。

定性研究的重要环节是确定主持人及访谈提纲。访谈提纲包括本次调研希望了解的内容以及未来需要在定量研究中验证的内容，所以问题的设置要遵循逻辑性、灵活性及全面性等原则，如图 11-1 所示。在座谈会结束后，主持人需要做好定性总结，最后提交定性报告。

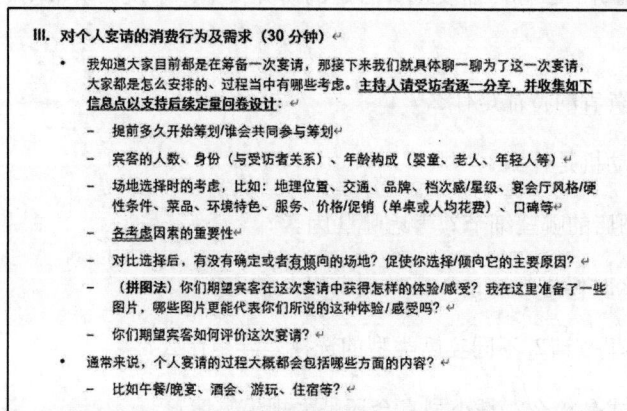

图 11-1　定性研究座谈会访谈提纲（部分内容）

作为定性研究的结论，选择场地时需考虑的因素如下。

① 地理位置/交通。

● 距离近，如离家近、离单位近。距离较远时，一则耗时（对老人、孩子不友好），二则交通状况复杂，担心宾客不能准时抵达、发生交通意外等。

● 商圈内。有人首选商圈内，主要考虑到交通便利，档次高的酒店多；也有人出于交通拥堵的考虑而尽量避开商圈。

● 交通便利，如公交车、地铁可达。

● 停车方便（停车位足够）。

② 菜品选择（首选中餐，较少考虑西式自助餐）。

● 必备高档次的硬菜，较多提及海鲜（海参、辽参、龙虾、螃蟹）、名贵菜品（烤乳猪、佛跳墙、煨菜类）。

● 摆盘精美（符合星级酒店的餐饮标准）。

● 单桌菜量足。长辈大多关注菜够不够吃，有受访者提及一桌菜至少应够 10 个男生吃。

③ 价格。

● 提供不同档次的多种套餐供选择。

- 婚宴单桌价格（不含酒水、场地费、布置费）为 6000～12000 元。

- 宝宝宴单桌价格（不含酒水、场地费、布置费）为 5000～10000 元。宝宝宴与婚宴不同，主家收到的礼金少甚至无礼金，因此在花费方面会略低。

作为定性研究结论，个人宴请的可能性受以下因素影响。

① 宴会厅适合小规模聚会，而非大规模宴请，其中地理位置偏僻、距离远是主要阻碍。

② 在宴会开始之前还有看场地、试菜、布置等环节，需要多次去宴会厅，距离远时不方便。

③ 当宾客的居住地相对集中时，更愿意选择较小交通半径内的场地。若距离较远，则应统一安排市中心的接驳点，以接送宾客往返。

④ 即便如此，筹备方还是增添了额外的协调管理工作。有人说："这是在给自己找麻烦，万一哪个环节做得不好，我还招骂，因此不如选近一点的宴会厅，然后发一个通知，让宾客自己去那里。"

⑤ 担心对年长的宾客（参加婚宴的宾客中几乎半数以上为长辈和长辈的朋友）不友好。

（2）定量调研

根据定性报告的内容及本次研究的目标设计调查问卷，问卷需要包含被访者的统计特征（所在城市、年龄、性别、学历、职业、婚姻状况、家庭收入等）、宴请现状（参加过的宴会、组织过的宴会、在主题公园中举办宴会的经历等）、不同宴请目的的需求挖掘（本次调研的重点，涉及举办宴会的心态、选择的酒店类型、信息获取渠道等）、客户对宴会厅的反馈等。选择宴会厅时需考虑的因素如图 11-2 所示。注意，图中两道题的选项需要保持一致。

Q17. 在选择宝宝宴地点时，以下哪些因素会提升你选择该宴请地点的可能性？（多选）
Q18. 在选择宝宝宴地点时，以下哪些因素缺少会明显降低你选择该宴请地点的可能性？（多选）

		提升选择该宴请地点的可能性的因素	缺少时会明显降低选择该宴请地点的可能性的因素
1	五星级档次		
2	离地铁站、公交站点近		
3	能够提供特色主题宴会		
4	能够提供吃住玩一条龙服务		
5	网红餐厅/宴会厅		
6	价位适中		
7	距离商圈等繁华场所比较近		
8	距离游乐园等游玩场所比较近		
9	宴会厅的独立性和私密性好		
10	宴会厅宽敞		
11	饮宴与举办仪式的场地各自独立		
12	多种色彩、装饰风格可供选择		
13	有开展户外活动/举办仪式的场所		
14	有适合宝宝的儿童氛围		
15	有专门的老人/宝宝休息区		
16	有亲子或宝宝喜欢的主题IP		
50	其他因素，请注明_____		

图 11-2　定量问卷中的 KANO 模型相关问题

（3）撰写报告

根据定性和定量研究结果，撰写综合性调研报告。需要注意，对于定性调研和定量调研中相同的问题，应把定性与定量结果一起呈现，从而形成定性与定量相结合的高质量研究报告。

三、需求挖掘问卷的设计

1. 需求挖掘问卷的设计原则和思路

需求挖掘问卷需要以用户旅程或使用方式为主要逻辑线进行设计，对用户旅程或使用方式的主要节点进行分割。在每个阶段中，详细了解用户行为、用户心理以及用户期待。

需求挖掘问卷的设计首先要符合市场调查问卷的基本设计原则，形成一个完整、准确、可行的方案。以下设计原则需要特别注意。

① 逻辑性原则。对于需求的挖掘需要循序渐进，问卷设计的逻辑应与消费逻辑一致。对于服务需求的挖掘，要按照用户体验旅程进行设计。例如，当我们想要挖掘车主对于 4S 店售后服务的需求时，应该以车主进店后应有的实际旅程为主线，从进店问候开始，一直到提车离店，进行全流程调研。

② 渐进性原则。挖掘需求时，先帮助用户建立"回忆"，使用户对产品或服务有更加具体、完整的感知，然后逐渐深入询问用户的满意度、使用时的情绪状态、当时不满的原因以及需求期待。需求挖掘应按照使用反馈–使用感受–推荐/复购意向–未来期待这条完整的链路进行，从具象到抽象，由功能需求到心理需求乃至社会性需求。

2. 需求挖掘问卷的基本结构

在设计问卷时，我们通常先进行结构梳理，形成问卷大纲（即问卷的基本结构），然后进行具体设计。问卷的结构可以层级的形式展开。将用户的总体满意度、未来推荐/复购意愿设计为一级指标，将各功能/流程的满意度作为二级指标，在功能/流程下进行细化形成三级指标。

一级和二级指标用于评价用户的使用反馈和使用感受，而三级指标则是对每一个功能或流程下的满意及不满意的原因进行挖掘，也就是挖掘用户态度的底层逻辑。此外，也应该询问用户有哪些期待，以拓宽产品或服务的改进方向。

在通常情况下，问卷分为甄别、主体、背景等模块，需求挖掘的主要内容位于主体部分，即刚才提到的一、二、三级指标，分别编制相应的题目。另外有一些与用户特征相关的指标，它们作为分类配额条件，应当放在甄别部分。与主要研究内容的相关性不强的部分以及附加部分应当放在背景部分。

3. 需求挖掘问卷设计中的用户体验

设计问卷时，我们也需要注意用户体验。以下几点可作为基本要求。

① 问卷设计要更加人性化。在设计问卷时，要按照结构进行设计，切忌以研究者的视角进行问题拆分，否则用户无法按照正常逻辑进行回答和回忆。这样会导致重要的需求信息因不便回忆或回答而流失。

② 确保设计无倾向、无诱导。在设计问卷时，不要设计过多的判断题，同时题目中也要规避带有引导性的词语。建议以打分的方式了解受访者对产品或服务的态度，以多选题的形式了解功能、服务要素的重要性。例如，曾有问卷设置了这样的题目："请问您是否认为目前服务大厅里服务人员的响应不够及时？"将服务大厅里服务人员的响应不够及时这一带有否定意味的论点抛给受访者，本身就带有引导性，而判断题也将服务体验问题转化成一种"非左即右"的选择，无疑使问卷带有倾向性和引导性，导致调研结果偏离实际。

③ 给受访者一些"留白"。在问卷设计中，多选题的选项应尽量全面，但是不应框定得过死，所以需要在选项的最后增加一个"其他，请注明_____"选项，作为开放部分留给受访者填写。当受访者无法在选项中找到符合自身情况的选项时，他就有渠道正确反馈自己的真实感受。

④ 懂得给受访者"减负"。应慎重使用开放题，因为过多的开放题会给问卷的填写造成困难。若填写难度过大，受访者就会有更大的概率中途放弃填写，从而导致信息流失。即使受访者完成了答卷，他所填写的开放题的答案也会越来越简单，从而失去了设计开放题的意义。另外，过多的开放题也会给研究者带来更大的负担，因为他们需要处理更多的文字。由于不像多选题那样便于统计，开放题的处理将更加复杂。但开放题也具有一定的价值，可以弥补定量问卷的局限性，所以我们不能因噎废食。

4. 需求挖掘典型问卷范例

（1）典型问卷示例

您好！很荣幸您能接受我们本次关于网站使用方面的调研。您的看法对我们来说非常重要，如果您觉得有些问题难以给出恰当的回答，那么尽可能选择一个最为接近的答案。谢谢！

甄别部分

S1. 目前您生活在哪个城市？（单选）

1	城市 1	3	城市 3
2	城市 2	97	其他，请注明_____

S2. 请选择您的性别。（单选）

1	男	2	女

S3. 请问您的年龄是 ___ 岁。（填空，后台自动圈选）

1	16 岁以下	4	31~40 岁
2	16~20 岁	5	41~50 岁
3	21~30 岁	6	50 岁以上

S4. 请问您是否浏览或使用过生活社区类 App 或网站？（单选）

1	是	2	否

主体部分

Q1. 您最常浏览或使用的生活社区类 App 或网站是什么？（单选）

（如果使用多个平台，请选择最常使用的一个。）

1	网站 1	3	网站 3
2	网站 2	4	网站 4
97	其他，请注明_____		

Q2. 从第一次浏览开始计算，请问您使用【插入在 Q1 中选中的选项】的时长是多少？（单选）

1	1 个月以内	4	6 个月至 1 年
2	1~3 个月	5	1 年以上
3	3~6 个月	97	其他，请注明_____

Q3. 请问您使用或浏览【插入在 Q1 中选中的选项】的频率是多少？（单选）

1	每天都用	4	每月 2~3 次
2	每周 3~5 次	5	每月不超过 1 次
3	每周 1~2 次	97	其他，请注明_____

Q4. 您主要使用【插入在 Q1 中选中的选项】做些什么？（多选，选项随机分布）

选项随机		
1	浏览新闻、资讯	
2	交友/互助	
3	电商/购物网站入口	
97	其他，请注明_____	

Q5. 您通常在什么时间浏览【插入在 Q1 中选中的选项】？（单选）

1	凌晨（00:00—07:00）	5	下午（15:00—18:00）
2	早晨（07:00—09:00）	6	傍晚（18:00—21:00）
3	上午（09:00—12:00）	7	晚上（21:00—24:00）
4	中午（12:00—15:00）	8	随时

Q6. 请问您每次使用或浏览【插入在 Q1 中选中的选项】的时长是多少？（单选）

1	15 分钟以内	4	1~2 小时
2	15~30 分钟	5	2 小时以上
3	30~60 分钟	97	其他，请注明_____

背景信息

P1. 请选择您的婚姻状况。（单选）

1	单身	3	已婚，二人世界
2	未婚，有伴侣	4	已婚，有孩子
		97	其他

P2. 请问您的家庭年收入是多少？（包括工资、奖金、津贴、投资等各种收入在内，单选）

1	10 万元以下
2	10 万~50 万元
3	50 万~100 万元
4	100 万元以上
99	我不愿透露

感谢您的参与！

（2）其他典型需求挖掘示例

Q1 请问您在购买某产品时会考虑哪些因素？（多选）

Q2 您首次购买某产品时，以下因素是怎样排序的？

Q3 您再次购买某产品时，所考虑的因素又是怎样排序的？

		Q1 考虑因素排序	Q2 考虑因素排序	Q3 考虑因素排序
1	产品外观、颜值			
2	产品材质			
3	产品口碑			
4	产品品牌			
97	其他，请注明_____			

四、需求挖掘调研报告

1. 需求挖掘调研报告的设计原则和思路

撰写需求挖掘调研报告主要是为了回答与调研目标有关的问题，因此需要遵循以下原则。

① 逻辑性。每一份报告其实都在讲述一个故事，那么就需要一条逻辑主线。根据这条主线，把内容填充进来，就能形成一个完整的故事，也就能形成一份完整的报告。使用 5W2H 方法时，在报告中要明确调研对象是谁，他们目前有哪些行为习惯，他们还有哪些未被满足的需求，他们的期待有哪些。

② 完整性。在逻辑性的基础上，确保报告内容的完整性，从而形成很好的闭环。不论是定量内容还是定性内容，只要能够很好地阐述论点，就应较好地呈现给客户，让客户全面了解用户。

③ 选择性。在保持报告完整性的基础上，可以将问卷内容有选择性地呈现给客户。因为有时会在问卷中设计较多的内容，这样能够更全面地获取受访者的信息。但是，研究人员应避免为了把问题全部呈现给客户而进行数据堆砌，应该对报告需要展示的内容做到心中有数。

④ 可读性。在市场调查中，报告形式以 PPT 为主。因此，在撰写 PPT 报告时，就更要注重报告的可读性，对于报告中的字体、字号、颜色、图表都有一定的要求。通常中文字体选择微软雅黑，英文字体选择 Calibri，字号大小根据报告内容进行调整。标题字号多用 24 磅，正文字号根据图表的大小等灵活选择，通常为 14 磅。

2．典型需求挖掘调研报告的基本结构

（1）报告的框架

在撰写需求挖掘调研报告之前，根据设计的问卷及定性发现，我们需要梳理出报告的框架。整个报告的框架通常分为四大部分。第一部分为项目背景，主要展示本项目的背景、目标、定性和定量实施情况以及选择的统计方法，如可以表明满意度的算法。第二部分为研究发现，主要呈现本次调研中的核心发现。第三部分为结论建议，应根据研究发现总结相关结论，解决相关问题。第四部分为附件，主要补充第二部分没有体现的相关内容等。

此外，第二部分和第三部分可以根据客户的需求进行调整。

（2）报告的逻辑

报告中最重要的部分是研究发现。根据报告撰写的逻辑性、完整性、选择性和可读性原则，我们应确定报告撰写的逻辑线，也就是报告的故事线。我们通常以用户旅程体验作为标准逻辑线。

首先，呈现受访者信息。让客户了解本次调研的受访者是谁，他们有哪些特征。比如，在耳机调研项目中，需要展示受访者的人口统计特征（如所在城市、性别、年龄、婚姻状况、教育水平、职业、家庭月收入等），同时展示受访者关于电子产品的消费理念。此外，因对受访者进行了人群细分，所以我们还需要进一步展示细分用户的特征。

其次，了解受访者以后，应进一步了解他们的行为特征。以耳机调研项目为例，用户旅程体验是：为什么买，在哪里买，买的时候考虑哪些因素，最终购买了哪些产品，买完后是如何使用的，使用体验如何。

最后，客户通常还会在调研中设计产品测试或概念测试，以了解受访者对此的反馈。这部分内容通常放在研究发现的最后。

3．需求挖掘调研报告的呈现要求/要点

（1）美观性

除了可读性外，报告展示更强调美观性。在美观性上，还需注意以下两个方面。

① 颜色统一。PPT 报告需要统一色调，主要根据客户的需求而定。在客户不提供报告模板时，我们通常采用客户 LOGO 的色调为报告的主色调。此外，在报告中最好不出现色调太跳脱的现象，如绿色调中突然出现红色。

② 格式统一。PPT 报告每页的格式要统一，标题和内容的字体、字号、颜色需保持一致。同时，注意图表的格式也要统一，特别是字体、字号和颜色。代表同一维度的颜色要统一。

（2）内容衔接

除了逻辑性和完整性外，还要注意内容的衔接。

① 标题页的应用。除了主体内容外，PPT 报告还包括标题页，如关于详细发现的总结性标题页。

② 标题总结页的应用。此外，还可以插入下一级内容的标题页，主要介绍下面几个页面的主要内容。比如，在撰写耳机调研报告时，我们按照用户旅程体验撰写"为什么买"这一部分，可以列一个标题页，对后面几个页面的内容进行总结，起到提纲挈领的作用。

第十二章

用户旅程体验

一、基于满意度-NPS 的用户旅程体验

在信息科技发展的早期，电视、广播、报纸等传统媒介是信息在企业和用户之间传播的重要渠道。企业通过这些传统渠道向用户传递产品或服务的相关信息，不断地影响着用户的消费理念、消费行为和消费模式。在产品或服务的信息传播过程中，企业一直占据主动地位，占有信息传递的制高点，可以传递想要传递的信息。这些信息可能满足用户的需要，但也可能不能满足用户的需要。相比之下，用户处于被动地位，只能被动地接收企业传播的信息内容，只能在企业提供的现有产品或服务中被动地选择和消费。

想一想，这种企业和用户之间的信息不对称会带来什么后果？

一是企业在"以产品为中心""产品为王"等经营理念的影响下，以生产效率为中心，投入大量的人力、物力和财力进行生产，在这个过程中并没有给予用户需求和体验足够的关注，生产出来的产品或提供的服务未必是用户想要的。

二是用户的选择属于被动选择、不得已的选择，如果产品或服务不能很好地满足用户的需求，就可能引起用户对企业不满。一旦有可替代的产品或服务，用户就会流失，对企业而言也就意味着丢失了用户市场，失去了生存和竞争的基础。

所以，信息不对称对双方都有影响，但是对企业的影响更大。这时，企业才意识到用户的重要性，用户满意度才逐渐走进生产厂商的视线，他们通过用户满意度调查，不断挖掘用户在使用产品或服务的过程中的不满意点，从而进一步优化和创新自己的产品或服务。不可否认的是，在很长的一段时间内，用户满意度调查为企业的经营和决策产生了重要的影响。随着企业之间的竞争日益激烈，经营者发现即使用户对产品或服务很满意，也不一定会向其他用户推荐，从而导致用户市场规模的增长遇到瓶颈。这时就有必要通过 NPS（净推荐值）市场调研挖掘用户推荐或不推荐的原因，充分了解用户的消费动机、消费行为和消费模式。

随着数字化时代的到来，产品与服务同质化的现象日益严重，以服务定制化为核心的客户体验的价值日益凸显，逐渐成为企业或品牌构建可持续、差异化、高价值竞争优势的关键要素，与"体验"相关的概念也越来越频繁地被提及。在新的时代背景下，企业开始尝试将用户满意

度和 NPS 的研究方法和指标与数字技术相结合，开展客户体验管理（CEM）。

对大部分人而言，体验就是感受，具体可概括为客户对某产品在视觉上或易用性上的主观感受。这就是狭义上的客户体验。以某高端电器品牌为例，过去品牌方常通过发短信的方式收集用户对产品的综合反馈。比如，针对吸尘器这款产品，短信问卷可能会从产品型号、外观、操作、噪声、除尘效果、除螨效果等多方面、多角度地收集用户的使用感受或意见。也许有人会觉得奇怪，这样的调研不是很具体吗？有什么问题呢？事实上，通过上述方式获得的数据具有局限性。

① 数据的"真实性"和"时效性"。短信问卷通常由商家在用户购买产品或服务一段时间后批量推送，对很多用户来说，他们只能通过回忆来填写和反馈感受，问卷上所填写的体验和实际情况有出入在所难免。

② 数据的"深度"和"广度"。通过提出具体问题收集到的体验反馈只会停留在产品好不好看、好不好用等主观感受上，而对于如何改进和优化缺少实际的指导作用。

怎么解决上述问题呢？这就要引出广义上的用户体验，即用户在和产品或服务产生交互的每个触点上的感受与体验，也就是基于用户体验地图产生的用户体验。

在上述案例中，该厂商可以启用倍市得用户体验管理平台，基于用户体验地图梳理出用户购买和使用产品的整个"旅程"，包括销售、物流运输、售后服务等环节。同时，厂商根据产品的购买渠道（包括线下门店、网上商城、手机 App、微信商城等），进一步分析用户的消费动机、体验和感受等，如图 12-1 所示。

图 12-1 多维度感知用户体验

将用户旅程和场景两个维度结合起来，厂商就可以梳理出产品销售和服务过程中的所有用户触点，找到合适的触点，选择合适的方式和合适的时间推送相应的用户体验调查问卷，从而实时收集产品销售和服务流程中各个环节的用户体验和反馈。

基于广义上的用户体验，厂商可以使品牌定位更准确，最终实现用户体验管理。

显然，研究广义的用户体验远比传统的用户满意度调研和 NPS 调研更有价值。其实，广义的用户体验研究最有效的方式之一就是用户旅程体验研究。

下面以某银行的房贷业务为例，探索用户在信息获取、决策使用、房屋估值、预审初评、线下调研&终审、签约、支用、还款等过程中的意见。

本案例中的数据均经过了脱敏处理，数据结论不代表真实情况。

二、用户旅程体验的研究思路

在房贷案例中，研究场景已经非常明确，即房贷业务场景。接下来的重点工作就是梳理房贷业务的用户旅程，研究相应的用户体验。

前文提到 BEST 模型是用户旅程体验的研究依据，下面我们一步一步地进行梳理。

1. 内部业务流程

根据 BEST 模型中的 B 要素（旅程行为指标体系），优先梳理企业内部的业务旅程。这项工作可以达到两个目的：一是对企业内部的业务流程进行全面的了解，寻找企业与用户接触的各类触点以及通过这些触点触达用户的方式；二是确认对用户业务有意义的关键触点，以便通过设计调研题目开展诊断工作。

那么，如何梳理企业内部的业务旅程呢？最直接有效的方法就是通过对企业的业务骨干（熟悉业务流程，对当前业务的痛点有深刻的认识与实际需求）进行访谈，详细了解企业内部的业务流程，最终形成旅程地图。

针对房贷业务，可以将访谈对象锁定为与该业务有关的骨干，比如客户经理、风险测评部经理、信贷系统部经理。下面列出了一些内部访谈题目。

① 目前房贷业务的办理需要哪些步骤？

② 根据你服务过的用户，你认为在这些步骤中，用户比较关注哪些环节？

③ 在这些业务环节中，你认为哪些环节还有优化的空间，有哪些优化建议？

④ 在房贷业务流程推进的过程中，你遇到了什么困难或问题，是如何解决的？

通过分析相关问题，梳理出房贷业务的内部流程，其中部分内容如表 12-1 所示。

表 12-1　　　　　　　　　　　　　　　房贷业务内部流程

节点编号	触点名称	操作者	操作动作描述	操作场景	下节编号	备注
1	用户了解	用户	用户主动了解房贷产品，通过渠道触达	线下网点、银行微信公众号	2	
2	响应用户	用户经理	响应用户需求，介绍房贷产品	线下网点	3	如果通过线上渠道触达，则跳过此节点

续表

节点编号	触点名称	操作者	操作动作描述	操作场景	下节编号	备注
3	关注及注册	用户	用户通过微信关注该银行的微信公众号，并输入手机号码进行注册	银行微信公众号	4、5	注册成功后，页面提示是否绑定银行卡，可以选择现在绑定，也可以在使用时绑定
4	银行卡绑定	用户	根据所支持的银行卡，绑定银行卡账户	银行微信公众号	5	
5	录入房产信息	用户	输入房屋所在区域、小区名称、楼栋号、房号等	银行微信公众号	6	
6	房屋估值获取	用户	获取房屋现阶段估值情况	银行微信公众号	5、7	若系统不能评估房屋价值，则返回第五个节点，以手动方式输入房屋所在的小区及价格；若需要重新评估房屋价格，则返回到第五个节点
7	抵押贷款办理申请	用户	单击办理抵押贷款申请	银行微信公众号	8	
8	贷款类型选择	用户	选择个人消费房贷或个人经营房贷	银行微信公众号	9	
9	个人信息填写	用户	上传照片，录入姓名、身份证号码、个人账号等	银行微信公众号	10	
10	借款信息录入	用户	用户根据自己的实际情况录入已有借款信息	银行微信公众号	11	
11	授权征信及个人金融信息查询	用户	选择授权征信及个人金融信息查询	银行微信公众号	12、8	重新选择贷款类型，退回到第八个节点
12	人脸识别	用户	进行人脸识别，验证用户的身份	银行微信公众号	13	
13	获得预授结果	风险测评部经理	根据用户的各类资信情况和押品情况，结合行业内外数据对用户进行授信，获得预授信结果	行内	14、15	若未能获得预授结果，则来到第十四个节点；若成功获得预授结果，则来到第十五个节点

节点编号	触点名称	操作者	操作动作描述	操作场景	下节编号	备注
14	转线下	用户经理	获得预授结果失败时，用户经理可以评估能否转线下。能转线下时，可转线下办理贷款业务	线下网点	15	
15	预约上门调查	用户	用户可直接单击该条微信信息申请上门调查，也可以通过银行微信公众号申请上门调查	银行微信公众号	16	
16	上门调查	信贷系统部经理	信贷系统部经理根据用户的银行存量贷款余额、附带推荐人二维码信息等对用户进行调查	行内、用户房屋所在地区		

2. 外部用户旅程地图的绘制

在梳理清楚企业内部业务流程的基础上，接下来需要探索外部用户对这些流程触点的感知，获得有效接触用户的核心场景节点以及在这些节点上用户更关注的体验痛点，并将其以指标、要素等形式纳入问卷选项或题目中。绘制外部用户旅程地图可以达到两个目的：一是了解外部用户能够感知到的旅程触点，以及在这些触点上的典型场景（BEST 模型中的 B 要素，即旅程行为指标体系）；二是了解外部用户在关键触点的典型场景中的体验或感受（BEST 模型中的 E 要素，即触点体验指标体系），以及形成这些体验和感受的原因（爽点与痛点，BEST 模型中的 S 要素，即心声指标体系）。

那么，如何绘制外部用户旅程地图呢？一般采用定性和定量调研相结合的方式。其中，通过定性调研了解用户对旅程触点的主观感受，根据定性调研结果设计定量调研题目与选项，将来通过规模化定量调研来印证用户体验感受好与坏的程度。

在房贷案例中，首先针对少量重要用户（或者典型用户）进行访谈，访谈形式可以是一对一深度访谈或小组座谈，然后依据访谈结果形成调查问卷，进行定量调研。

【定性调研方案】

选择个人住房贷款业务用户 6 人进行访谈。

① 一半为活跃的老用户（注册成为用户且第一次使用时间超过一年，在过去一年中使用次数超过一次）。

② 一半为新用户（第一次使用）。

③ 20～29 岁和 30～39 岁各一半。

④ 2 人为女性，4 人为男性。

【定量调研方案】

根据定性调研结果设计定量调查问卷的题目和选项，可以区分本品与竞品，便于了解房贷业务的市场竞争情况。其中，对于本品用户的研究，建议全数收取合格样本；对于竞品用户的研究，从统计学分析的角度来说，建议调研样本为 100～400 份。

根据客户业务办理流程，绘制房贷客户旅程地图（见图 12-2），包含信息获取、决策使用、房屋估值、预审初评、线下调研&终审、签约、支用和还款八个节点。针对每个节点，分析客户目标、客户行为、触点、体验曲线等。

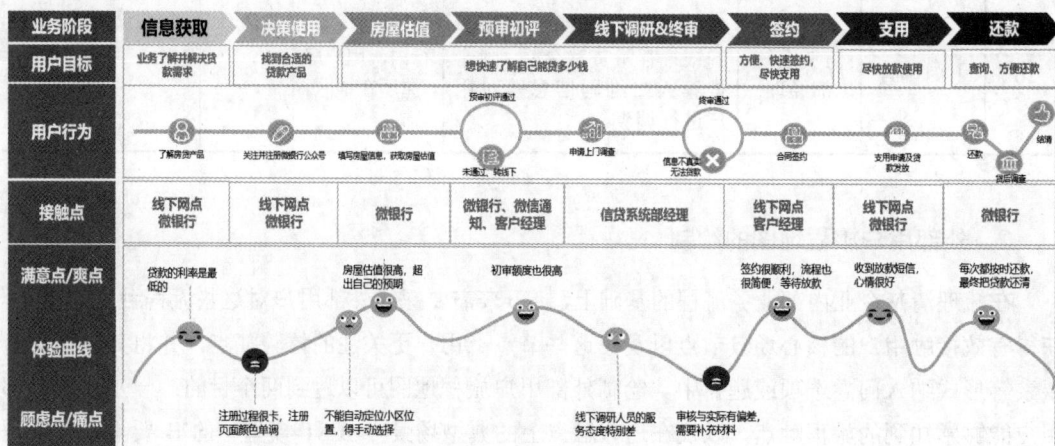

图 12-2 房贷用户旅程地图

在上述案例中，不难发现完整的外部用户旅程地图至少包含以下几个要素。

① 用户角色（包括用户和场景）：比如使用过房贷业务的用户、房贷业务场景。

② 体验阶段/业务阶段：比如房贷业务包含的 8 个关键阶段，即信息获取、决策使用、房屋估值、预审初评、线下调研&终审、签约、支用和还款。

③ 用户行为：对应于每个体验阶段。有的体验阶段可能只有一个用户行为，有的体验阶段可能有多个用户行为。这里只需要研究关键的用户行为，不需要事无巨细地展示所有用户行为。比如，房贷业务预审初评阶段的关键用户行为包括预审初评通过和未通过转线下，线下调研&终审阶段的关键用户行为包括信息不真实无法贷款和终审通过。

④ 关键触点：用户在体验的每个阶段可能会有多个触点，但是每个触点在每个阶段体验的影响程度可能有所不同。所以，在用户体验的每个阶段不需要展示所有的触点，而是需要确定关键的触点。比如，房贷业务中房屋估值阶段的关键触点是银行微信公众号，预审初评阶段的关键触点是银行微信公众号、微信通知、客户经理。

⑤ 体验曲线：在明确了体验阶段、体验行为和关键体验触点的基础上，有针对性地全面收集用户的真实想法，确保用户想法的代表性，一般以疑惑、抱怨、期望类的内容为主。同时，为用户的每一类想法赋予情绪表达，并用动态曲线将其串联起来，形成用户的情绪体验图，一般用积极情绪（如兴奋、高兴）、平静（如正常、疑惑）和消极情绪（如沮丧、愤怒）来表达用户的使用感受。

⑥ 痛点梳理：在房贷业务中决策使用阶段的用户痛点是"注册过程卡顿，注册页面的颜色单调"，房屋估值阶段的用户痛点是"不能自动定位小区所在位置，需手动选择"，线下调研&终审阶段的用户痛点是"线下调研人员的服务态度特别差，需要补充材料"。

注意，用户旅程地图是在企业内部业务流程的基础上，从用户体验的角度进行绘制的。用户体验阶段与企业内部业务流程触点会重复或者有一定的出入。可以用定量调研结果中量化的数据判断用户旅程地图中的用户行为和触点是不是关键的用户行为和触点，对定性调研结果进行印证。同时，定性调研结果在用户旅程地图上最明显的体现就是曲线。

特别强调，用户旅程地图的定性和定量调研属于预调研、小范围的调研，可为下一步的体验指标体系（如用户体验的爽点、痛点等）的设计和触点矩阵的搭建提供方向、框架思路和参考内容。

3. 体验指标体系设计和触点矩阵搭建

在了解企业内部业务流程和用户旅程体验后，通过设计体验指标体系，对用户体验进行全面诊断。一般而言，体验指标体系建设基于两个方面：一是主观性指标，比如用户满意度、净推荐值等，研究结果用来告知企业是否以及如何给用户创造价值；二是客观性指标，比如用户数量增长、转化率、重复购买次数等，这些指标一般都属于企业内部的经营数据。

一般而言，完整的体验指标体系包括以下四个层级。

① 一级指标为 NPS 和综合满意度。

② 二级指标为旅程环节指标。

③ 三级指标分为 3～4 类标签，如环节触点标签、指标来源标签、体验感受标签（RATER指标体系）、责任角色标签。

④ 四级指标为具体内容。

以房贷业务为例，部分体验指标如表 12-2 所示。

表 12-2　　　　　　　　　　　　　　　　房贷业务的部分体验指标

一级	二级	三级		四级	
	旅程环节	环节触点标签	指标来源标签	RATER 标签	具体内容
综合满意度+NPS	整体	整体	经营	反应度	房贷总时长中位数
				信赖度	房贷规模日均值
			体验	信赖度	NPS
				专业度	整体满意度
				专业度	流程满意度
	贷前	信息获取	体验	有形度	信息获取渠道满意度
		决策使用	体验	专业度	注册过程满意度
				同理度	人员服务满意度
		房屋估值	经营	有形度	系统自动评估房产价值成功率
			体验	信赖度	房屋估值满意度
				专业度	系统流畅性满意度
				有形度	信息录入满意度
		预审初评	经营	信赖度	预审初评申请率
				反应度	审批时长中位数
			体验	信赖度	预审初评整体满意度
				同理度	审批额度满意度

这里，需要补充说明一下 RATER 指标的概念。所谓的 RATER 指标是指对全美零售业、信用卡、银行、制造、保险、服务维修等 14 个行业的近万名服务人员和用户进行研究后，形成的一个可以有效衡量用户服务质量的指数，包括以下方面。

① 信赖度：是指一个企业能否始终如一地履行自己对用户所做出的承诺。当这个企业真正做到这一点的时候，就会拥有良好的口碑，赢得用户的信赖。

② 专业度：是指企业的服务人员所具备的专业知识、技能和职业素质，包括提供优质服务的能力、对用户的礼貌和尊敬，以及与用户有效沟通的技巧。

③ 有形度：是指有形的服务设施、环境、服务人员的仪表以及对用户的帮助和关怀的有形表现，如整洁的服务环境、餐厅里为幼儿提供的专用座椅等。

④ 同理度：是指服务人员能够随时设身处地地为用户着想，真正同情和理解用户的处境，

了解用户的需求。

⑤ 反应度：是指服务人员对于用户的需求给予及时反应并能迅速提供服务的愿望。当服务出现问题时，马上回应、迅速解决能够给服务质量带来积极的影响。

4．用户旅程体验的问卷体系

读者可能会感到困惑，前面已经梳理了触点矩阵和体验指标，为什么还需要搭建问卷体系？原因有以下两个。

一个原因是指标体系和触点矩阵只能概览式地反映用户旅程体验过程中的关键体验点和体验内容。但是，四级指标的内容过于宽泛，需要转化为多个细化的调研问题，形成问卷体系的基础。同时，用户更关注的是体验类指标，而经营类指标仅限于企业内部收集数据时使用，不需要纳入问卷体系中。

比如，贷款前房屋估值的四级指标为"房屋估值满意度"，可以细化为"你对房屋估值的整体体验如何""造成体验不佳的原因是什么""你对银行微信公众号界面操作的流畅度的满意度是多少""你对信息录入环节的满意度是多少"，等等。

另一个原因是传统调研基本上都是在事情结束之后进行，对于很多参与调研的客户而言，只能通过回忆来填写问卷和反馈感受，问卷上所填写的体验和实际情况有出入在所难免。我们希望根据指标体系和触点矩阵，将指标细化成更具体的调研问题，形成完整的问卷体系，然后根据触点将问卷拆解成多个小而准的短问卷。在实际应用时，应在合适的体验触点及时触发合适的旅程调研问卷，准确收集目标群体的体验反馈。其中，调查问卷的题目应基于指标体系、体验驱动要素、爽点、痛点，即 BEST 模型中的 E 要素和 S 要素。

问卷体系搭建就是为了细化体验类指标并实现与触点之间的匹配。

表 12-3 列出了房贷业务贷前阶段的不同触点及相关问题。

表 12-3　　　　　　　　房贷业务贷前阶段的不同触点及相关问题

		题号	题目
贷前	决策使用	Q1	你对注册过程的整体体验如何
		Q2	你对我行人员服务的满意度是多少
		Q2a	你不满意的原因是什么
		Q3	你对获取房贷信息的体验如何
	房屋估值	Q4	你对房屋估值环节的整体体验如何
		Q4a	造成你体验不佳的原因是什么
		Q5	你对银行微信公众号界面操作的流畅性的满意度是多少
		Q6	你对信息录入环节的满意度是多少

续表

		题号	题目
贷前	预审初评	Q7	你对预审初评的整体体验如何
		Q7a	你不满意的原因是什么
		Q8	你对审批的额度是否满意
	线下调研&终审	Q9	你对线下调研&终审的整体满意度是多少
		Q10	你对调研人员服务的满意度是多少
		Q10a	你不满意的原因是什么
		Q11	你还希望我行的调研人员做出哪些努力来提升你的整体体验

5. 数据采集

前文中提到，应该在合适的体验触点及时发放合适的旅程调查问卷，准确收集目标群体的体验反馈。问卷网研发的倍市得用户体验管理产品能够充分实现这一调研方式，相关详细信息可以从官网中获得。

6. 数据分析

在定性调研和规模化定量调研的基础上，可利用 BEST 模型中的 S 要素，挖掘客户体验表现形成的原因，运用 KANO 模型的矩阵思维分析工具，了解驱动客户满意度提升或净推荐值提升的要素及要素属性。

这里可以分三步走（见图 12-3）：第一步，找到问题和痛点；第二步，识别痛点属性；第三步，痛点改进优先级排序。

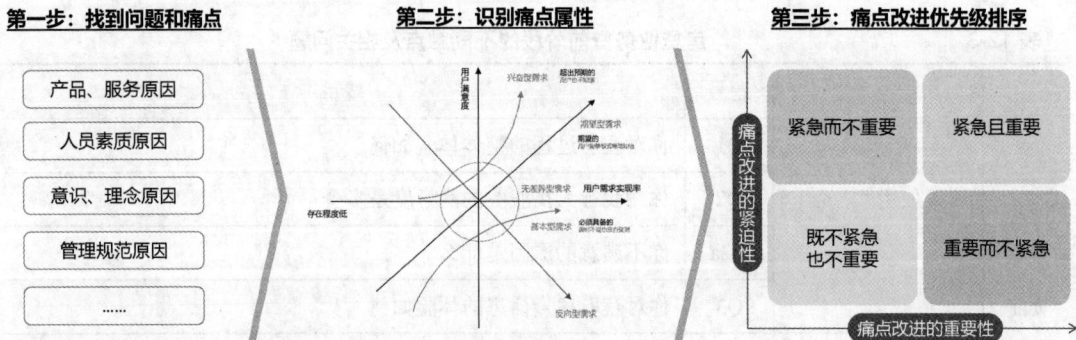

图 12-3　数据分析三步走

比如，针对房贷业务的指标体系和调研数据，可以根据 KANO 模型的矩阵思维，绘制贷款指标的用户满意度和净推荐值矩阵，发现痛点和问题，确定需要解决或改进的问题的优先级，如图 12-4 所示。

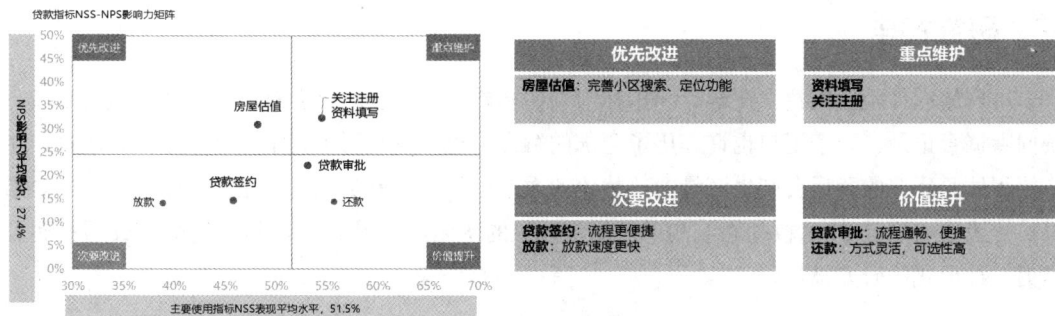

图 12-4 房贷数据分析实例

7. 结果建议

根据数据分析结果，提出优化用户旅程体验的建议，如表 12-4 所示。

表 12-4 房贷业务调研建议

链路环节	优势	存在的问题	改进建议
品牌感知	核心竞争力得分领先；品牌美誉度得分领先；信任度好	形象认可度偏低	借助疫情防控时机，通过优惠/针对疫情中受影响的用户的特殊政策宣传，展现品牌担当，提升品牌声誉，获取用户认可
平台产品体验	贷款额度大	借款门槛高	提供差异化的借款选择，向用户推荐其他银行适合的贷款产品
借款体验	放款速度快；借款流程简单	签约不方便，合同不够清晰易懂	突出重点和合同关键项，节省用户的阅读时间，提升阅读体验
还款体验	还款链路环节整体优势明显	逾期罚款规则不明确	逾期前及时通知用户逾期罚款规则与金额，督促用户及时还款；提供可选的逾期惩罚方式，提升部分用户不得已逾期后的体验
界面体验	链路整体体验领先；入口明显，结构安排合理	产品功能模块不够清晰	推送界面使用教程，介绍不同功能跨模块的使用方法；突显功能进入按钮与模块间的区隔，提高模块间的分辨率
客服体验	服务态度好	界面入口设计；简洁解答疑问	客服方式推送，帮助用户定位入口；标准话术培训，提高沟通效率和及时解决率；加强机器学习，提升用户问题用词的识别率

三、研究报告

用户旅程体验研究建立在触点和指标问卷的基础上，只要触点上有用户互动，就会形成一条问卷调查记录。一个用户也许经历了全部的触点，也许只经历了其中一部分触点。所以，用户旅程体验研究的背后会产生海量的碎片化的数据记录，也就是说用户旅程体验是动态的。所以，一般建议配置 BI 看板动态监测用户旅程体验的变化，如图 12-5 所示。其实，BI 看板也算是另一种形式的研究报告。

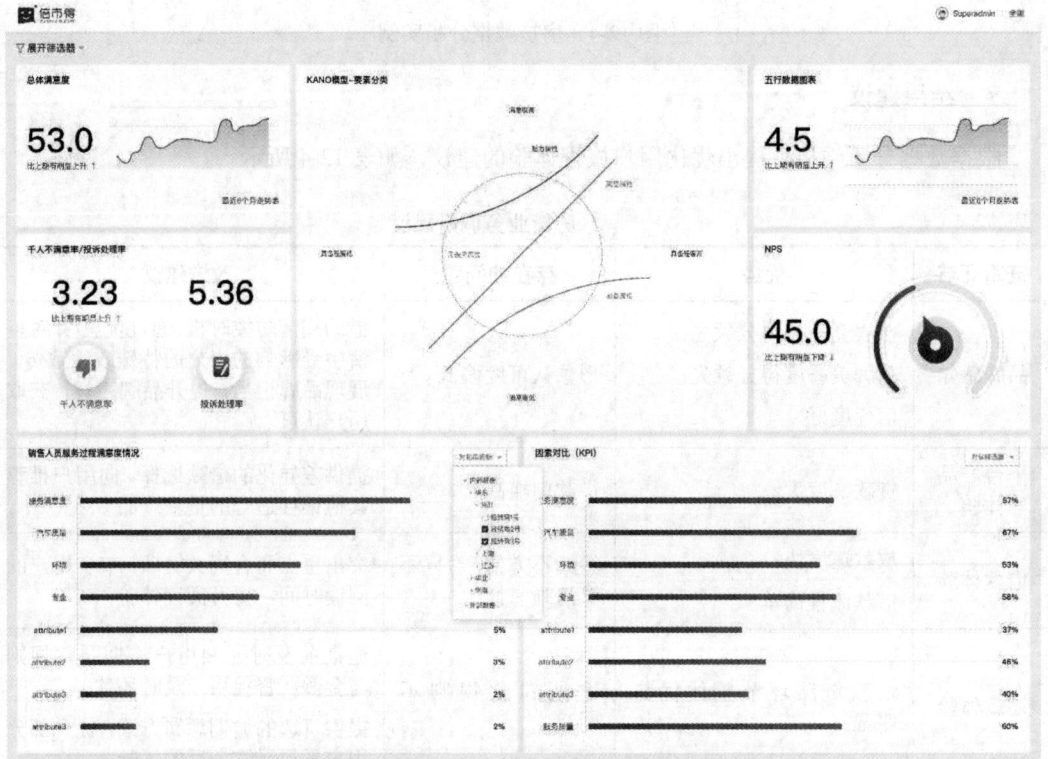

图 12-5 BI 看板实战示例

另外，用户旅程体验研究也可以按照传统的报告思路撰写，包括但不限于项目背景（如项目目标/需要解决的问题、研究方法介绍、样本配额介绍、阅读说明等）、主要结论、具体分析和提升建议/解决策略等。

目前，用户旅程体验研究的应用领域非常广泛，比如金融、汽车、地产、零售、文化旅行、TMT、公共事业、医疗、美容等。

第十三章

传播（营销）效果研究

一、传播（营销）效果研究的应用场景

营销传播评估的应用较广，一般来说有以下几个主要场景：新品牌/新产品上市宣传推广活动、特定时间点的宣传推广活动与定期的宣传推广活动。

1. 新品牌/新产品上市宣传推广活动

在推出新品牌或新产品前，企业会进行一系列营销活动。比如，某汽车厂家在推出一款新的 SUV 车型之前会在电视、汽车之家网站、主要城市的户外广告牌上投放广告，或者在北京、上海、广州的机场内展示新车，或者由代言人代言。此类活动的目的是提高新品牌或新产品的知名度，调研时更关注新品牌或新产品的认知度和宣传推广的触达率。

2. 特定时间点的宣传推广活动

有些品牌方会在特定的时间点开展营销活动，以此拉动销售。此类活动的目的是达到销售目标，调研时更关注营销活动的吸引力及其带来的购买意愿提升度。

3. 定期的宣传推广活动

一些成熟的公司会定期、有规律地开展宣传推广活动，他们会制订一年的电视、网络广告投放计划。他们需要定期（如每个季度或者每半年）检查宣传推广活动的效果。此类活动的目的是持续提升品牌影响力，调研时更关注品牌的关键指标（如认知度、了解度、购买意愿等）的变化及其原因。

下面介绍一个具体的案例。某知名科技品牌在国内发展迅猛。为了继续深耕国内市场，抢占更大的市场份额，品牌方选择在电商"618"大促之前针对充电品类开展一系列营销活动（如邀请代言人进行品牌推广，推出联名产品系列，投放视频广告及平面广告）以扩大品牌影响力，吸引更多的用户。

本案例中的数据均经过了脱敏处理，数据结论不代表真实情况。

二、研究方法与思路

传播效果评估一般采用定性和定量相结合的方式进行。

定性研究的主要目的是对营销活动的内容进行评估，找到评价高与评价低的原因，挖掘营销活动的细节表现，为细节的优化和改善提供建议。定性研究一般采用座谈会或者一对一深度访谈的方式。

定量研究的主要目的是通过大样本了解营销活动的触达率、品牌的正确关联率、内容回忆及影响力效果，量化评估营销活动的效果。定量研究一般采用线上调研或者线下拦截访问的方式。

评估传播效果时较常采用的方法有：座谈会+线下拦截/线上调研、一对一深度访谈+线下拦截/线上调研。

对于相对简单的营销活动，如果只想获取量化数据，则可以只采用定量方式。

【案例】

调研对象：过去 6 个月内购买过手机充电产品的 18～35 岁用户。

调研方法：先进行座谈，然后开展网络调研。客户方提供平面广告、视频广告、软文等素材进行测试。为了确保调研的准确性，了解用户对营销活动的素材最真实的评价，我们对所有测试素材都进行了处理，隐去了品牌信息。

覆盖城市：选择所有的一线、新一线、二线城市作为本次调研的目标城市。

样本设计：座谈会共 8 组，北京、上海、广州、成都各两组，每座城市 18～24 岁和 25～35 岁各一组；在线调研，共收集 2000 份样本，其中充电宝、充电器品类各 1000 份样本。配额设置如下：城市级别比例为一线及新一线城市为 65%，二线城市为 35%；性别比例为男女各 50%；各年龄段比例为 18～24 岁占 45%，25～35 岁占 55%。

三、问卷设计

第一部分　品牌认知与使用部分

【单独一屏显示：接下来，我想了解一下你对充电类品牌的看法。】

A1. 提到充电宝和充电器时，你首先想到的品牌是什么？

A2. 提到充电宝和充电器时，你还能想到哪些品牌？

A3.　请问你知道以下哪些充电宝和充电器品牌？（多选）

A4.　【仅出示在 A3 中选择的品牌】请问以下哪些充电宝和充电器品牌是你比较熟悉/了解的？（多选）

A5.　【仅出示在 A3 中选择的品牌】请问以下哪些充电宝和充电器品牌是你会考虑购买的？请把你已经购买的品牌也包含在内。（多选）

【A6～A9 仅针对充电宝和充电器现有用户进行询问。】

A6.　【仅出示在 A5 中选择的品牌】请问你在**过去 12 个月内购买过**以下哪些品牌的充电宝和充电器？（多选）

A7.　【仅出示在 A6 中选择的品牌】请问你在**过去 6 个月内使用过**以下哪些品牌的充电宝和充电器？（多选）

A8.　【仅出示在 A7 中选择的品牌】请问你在**过去 6 个月内最常使用**以下哪个品牌的充电宝和充电器？（单选）

A9.　【仅出示在 A6 中选择的品牌】请问你愿意向你的**亲友/同事推荐**以下哪些充电宝和充电器品牌？（多选）

1	品牌 1	7	品牌 4	13	品牌 7
2	品牌 2	8	品牌 5	14	品牌 8
3	品牌 3	9	品牌 6	15	其他品牌，请注明＿＿

第二部分　广告效果评估

【单独一屏显示：接下来，我想了解一下你对一些充电宝和充电器品牌广告的评价。】

B1.　请问你在过去 3 个月内看到过以下哪些品牌的广告？（多选）

_____

【以下显示文字及物料，设置卡屏 30 秒。】

接下来，你将看到一则视频广告，请你仔细观看，下面的问题与这则广告有关。

B2.　请问你最近看到过这则广告吗？（单选）

1	看到
2	没看到
3	记不清了

B3. 请问你是通过什么渠道看到这则广告的？（多选）

1	微博	7	芒果 TV
2	B 站	8	爱奇艺
3	抖音	9	腾讯视频
4	微信公众号	10	优酷
5	小红书	……	……
6	今日头条	97	其他，请注明_____

B4. 你认为这则广告是以下哪个品牌的？（单选）

1	品牌 1	7	品牌 4	13	品牌 7
2	品牌 2	8	品牌 5	14	品牌 8
3	品牌 3	9	品牌 6	15	其他品牌，请注明____

B5. 请问你认为这则广告在以下方面的表现如何？（每行单选）

	非常差--非常好									
容易理解	1	2	3	4	5	6	7	8	9	10
可信	1	2	3	4	5	6	7	8	9	10
新颖独特	1	2	3	4	5	6	7	8	9	10

B6. 请问你对广告中的哪些内容有深刻的印象？（开放题）

_____

B7. 请问看到这则广告时，你对这个品牌产生了什么印象？（多选）

1	高品质	11	外观设计好看，符合我的审美要求
2	充电快	12	小巧，便携
3	安全	13	国际化
4	大品牌，值得信赖	14	国货之光
5	性价比高	15	高端，有档次
6	价格低	16	大众化流行
7	兼容性好	17	行业标杆
8	专业	18	独特
9	口碑好	19	原装/有原厂芯片/有 MFI
10	创新黑科技	20	其他，请注明_____

B8. 看完这则广告之后，请问你对以下说法的同意程度如何？（每行单选）

	完全不同意--完全同意									
我会进一步了解这个品牌	1	2	3	4	5	6	7	8	9	10
我更喜欢这个品牌了	1	2	3	4	5	6	7	8	9	10
我计划购买这个品牌的产品	1	2	3	4	5	6	7	8	9	10
我会把这个品牌的信息告诉别人	1	2	3	4	5	6	7	8	9	10

第三部分　代言人评估

【单独一屏显示：接下来，我想了解一下你对××代言人的评价。】

C1. 请问你知道以下哪些明星？（多选）

1	明星 1
2	明星 2
3	明星 3
4	明星 4
5	明星 5
6	以上均无

C2. 请问你喜欢以下哪些明星？（多选）

1	明星 1
2	明星 2
3	明星 3
4	明星 4
5	明星 5
6	以上均无

C3. 请问你知道××品牌现在的代言人是谁？（单选）

1	明星 1
2	明星 2
3	明星 3

续表

4	明星4
5	明星5
6	不了解

C4. 在以下词语中，哪些符合你对××明星（在C3中选择的明星）的印象？（单选）

1	时尚潮流
2	阳光，有活力
3	细致严谨
4	聪明智慧
5	高冷
6	温暖
7	其他，请注明_____

C5. 在你看来，××明星（在C2中选择的明星）的形象是否符合××这个品牌给你的感觉？（单选）

5	非常符合
4	比较符合
3	一般
2	不太符合
1	完全不符合
99	不好判断

C6. 你觉得××明星（在C2中选择的明星）作为××品牌的代言人会给这个品牌塑造什么形象？（多选）

1	高品质	7	外观设计好看，符合我的审美要求
2	充电快	8	小巧，便携
3	安全	9	国际化
4	大品牌，值得信赖	10	国货之光
5	性价比高	11	高端，有档次
6	创新黑科技	12	其他，请注明_____

四、数据分析

1．分析触达人群与总体人群的差异

需要分析触达人群的特征，并与总体人群进行对比，判断触达人群是否为客户方的目标人群。如果触达人群与客户方的目标人群的差异较大，则说明营销活动触达的对象错位，需要考虑进行调整。

2．分析影响有效触达率的因素

如前所述，有效触达率需要通过公式计算出来，即有效触达率=触达率×品牌正确关联率。如果有效触达率低是由触达率低引起的，那么就要考虑调整投放渠道或者增加投放量；如果有效触达率低是由品牌正确关联率低引起的，那么在传播中就要强化品牌的印记。

3．分析营销活动对品牌形象的影响

消费者接触到营销活动之后会对品牌产生印象，因此需要分析营销活动对品牌的哪些形象有所提升。如果营销活动塑造的形象不是消费者需求高的，那么后期就需要在营销活动中强化消费者需求高的形象，从而提升品牌形象与购买可能性。

五、研究报告

1．研究报告的结构

传播效果评估报告的一般结构如图 13-1 所示。

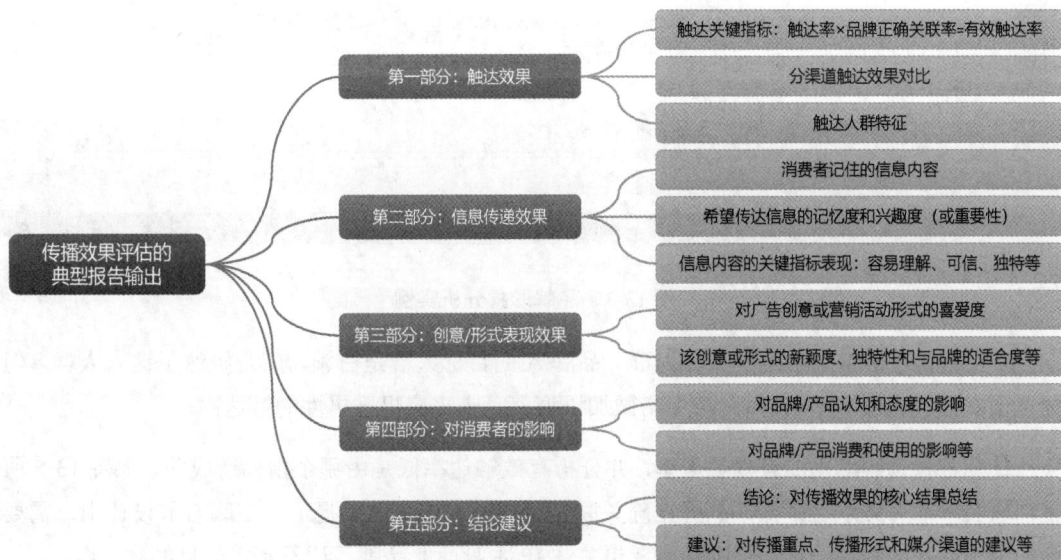

图 13-1　传播效果评估报告的一般结构

2. 研究报告的呈现方式

阐述品牌漏斗表现，分析品牌当前表现出来的优势与劣势。如图 13-2 所示，品牌 A 的认知度低，但是转化率高，则说明产品得到了认可，未来有较大的潜力。这意味着未来营销的重点是提升认知度。

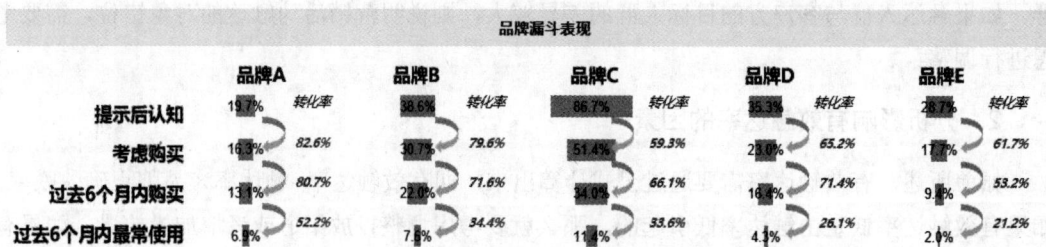

图 13-2 品牌漏斗分析实例

分析品牌 A 的优势与劣势，找到未来需要重点传播的形象。如图 13-3 所示，通过绝对形象与相对形象分析发现，品牌 A 的优势在于高品质、充电快与性价比高，但在消费者需求较高的安全性、专业性方面存在不足，未来需要强化这两个形象的传播。

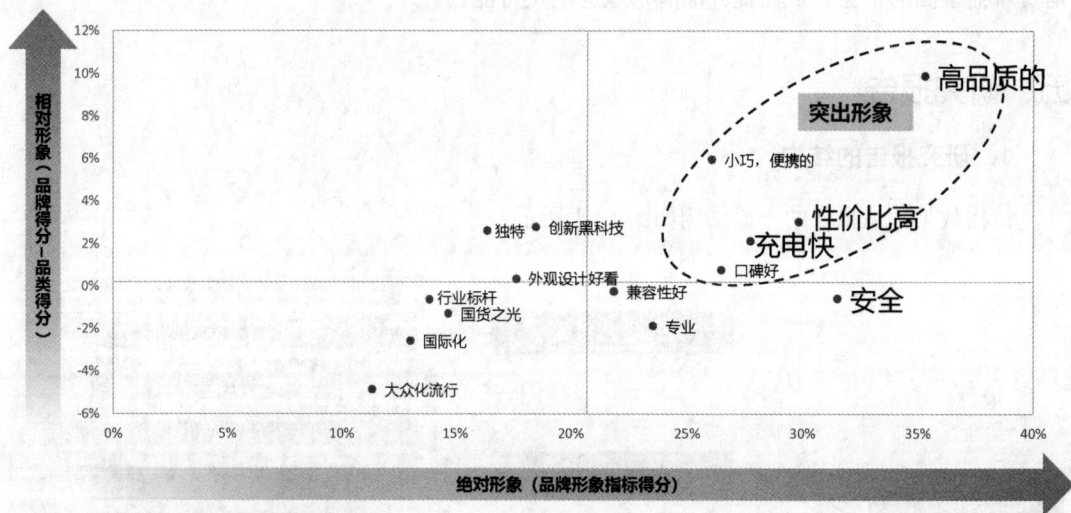

图 13-3 品牌形象分析实例

下面分析广告是否触达了目标人群。品牌 A 的目标人群是白领，广告触达了这一人群，但偏重于女性（见图 13-4），因此需要略微加以调整，未来应提升男性的触达率。

计算各种营销活动的有效触达率，并分析有效触达率低是由哪个指标造成的。如图 13-5 所示，联名卡的有效触达率低，品牌正确关联度也较低。这个结果提示了在联名卡设计中，需要更加突出品牌的相关信息，否则消费者更关注 IP 本身而非品牌，达不到宣传目的。

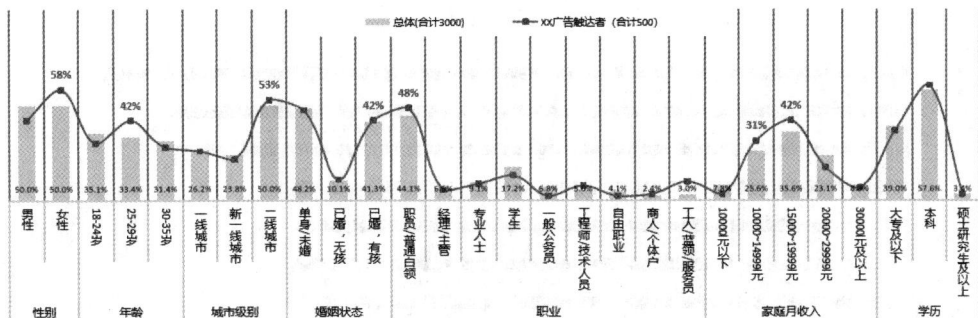

图 13-4 广告触达人群分析实例

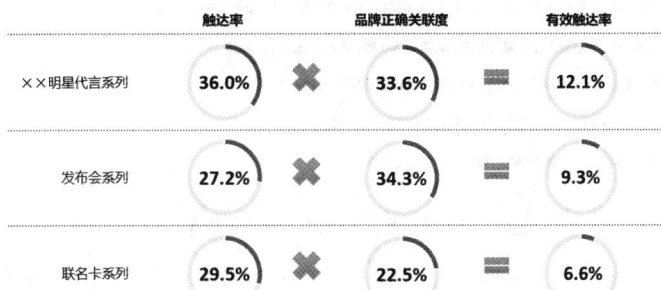

图 13-5 不同营销活动触达率分析实例

通过分析不同营销活动的内容（见图 13-6）后发现，虽然联名卡系列的触达率与品牌正确关联度都低，但是本身的内容评价较高，说明活动本身有吸引力。因此，后期可以调整投放渠道，强化品牌关联的信息，提升传播效果。

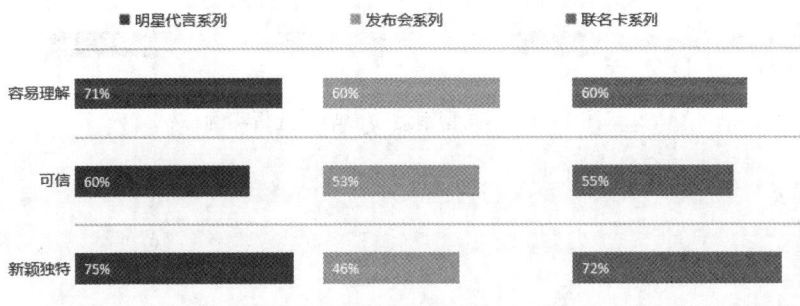

图 13-6 不同营销活动的内容表现

不同的营销活动对品牌形象带来了不同的影响，如图 13-7 所示。代言人能提升品牌的品质感、设计感与年轻感，但在消费者需求高的安全感与专业感方面不突出，因此，后期可以在代言人方面增加安全感与专业感相关的传播要素。

最后分析营销活动的影响力，判断不同营销活动的效果。如图 13-8 所示，明星代言系列会让更多的消费者产生去了解的行为，能起到引导消费者的作用；联名卡系列则会让更多的消费者产生购买、向他人传播的意愿。因此，未来可以重点优化与推进这两种营销活动。

明星系列

指标	百分比
高品质	38%
高颜值	35%
年轻化	33%
高档次	28%
充电快	28%
口碑好	28%
安全性高	27%
性价比高	26%
专业	26%
便携	26%
大品牌	24%
独特	22%
潮流	21%
黑科技	18%

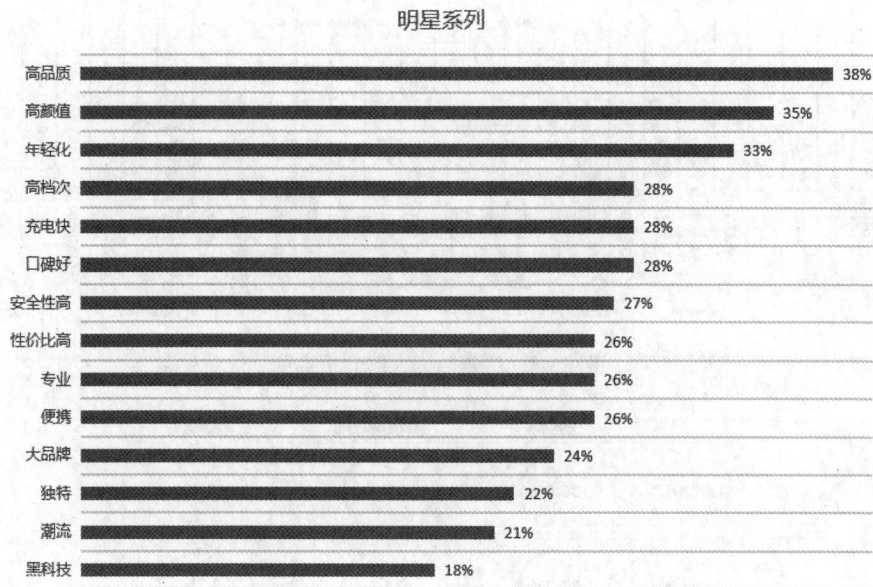

图 13-7 营销活动对品牌形象的影响

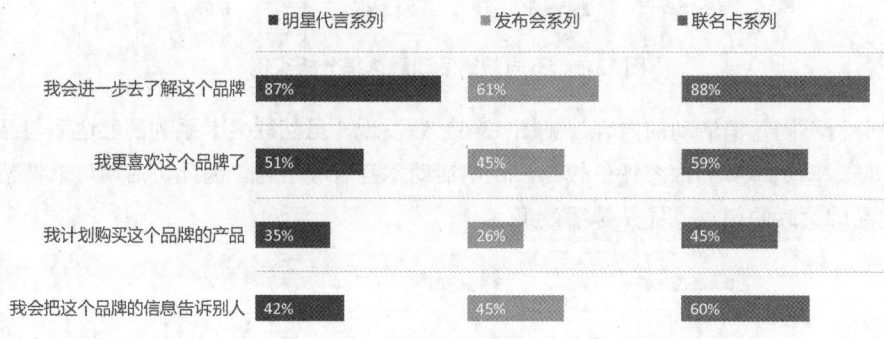

	明星代言系列	发布会系列	联名卡系列
我会进一步去了解这个品牌	87%	61%	88%
我更喜欢这个品牌了	51%	45%	59%
我计划购买这个品牌的产品	35%	26%	45%
我会把这个品牌的信息告诉别人	42%	45%	60%

图 13-8 不同营销活动影响力分析实例